"EL MAPA DE LA AUTOESTIMA"

MARTIN ROSS

INTRODUCCION

En un viaje en tren me compré un juego de acuarelas infantiles. Venían con un pequeño pincel de brocha fina apostado sobre una huella de plástico. El equipo lo vendía uno de los miles de comerciantes ambulantes que tanto conocemos los que usamos este medio de transporte con frecuencia.

Estaba muy deprimido. Me sentía encerrado dentro de una vida que yo no había elegido. Me sentía muy incómodo con mi propia historia, con mi personalidad, con las decisiones que había tomado en la vida, con mi mente, con mi forma de ser, con mis defectos, y con muchas cosas más. Y me dije:

-A lo mejor haciendo unos dibujos esto se me pasa.

Y, desde entonces, algunas tardes me recluyo en algún rincón con unos vasitos de agua, unos diarios para no manchar el piso, un lápiz negro... y mi equipo de acuarelas. Hasta ese día, nunca antes había pintado. Alguno a lo mejor puede decir que a mi edad no estoy para desarrollar un interés de este tipo. No me importa porque la paso muy bien.

De todas maneras, no me alcanzó para salir del pozo. Me sirvió para jugar un poco, pero no fue suficiente. Aún me pesaba la dura mochila de sentir mucho desprecio por mi propia persona. Aún habitaba el país gris de la falta de amor propio que me convertía en un desanimado más del montón que se deja llevar por la vida para donde la corriente vaya.

A mis años, ya tenía un poco de experiencia en estas estaciones del ánimo.

Otras veces me había pasado de caer rendido contra la cama desarreglada de la depresión. Es cierto: no era la primera vez que el desánimo tomaba el control de mi alma y me hacía perderle el gusto a la vida.

Pero en esta ocasión lo sentí peor que nunca. Esta vez se me aparecía como algo irremediable, definitivo, incuestionable. Era mucho más fuerte que otras veces. No quería salir de la casa, no quería vestirme, no quería levantarme a horas lógicas, no quería atender a mi trabajo como corresponde, no quería salir a hacer deporte, no quería salir con amigos ni con mujeres, no quería luchar por ser un poco mejor. Y todo me daba lo mismo, no había ningún plan o escenario futuro que me despierte el entusiasmo…

Me dediqué a pintar con las acuarelas y a escuchar música. Le mostré mis dibujos a algunos amigos y me dijeron que me faltaba técnica. Pero me despertaban igual algún cariño.

Y después empecé a anotar algunos apuntes en un cuaderno de hojas, un cuaderno de tapa verde y hojas con renglones negros y márgenes rojos.

Me llamó la atención sobre todas las cosas el tema de la Autoestima. Y con la punta del ovillo de la Autoestima después seguí camino anotando apuntes sobre la Vanidad, sobre el prestigio social, sobre las personalidades carismáticas, sobre la seducción y las relaciones entre el hombre y la mujer, sobre la importancia que tiene la Vanidad en el mundo de hoy, un mundo tan vanidoso como nunca antes lo fue, sobre como este mundo vanidoso y exagerado nos empuja hacia la destrucción de nuestra Autoestima, nos empuja hacia la depresión, sobre la envidia, la manera en que la envidia nos enloquece sin que nos demos cuenta, sobre la admiración, sobre la admiración como materia prima del enamoramiento, sobre las relaciones sociales… Todos temas que siempre me habían dado curiosidad, pero que ahora se mostraban diferentes.

Lo que te estoy presentando es el conjunto de estas reflexiones.

Más que reflexiones, creo que el "Mapa de la Autoestima" es una de las herramientas más poderosas que hayas visto para explorar o recorrer los jardines del alma humana y sacar frutos prácticos que te pueden ayudar a transformar tu vida cotidiana. Más que reflexiones creo todo esto es una manera de ver el mundo y de ver nuestros propios sentimientos… una manera de conocernos un poco más a nosotros mismos.

Por eso, de tanto en tanto, te voy a hacer preguntas, preguntas sobre tus miedos, preguntas sobre tus temas de conversación favoritos, preguntas sobre tus opiniones, preguntas sobre tu Autoestima, sobre tu manera de encarar la vida, preguntas sobre tus padres, preguntas sobre tus relaciones. Es importante que le dediques un tiempo de meditación a estas preguntas, y que las respondas con mucha sinceridad porque así vamos a ir viendo en que cosas somos parecidos y en que cosas somos diferentes.

Como podrás ver, este libro está contado como si fuera una sesión en donde el que escribe es el paciente y el que lee es el médico. Hay un poco de teatro en estos dos roles como en muchas cosas que vas a leer y que no me representan en la realidad. Hay un poco de ficción. Pero sólo se trata de la manera más cómoda que tuve de contarte todas estas cosas y de lograr que, entre los dos, vayamos viendo si nos describen o si no tienen nada que ver con lo que nosotros somos.

En otras palabras: te pido que te tomes el tiempo suficiente para contestar con sinceridad y atención las preguntas que te haga porque ahí vamos a ir viendo en qué nos parecemos. A veces si me miro demasiado el ombligo o si digo cosas raras, te pido un poco de comprensión. Soy una persona tan normal como cualquier otra. Muchas veces soy un mendigo de afectos, o un mendigo de la atención de otros que hace morisquetas para que lo vean. Otras veces estoy demasiado aturdido y asustado por las modas y trato de cambiar, o de hacerme el loco, o el diferente para estar a salvo de esos retratos, para estar a salvo de todo. Pero con un poco de comprensión te vas a dar cuenta de que somos muy parecidos porque todos somos muy parecidos y muy normales.

Por eso, este libro está contado como una especie de diario con un poco de puestas en escena, pero lo importante es que se busca la sinceridad del alma.

Solamente la sinceridad nos puede ayudar a encontrarnos a nosotros mismos.

Solamente si somos sinceros y atentos podremos descubrir la especial manera que tenemos de vivir nuestra Vanidad. Y gracias eso podremos ser un poco menos esclavos de ella e, incluso, convertirla en nuestro instrumento para mejorar nuestra vida de relación.

Me dirás que son las divagaciones de un loco que se compró unas acuarelas y se puso a meditar al viento. Y sí: es cierto. Pero fue una linda manera de darle mi pelea a la oscuridad que me había invadido.

EL MAPA DE LA AUTOESTIMA

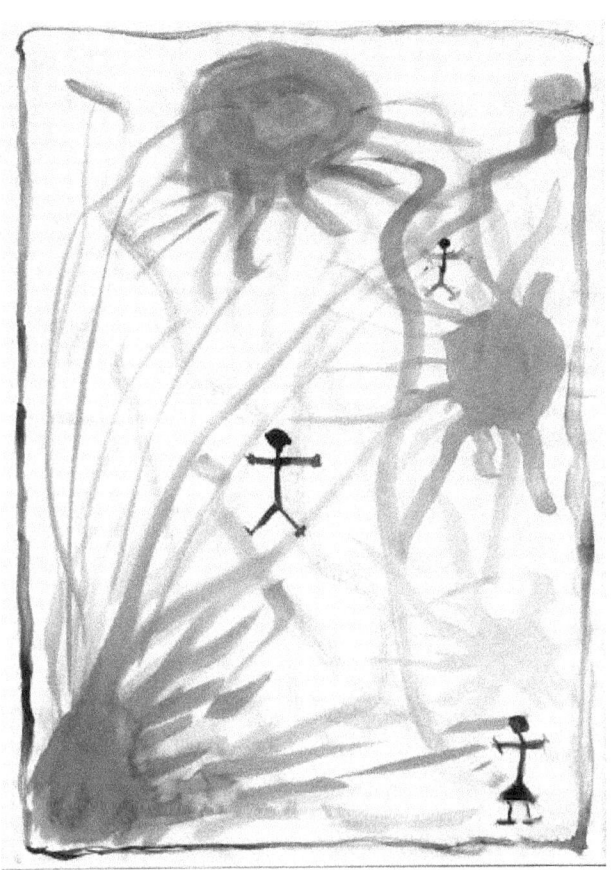

-0-

Ahora te voy a contar muchas cosas, sobre todo porque necesito desahogarme. Y al mismo tiempo te voy a proponer una manera de entender a muchas de esas mismas cosas. Si todo sale bien esto también te va a ayudar a que me uses como espejo para descubrir muchas cosas tuyas.

¡ Vamos que nos vamos a ayudar entre los dos !

Te propongo un ejercicio para que sea más sencillo todo esto: vamos a hacer de cuenta que sos mi médico.

Vamos a imaginar que entré a tu consultorio y me senté en tu diván y entonces mis palabras empezaron a dar vueltas en el aire de tu departamento. De pronto, empezaste a escuchar a una persona que reflexiona sobre si misma porque tiene baja Autoestima y eso le llama la atención.

No importa si no estudiaste psicología ni tampoco si estás en el tema de los ejercicios orientales de meditación o esas cosas que se ven en este tipo de textos.

Yo tampoco estudié y no vamos a hablar sobre las ideas que se estudian en esa ciencia ni tampoco de esos artes o filosofías. Lo importante –lo único indispensable- es que sientas curiosidad por conocer el alma de un simple hombre de ciudad que reflexiona por sus problemas de Autoestima.

Quiero reconstruirte un poco mis estados de ánimo que me llevaron a reflexionar sobre estas cosas… teneme un poco de paciencia que tenemos una larga charla sobre nosotros dos por delante.

-1-

Sufro. Me hago esta pregunta: ¿Y por qué sufro?

Y llegó a una conclusión: sufro porque me desprecio.

Mejor dicho: sufro por cosas reales de mi vida, por recuerdos, por faltas, por cosas que me están pasando, cosas que me llevan a despreciarme, "desprecio" es la palabra justa.

Y cuando me desprecio pierdo las ganas de salir de casa, pierdo las ganas de vestirme, pierdo las ganas de levantarme de la cama, pierdo las ganas de bañarme, de lavarme los dientes, de limpiar el cuarto, de luchar, de vivir. Y el desaliento me vence, es terrible el desaliento, el desaliento me juega una pulseada y me la gana.

-2-

Ahora que me propuse mirar esto desde afuera, aunque sea gracioso, me asombra. ¿No es demasiado misteriosa y linda la vida como para que una persona sufra un montón nada más que porque se desmerece a si misma?

A lo mejor es cierto eso que muchas veces se dice por ahí: eso de que todos lo pasan mal, que todos desean la suerte del otro, que todos se fijan metas inalcanzables para su propia felicidad. Pero me intriga la relación irrompible entre el "asco a uno mismo" y el "sufrimiento".

¿No puede ser que una persona diga "está bien soy un desastre pero voy a divertirme y a pasarla bien de todos modos"?

-3-

Y me pregunto:

¿Por qué es así? ¿Qué es lo que está detrás de eso?

A primera vista me pareció siempre un razonamiento inútil, pero después de pensarlo ya unas cuantas veces, como te decía, llegué a una respuesta que me llama la atención: sufro porque me desprecio profundamente.

-4-

Me hago estas dos preguntas: ¿Y por qué me desprecio? ¿Y cómo puedo hacer para dejar de despreciarme?

Estoy seguro de que el desprecio que me tengo es la fuente de donde brota esta agua negra y espesa que inunda toda mi alma y toda mi vida. El desprecio es la causa de que me pase horas y horas recostado sobre la cama y de que tenga el cuarto echo un zoológico de bollos de ropas tiradas por todas partes, boletos de colectivo, olor a transpiración, sábanas sin lavar, y paquetes de galletitas y papeles escritos en cualquier lado.

Pero... ¿Y en qué se apoya? ¿Qué fue lo que me llevó a despreciarme?

-5-

La primera respuesta es que se apoya "en algo". Aunque quiera no puedo decir *"¡Me acepto tal cual soy!"* como me aconsejan mis colegas los sabiondos de los bares... no puedo.

-6-

Los sabiondos de los bares...

Mas tarde vamos a hablar de cosas importantes que se hablan en los bares: sobre como somos nosotros, sobre nuestra personalidad, sobre las personalidades carismáticas, y sobre los enigmas de la seducción de mujeres... creo que la seducción de mujeres es uno de los intereses más importantes de las charlas de hombres en los bares y en el caso de tu paciente, un loco que muchas veces cayó en las redes de alguna, es una de las preocupaciones más importantes de su vida.

Creo que mi médico merece que le adelante a donde quiero llegar con todo esto y más tarde le prometo, le prometo que le voy a decir cosas muy prácticas sobre las fuerzas de la seducción, sobre su propia personalidad, sobre su propio estilo... le prometo que le voy a contar cosas a mi médico sobre si mismo que nunca antes las había visto y que siempre estuvieron ahí.

Como todos… este paciente también se interna en estos jardines del alma humana con intereses prácticos. Entonces para que me acompañes en este viaje por estos laberintos, a lo mejor es bueno que sepas cuales son mis intereses…. de qué cosas prácticas te quiero hablar. Y soy sincero si te digo que la forma de crecer y de formar la personalidad, el carisma, las personalidades carismáticas, las personas que producen magnetismo emocional, y, sobre todo, la seducción de mujeres, están entre mis mayores intereses.

A lo mejor… nosotros dos… médico y paciente, somos parecidos a los alquimistas de antes.

Los alquimistas buscaban la piedra filosofal que era lo que les permitiría construir el oro de la tierra. Ellos fueron los primeros químicos…. Y creo que la química tenía por ese entonces la misma evolución que hoy tiene la ciencia de seducir mujeres… la rama de las ciencias sociales que sin duda es la más importante de todas.

Los alquimistas eran confiados…. confiados en el poder del conocimiento. Nosotros, los que nos internamos en los oscuros y enigmáticos bosques del alma humana creyendo que vamos a encontrar cosas que son importantes y prácticas, también somos dos optimistas.

El problema –apreciado médico- es que, para que yo te pueda hablar de las cosas prácticas que más nos interesan, primero es importantísimo y necesario que te familiarices con estos pilares básicos de la teoría que te quiero mostrar. Estoy seguro que si haces el esfuerzo necesario para incorporarlos… entonces habrás recibido una transfusión de sangre porque las ideas son la sangre de la vida y en algo vamos a ser parecidos.

Y cuando comprendas, cuando comprendas bien de que se trata… vas a estar capacitado para tener una conversación práctica conmigo que te va a servir para ver cosas que ahora no podes ver… cosas que te van a influir y que te van a cambiar.

Una de esas cosas –no resisto la tentación de adelantarme- y uno de mis mayores intereses, es el enamoramiento… pero entendido como suave locura. ¿A quien no le pasó alguna vez de sumergirse en esta locura? Cuando estamos enamorados…

miramos a la otra persona "mejor" de lo que en realidad "es" y por eso perdemos contacto con la realidad... idealizamos.

Estudiando durante años este tema, la atracción emocional y, sobre todo, el enamoramiento... ví que hay una fuerza parecida en nuestros sentimientos y que también tiene la capacidad de torcer nuestra percepción de lo real... una fuerza que nos lleva a realizar lo opuesto a la idealización.... una fuerza que nos conduce a ver a una persona "peor" de lo que en verdad "es".

Mirando las diferencias entre estas dos fuerzas... creo que se puede llegar muy lejos al tratar de estudiar las columnas del amor y de las suaves o intensas locuras que produce... un tema que me interesa muchísimo.

¡Pero no me puedo adelantar más!

Estoy impaciente de que hablemos de cosas más prácticas y mucho más interesantes pero, para poder hacerlo con la profundidad que estos temas requieren, es importante que te siga presentando estas nociones básicas.

... Es indispensable que sigamos con este ejercicio de recreación de los momentos que me llevaron a su elaboración.

Sigamos:

¿Y por qué me desprecio? ¿Por qué tengo una pésima opinión de mí propia persona?

Al mirarlo varias veces encuentro respuestas puntuales a estos interrogantes.

Son cosas concretas -cosas que se pueden señalar con el dedo- las que están detrás del hondo desprecio que me tengo. Quiero decir que son "datos reales" los que me llevan a tener una pésima opinión de mí.

Son rasgos míos o recuerdos de cosas que hice, recuerdos que me vienen a visitar por las noches y que me llevan a odiarme.

Muchas veces digo "ojala no hubiera hecho esto" o también "me hubiera gustado hacer las cosas de distinta manera" y eso no sirve para nada y mucho menos para salir de este aburrimiento, de esta inercia, de esta pérdida de ganas de vivir.

También pienso en algunos defectos míos y los encuentro feos, y ellos son las que me llevan a tener una horrible opinión de mi persona que después no me deja levantarme de la cama ni tampoco salir a vivir la vida.

Por ejemplo pienso en mi aspecto físico que me veo demasiado flaco, demasiado bajo, demasiado triste, pienso en el tono de mi voz que la veo demasiado débil, demasiado temblorosa, casi suplicante.
O pienso en trabajo que es muy cambiante, y a veces trabajo y a veces no, que es un trabajo que no me permite un desarrollo personal como me gustaría y que no "produce nada" (ya te voy a contar), o pienso en la forma en que me ve la gente... que también me parece triste, o en mis estudios.

Medito sobre estas derrotas y vergüenzas una y otra vez como un hipnotizado.

-7-

Ahora bien: llegó el momento de empezar a presentarte la teoría que estuve construyendo con mi propia depresión (no te rías.. ya sé que reíste, te vi).

Escuchame bien:

A estos horribles "datos de mi vida real" los voy a llamar "anti-hazañas". Y a su contra-cara, los "datos reales" que me ayudan a mejorar la opinión que tengo de mí, "hazañas".

Todas las cosas que respetás de la gente son "hazañas". Todo aquello que te lleva a menospreciar a una persona son "anti-hazañas".

Por ejemplo si respetás a una persona que salió de un medio adverso y pudo triunfar en la vida y darse muchos gustos, la respetás por su hazaña del éxito. Otro ejemplo sería si despreciás a un ladrón, lo despreciás porque "roba", los robos son las "anti-hazañas" que te llevan a despreciarlo. Va otro ejemplo: si respetas mucho a un amigo tuyo porque seduce muchas mujeres y porque las sabe tratar... entonces tu respeto se basa en "las hazañas" de tu amigo que son sus muchas mujeres.

-8-

Para que me entiendas te propongo que tratés de fijarte qué cosas te vienen a la mente en los momentos en que sufrís en carne propia la falta de Autoestima...

Quiero decir: cuando adentro de tu cabeza hay voces que te critican mucho, que te retan, que te critican con crueldad... ¿Qué te dicen? ¿Con qué insultos te atacan?

¿Te dicen que sos Egoísta? ¿Te dicen que sos vago? ¿Te dicen que ganás poco dinero? ¿Te dicen que otro empleado que empezó a trabajar en esa empresa ahora es gerente y en cambio tu carrera sigue estancada en el mismo lugar?

¿Te dicen que sos feo? ¿Te dicen que sos débil? ¿Te dicen que sos un mal padre o una mala madre? ¿Te dicen que sos un frustrado? ¿Te dicen que sos un fracasado? ¿Te dicen que sos arrogante? ¿Te dicen que sos malo o mala?

¿Qué te dicen las voces interiores cuando estás en el pozo? ¿Cómo te insultan? ¿Cómo te castigan?

...Bueno, todos esos argumentos que la voz de la "autocrítica" usa cuando caes en los pozos de tu Autoestima son lo que estoy llamando "anti-hazañas". Siempre son "datos reales" que hablan de tu propia vida, de la situación de tu propia vida.

Tantas cosas tuyas vamos a hablar más tarde cuando entendamos un poco más el tema de las hazañas y de las anti-hazañas. Tantas cosas sobre tu estilo, sobre tu vida, sobre tu personalidad, sobre tu manera de mejorar... de tantas cosas vamos a hablar... vale la pena que le prestes atención a estos bichitos.

Como sigo con la sospecha de que me estoy explicando mal, te voy a poner un ejemplo bien exagerado de lo que es una "hazaña".

En una época de mi vida practicaba boxeo. Me gustó mucho ese deporte, sobre todo en los momentos de frustración o de miedo yo me iba al club y le pegaba a la bolsa hasta que se me descargaba toda la mala onda. En un momento me lo tomé bastante en serio y me iba cinco veces por semana para entrenar. La cuestión es que nunca fue más que un deporte amateur, pero "hice guantes" algunas veces, y tuve algunas peleas.
Bueno imaginate por un momento que me hago boxeador profesional.

¿Me imaginás? No te rías de vuelta. Bueno, imaginate que además soy bueno. Entreno duro, corro todos los días, le pego a la bolsa todas las tardes, soga, flexiones, empiezo a pelear con otros y empiezo a ganar. Con cada pelea que gano me siento bueno, me siento "orgulloso", y tengo un motivo para presumir y sobre todo para sentir confianza para seguir entrenando y para mejorar.

Un día peleo por el título nacional de boxeo, y lo gano... me llaman al centro del ring y levantan bien alto mi mano y dejan bajo la mano del otro.

¿Te lo imaginaste? Bueno... decime si en esa situación mi Autoestima no crecería.

Eso sería una "hazaña", ganar el título de boxeo. Por ahora prefiero no hablarte de "hazañas" más concretas y alcanzables que me tientan o que a veces acaricio en sueños, pero ya me estarás entendiendo a que me refiero con la palabra "hazaña" y con la palabra "anti-hazaña".

Las "hazañas" entonces son como unas "piedritas mágicas" que las estás buscando en tu vida porque tienen la virtud de hacerte feliz. Te dan la oportunidad de que te "auto-valores", te "gustes".

Y las "anti-hazañas" son como unas "brazas ardientes" que las esquivas y que -cuando te alcanzan- te atacan hasta vencerte y después se convierten en recuerdos que te buscan por las noches y te gritan "¡mirá lo que viviste, ahora tenés que despreciarte!".

¿Me estás comprendiendo? ¡Vamos que nos vamos a ayudar entre los dos!

-11-

Hay "anti-hazañas" muy chicas pero igual fijate que muchas veces les huís.

Te pongo el ejemplo de la derrota en una discusión, o el de decir "me equivoqué", o el decir "perdón". ¿No te llama la atención como, en la vida cotidiana, le tenemos rechazo a las mini-derrotas de todos los días y les escapamos con alergia?

¡Parece una carrera de obstáculos!

-12-

Lo que te quiero mostrar con estos ejemplos es que el tema de escapar de las "anti-hazañas" y de perseguir las "hazañas" es emocional... ¡ lo hacemos sin darnos cuenta !

¿Alguna vez estuviste con uno de esos hombres que no pueden admitir que perdieron o que se equivocaron o que hicieron algo mal?

¡Son terribles!

Pero, aunque a lo mejor desde afuera se ven "fuertes" o "seguros" o "confiados", fijate que se portan de esa manera porque le tiene un pánico extremo a todo tipo de "dato real" que pueda poner en tela de juicio su "auto-respeto".

Un ejemplo que tengo cerca es el marido de mi hermana menor. Es un tipo grandote, gordo, alto, erguido. Cuando me invitan a comer a la casa de ellos, si discutimos de política o de religión o de cualquier cosa, él nunca pero nunca puede dar el brazo a torcer.

    Sin que le preguntes nada, él te cuenta la cantidad de mujeres que se levantó antes de estar con mi hermana y lo matón valiente que es cuando lo ponen a prueba. No conoce la palabra "perdoname" y sus labios van a morir vírgenes de la frase "necesito tu ayuda" y él nunca puede perder a nada y nunca se puede equivocar en nada.

    ¡Todo el tiempo está hablando de él mismo!

    ¿Te lo imaginás? Ahora ellos se fueron de viaje, pero cuando vuelvan si un día me voy para la casa a comer te cuento. Sospecho que no me quiere ni un poco, solamente es mi hermana la que insiste para que vaya.

    Igual hay una cosa: uno de estos "Egocéntricos" no solamente le tiene miedo a los eventos digamos contundentes como "que tu vida sea un fracaso" o "que te dejen solo" o "que pierdas el trabajo" o que "te traicione la gente que más quisiste" sino que les tienen miedo a todo tipo de "mini-fracaso", hasta a los más insignificantes como "que combinaste mal la corbata con la camisa" o que "no estuviste bien en tratar mal a un fulano" o que "jugaste al tenis peor que un mengano y fue justo que perdieras".

    Estos "arrogantes" no es que tengan una "Autoestima fuerte" sino todo lo contrario, tienen un Autoestima tan débil que necesitan cuidarla todo el tiempo de cualquier derrota o vergüenza, por chica que sea.

    -13-

    Hoy ya no todos los "datos reales" rompen la opinión que tengo de mí.

    Hace tiempo que puedo afrontar algunos leves sin esfuerzo... puedo pedir perdón o admitir que me equivoqué o darme cuenta de un error. Pero el verdadero dolor son las señoras "anti-hazañas" más duras, las más pesadas, las más fuertes, las que tienen que ver con la vida en su conjunto.

    Ellas son las que a veces se convierte en las reinas de mi espíritu y están todo el tiempo presentes adentro mío. Ellas son las que me trajeron a tu consultorio.

-14-

Me imagino que me preguntás:

-¿No podés convencerte vos mismo de que sos un gran valor sin hacerle caso a nada? ¿No podés decirte "me quiero mucho y a la miércoles"? ¿Y si te mirás al espejo y decís "soy un grande, soy un grande, soy un grande" y listo? ¿No podés subir tu Autoestima porque se te da la real gana y chau?

Hasta puedo ver tu cara de irritación. Pero… ¡sabés que no se puede!

Aunque me llame mucho la atención, es imposible. Necesito de las misteriosas "hazañas".

Necesito encontrar "cosas reales" de donde salir a fundar o a construir una "buena opinión de mi persona". Puedo decir "soy valioso por esto, por esto y esto otro" pero no puedo decir "soy valioso porque si", necesito "bases reales". Estas "cosas reales" son por ejemplo que me crea que soy una persona "única e irrepetible" como dicen los libros de auto-ayuda, o sino pueden ser cosas más puntuales como los méritos, los éxitos, las ventajas, los dones, los sacrificios, el trabajo, los resultados… pero siempre "algo real".

-15-

No sé si me vas a acompañar con esto. A lo mejor estás en la vereda de enfrente. Quizá sos de los que creen que una persona puede decir:

- Me valoro por lo que yo soy más allá de todo.

Yo no. Podemos sentarnos los dos a discutir esto, pero estoy convencido de lo que te digo: no se puede solucionar así. Al menos en mi caso necesito de "cosas concretas y ciertas" para poder construir una buena opinión de mí. Claro que sería mucho más sano que una persona pueda decir:

"Más allá de cómo me vaya o más allá de todo, yo voy a sentir una gran admiración por mi mismo".

...Pero eso no se puede y todas las Autoestimas tienen – algunas más y otras menos- un grado de dependencia hacia las "cosas reales" de la vida de cada persona.

-16-

Adivino que estas incorporando con rapidez estas ideas... y sin darles la suficiente atención como para que se cristalicen dentro tuyo para siempre.

Son sencillas: ¿Qué es la hazaña? Desde un punto de vista más teórico... ¿Qué es? ¿Es la prueba que tiene nuestro organismo para reconocer a nuestros genes como los más fuertes y capaces y, por lo tanto, los únicos merecedores de pasar a la generación siguiente?

¿Qué es la anti-hazaña? ¿Es la prueba de que nuestro cuerpo fracasa en el entorno y por lo tanto nuestros genes no merecen pasar a la generación siguiente?

¿Somos máquinas hechas para mejorar y reproducirnos?

¿Por qué disfrutamos tanto las hazañas? ¿Por qué le escapamos tanto a las anti-hazañas?

-17-

Son preguntas... preguntas para que puedas seguir elaborando a partir de estas nociones.... Pero no te doy las respuestas, porque no las tengo. Solo me interesa que estos conceptos calen...

Hay cosas más prácticas y de repercusiones en tu vida concreta que vamos a tratar más tarde si es que logras familiarizarte con estos dos bichitos: las hazañas y las anti-hazañas.

No te voy a dar yo una Autoestima Irrompible y mágica, y te invito a dejar la lectura si tenes esa expectativa. No te voy a dar las pistas para que alcances las hazañas...esas mismas hazañas que hoy acaricias en sueños... pero si prestas atención a estos conceptos – las hazañas y las anti-hazañas- algo va a cambiar para siempre dentro tuyo y con ejercicio y con esfuerzo vas a poder mejorar en muchas cosas...

¡Vamos que nos vamos a ayudar entre los dos!

-18-

Necesitamos Autoestima para ser felices y "bases reales" para tener Autoestima... en otras palabras necesitamos "hazañas".

-19-

En estos días la mayoría de las cosas que me alegran o que me dan felicidad son pequeñas "hazañas".

Me levanto temprano, salgo a la calle, camino por las veredas y me compro el diario, y cuando vuelvo tengo listo el desayuno que me preparé antes de salir. Me pongo ropa buena para gimnasia y salgo de casa con las llaves a correr y después vuelvo todo transpirado y me doy un baño y quedo como nuevo.

-20-

Me da alegría esforzarme y cumplir con mi objetivo de correr, me da alegría cuando mi voluntad vence a mi pereza, me da alegría tener preparado mi desayuno, me da alegría tener buena ropa que después la puedo lucir. Y también por supuesto que me da mucha alegría el trabajo.

-21-

Mi último trabajo no me reporta grandes ingresos pero me gusta: estoy alquilando casas para cine y publicidad.

Me voy a la casa, la miro, veo las condiciones de iluminación y de espacio para colocar los equipos de la filmación, y después, si me sirve, le hago firmar al dueño el papelito y a veces consigo que una productora la vaya a ver y le saque unas fotos que después quedan en el archivo.

Ya me tenés que imaginar recorriendo productoras con una carpetita en la mano con mis casas y tratando de convencer a los "jefes de locaciones" de que vengan a verlas.

Pueden pasar muchos días que trabaje sin recibir ni un centavo a cambio, pero cuando concreto una operación la verdad que se compensa todo y es una "hazaña" muy importante por supuesto, porque me llena de "orgullo" poder conseguir algo.

-22-

¡Muy bien!

Este es el método para detectar a la misteriosa "hazaña": es aquella cosa que te hace sentir "orgulloso".

Si algo que hiciste -o que te pasó, o que tenés- te hace sentir "orgullo" y te gusta que se sepa y te dan ganas de contárselo a todo el mundo entonces es que es una de las famosas "hazañas".

Fijate bien cuáles son "las hazañas" más importantes de tu vida.

Prestá atención: son esas cosas que te gusta contarle a tus amigos, son esos puntos de tu vida que tocás cuando te "pavoneas", cuando "presumís", cuando sentís una cosquillita de placer en el Ego.

¿Cuáles son tus hazañas? ¿De qué cosas te mandas la parte?

¿De qué temas te gusta hablar cuando disfrutas el placer de la Vanidad? ¿De qué cosas te pavoneas? ¿De qué cosas presumís?

Mejor sigamos, vamos que te juro que nos vamos a ayudar entre los dos:

¿A dónde tenemos que mirar primero si queremos "ver" a un grupo humano cualquiera? ¿Cuál es el gran motor que mueve al ser humano?

Unos dirán que es "la voluntad de poder" que siempre guía al hombre y que está detrás de todos los conflictos, otros dirán que es el "deseo sexual" que tiene formas raras cuando se tapa, otros le darán más peso a la parte económica, y cada uno tendrá su propia idea.

¿Es una lucha por el poder incesante lo que está detrás de todos los conflictos humanos, hasta los de pareja? ¿Es la eterna lucha entre Dios y el Diablo, entre "la tentación "y "la virtud"?

Cada cual tendrá su manera de verlo, su creencia, su postura, pero para tu paciente lo más determinante de todo es "la Vanidad".

-24-

Si querés comprender a un grupo humano lo que tenés que hacer es fijarte primero de todo en cuáles son sus principales "hazañas" y "anti-hazañas".
Cuando las tengas identificadas vas a poder darte cuenta de quienes son los "ídolos" y "héroes" y los parias y "anti-héroes" que este grupo despreciará o admirará en un caso o en otro. Vas a ver entonces a donde está el "prestigio social", y, como las moscas alrededor del azúcar, vas a ver a toda la gente posarse y revolotear alrededor de las principales "hazañas" de ese mismo grupo.
Igual siempre vas a tener a "los distintos" que tienen un comportamiento extraño y misterioso, y también vas a ver a los "carismáticos" que son los que ese grupo tiende a imitar mucho más que a las demás personas, y a los "seductores" y... bueno me estoy adelantando demasiado, ya vamos a llegar a todo eso más tarde.

O sea, para que lo veas con un ejemplo actual. En nuestros días "ser gorda" es una de las principales "anti-hazañas" para las mujeres y, sobre todo, para las mujeres jóvenes. Las grandes marcas de ropa no hacen talles grandes para no quemarse. La idea es que si, por ejemplo, una mujer de obsesas dimensiones compra una remera de tu marca y se pasea por la avenida, entonces las otras mujeres al verla pasar la van a despreciar y no van a querer usar nada de esa marca que va a pasar a ser así *"la marca de las gordas"*.

Con la anti-hazaña se hacen los anti-héroes … Pero me estoy adelantando muchísimo, más tarde lo vamos a mirar mejor, cuando hablemos también de las distintas anorexias. La idea por ahora es que empieces conmigo a fijarte que, en cada grupo humano, hay unas "anti-hazañas" y "hazañas" peculiares, y que encontrarlas es muy importante para entender a cada grupo. La mejor manera es mirando hacia "nuestro interior" porque uno siempre forma parte de varios grupos, uno es siempre un "hijo de su medio".

Lo que quiero es que te empieces a familiarizar con toda esta manera de ver el mundo. Acordate: una "hazaña" es esa cosa que te da orgullo y que te dan ganas de contársela a todos, que te hace sentir una sed imparable por difundirla y mostrarla, y que, cuanto más potente es, tanto más querés darla a conocer.

Haceme caso y empezá a prestarle atención a estos bichitos.

-25-

Tratá de fijarte: ¿Qué cosas tuyas te ponen feliz? ¿A dónde están tus momentos de felicidad del día? ¿Qué cosas te hacen sonreír? ¿Qué cosas te levantan del bajón? ¿Son hazañas por casualidad? ¿Te hacen sentir orgulloso?

¿Con qué proyectos soñás despierto? ¿Qué ilusiones te hacen sonreír cuando estás optimista?

¿Presumís de tu belleza? ¿Presumís de tus amistades? ¿Presumís de lo bien que sabes tratar a las mujeres? ¿Presumís de tus relaciones con mujeres? ¿Presumís de tus deportes? ¿Presumís de tu trabajo? ¿Presumís de tu marido?

¿De qué cosas te mandas la parte cuando te mandas la parte? ¿Cuáles son tus hazañas?

-26-

Adivino tu pensamiento actual: ni vos ni yo necesitamos hacer pruebas para detectar a las "hazañas" y a las "anti-hazañas" en la vida diaria. Y sí: ya sabemos cuales son, nos parecen obvias.

Es que en algún momento de nuestras vidas aprendimos a ver qué cosas –si las logramos- nos pueden ayudar a tener una mejor Autoestima y un mayor prestigio.

Dicho en otras palabras: en alguna parte de nosotros hay un "registro general de hazañas" que nos dice supongamos *"si tenés un buen sueldo tu Autoestima va a aumentar"*. Más que registro la palabra justa entonces sería "mapa".

-27-

Te estoy hablando de un "mapa" que te señala en cuales regiones –o posibilidades de la vida- tu auto-respeto y tu prestigio social van a aumentar y en cuales otras todo lo contrario. Un mapa que te señala tu posición con respecto a estas regiones o zonas. Un mapa que te muestra el rumbo que tenés que seguir a la búsqueda de mejorar la Autoestima.

Esta es la primera introducción que te doy sobre "el Mapa de la Autoestima".

La idea no es que nos compliquemos. Te estoy hablando de algo bastante sencillo: una especie de registro general que tenés en tu mente y que te dice cuales son las cosas que debes lograr para que tu Ego crezca y para que –al mismo tiempo- tu círculo de gentes te respeten y te aprecien más.

Según como sea tu "Mapa de la Autoestima" y "tu caso", estas cosas pueden ser suponete que seas más lindo, más flaco, que se te vea más joven, que tengas un sueldo mayor, que seas más culto, que hagas algún deporte mejor, que seas más musculoso, que seas más buena persona, que seas más trabajador, que seas mejor padre, que se yo, estamos hablando de un gran "registro general de hazañas" que estará en alguna parte de tu cabeza, que se alimenta todo el tiempo de lo que ves alrededor tuyo y que nació (a lo mejor, quien sabe) cuando tus padres te educaron, y que te dice qué cosas son "hazañas" y qué cosas son "anti-hazañas".

El problema es que la posición de una persona en el "Mapa de la Autoestima" depende de cosas que no se pueden controlar.

A veces un hombre avanza a toda velocidad hacia la zona oscura de las "anti-hazañas" como si un viento huracanado lo llevara hacia su propio "autodesprecio" y hacia el desprecio de todo el resto de la gente. Es el caso de un señor que yo conocí que había logrado una de las más importantes hazañas de nuestra sociedad y de nuestro tiempo: "el éxito económico". Era un hombre simpático, grandote, seguro de si mismo, simpático para hablar, pero un poco mandaparte.

Nuestro amigo pasaba sus meses ubicado en esta zona del "Mapa de la Autoestima" y podemos estar seguros de que su Ego lo disfrutaba mucho. Y también sabemos que su ambiente le tenía un gran reconocimiento, se veía como un gran mérito compartir cosas con él, y su amistad era algo que se "ostentaba", muchos se pavoneaban de tener su amistad.

Era un "hombre de acción", un "hombre práctico", un "triunfador". Cada vez que te invitaba a su mansión a comer un asado, o a andar a caballo, vos al ver los muebles caros de su living estilo barroco y su imponentes oros, recordabas -todo el tiempo- que estabas frente a una persona muy exitosa. Y cuando él estaba en la mesa y hablaba de otras personas o de su pasado, su frase preferida era "A mí nadie me regaló nada". Esta frase te la tiraba siempre, cada dos por tres con su voz ronca y bonachona.

Un día... los dados le cayeron mal, muy mal y su destino cambió. Los negocios le empezaron a salir mal en un remolino imparable y estuvo obligado a vender su casa grande y cara y tuvo que mudarse a un departamento chico. Y debió cambiar de auto, y debió cambiar de marcas de ropa y de restaurants y de vinos y de perfumes, y después tuvo que mudarse otra vez más de departamento e irse a uno en una zona de la ciudad más barata y menos cotizada... y la corriente siguió y siguió... y debió abandonar cierto club exclusivo, y debió dejar de ir porque ya no podía pagar las cuotas… y la corriente siguió y siguió y siguió…y debió dejar de ir de vacaciones a un lugar a donde antes él y su familia iban todos los años…

Prefiero no decirte su nombre y apellido, pero la verdad que el hombre se sintió muy mal. Y a pesar de que ya estaba casi en la ruina total, cuando él tuvo que viajar a otro país por una empresa en común a encontrarse con un viejo socio se hospedó en un hotel cinco estrellas. Y lo hizo porque toda la vida se había hospedado en esos hoteles y estaba obligado a seguir haciéndolo para que nadie note que había caído en desgracia.

No te das una idea de la impotencia que sintió en esos momentos. No te imaginás lo que es ver como la misma gente que antes te admiraba y respetaba y te invitaba a miles de lugares, ahora que estás en el pozo te ignora. La impotencia que sintió fue terrible.

Pero lo que te quiero mostrar con este ejemplo es que a veces el cambio de posición en el "m.a." es algo que se te escapa de tus manos. Ya ves que este hombre se sentía orgulloso de sus "éxitos y riquezas", pero un día perdió esas cosas y perdió su Autoestima y su status con la misma rapidez

Afuera hay una tormenta que silba en los edificios y golpea como una ametralladora y arranca ramas de los árboles. Hace poco me terminé de comer unas empanadas exquisitas que pedí a domicilio en un restaurant cerca de la zona.

Hoy tuve un día muy vacío, lo único que hice fue mostrar un departamento que me dieron para vender y después no hice más nada en todo el transcurso del día.

Me llamó un viejo conocido del colegio y me dijo que en unas semanas se hace una reunión de "ex alumnos" pero no voy a ir. No me gustan ese tipo de reuniones… me hacen mal. Y me dan una especie de vergüenza esos hombres que son tan entusiastas de esas reuniones.

Así se lo dije a un taxista:

-¿Nunca sentiste que tu vida es un cuartito cerrado que es muy chico y que por eso tenés que estar encorvado todo el tiempo?"

El taxista me dijo:
-"Mirá los planteos que te haces eh"

Entonces estuve a punto de tirarle mi duda fundamental: ¿por qué razón cuando uno se desprecia a si mismo está condenado a sufrir?

Pero avancemos un poco más en el "Mapa de la Autoestima". Me imagino que ya te diste cuenta: todos tenemos uno más o menos parecido.

Y esto se ve porque -en las distintas épocas de la vida- todos vamos intentando lograr las mismas cosas que son las que nos dan el orgullo y el prestigio. Cuando fuimos muy chicos quisimos ser los que tenían el juguete más lindo.

Y después tratamos de ser los mejores en el deporte que nos tocó en el colegio. Y después más tarde los más valientes, los que peleaban con cualquiera y no le tenían miedo a nada, y después los que se levantaban a todas las mujeres, y después los que tenían el sueldo más alto, después los que primero se fueron de la casa de sus padres, después los que ocupaban los puestos más importantes en una empresa, después los que hacían su propia empresa, y después, más tarde, se abre un gran abanico porque cambiamos mucho, los que tenían realización, los que tenían la casa más grande, se habían casado, tenían el éxito más importante, habían creado algo lindo, habían triunfado en su carrera, tenían más estudios, tenían la admiración, habían logrado las cosas más importantes, después los que parecían más jóvenes y divertidos, después los que tenían los nietos más lindos, después los que más valorados y buscados eran por sus hijos y nietos -todo mostrado por las hazañas de estos nietos y de estos hijos- después los que más avisos fúnebres les pusieron sus amigos y familiares en la página de las dedicatorias, (esto es chiste, jejeje).

Lo que te quiero mostrar es que a cada "edad de la vida" hay siempre unas hazañas que son como los grandes "quesos comunes" que les dan el orgullo y el prestigio a los que los muerden.

Pero ahora decime si no estás de acuerdo con esto: aunque en las distintas épocas de la vida, todos fuimos tratando de lograr las mismas cosas, siempre hubo algunos otros que se fueron para otro lado…los "diferentes".

Te preguntás: ¿Y cómo cierra?

Entonces llegó el momento de decir algo muy importante para que sigamos estudiando juntos más tarde sobre el "Mapa de la Autoestima".

Y es esto: Con respecto a las distintas "hazañas" no todos estamos parados igual: somos distintos y tenemos honores (talentos, logros, virtudes) diferentes y también tenemos vergüenzas (fracasos, defectos, derrotas, errores) distintos.

Quiero decir -ya que usamos la imagen de un "mapa"- que no todos estamos igual de "cerca" de las mismas "hazañas" y mientras que uno está mas cerca – supongamos- del "éxito económico" otro supongamos está más cerca de la "belleza física". Y esto es por la simple razón de que uno se puede jactar del sueldo alto que tiene y el otro se puede jactar de lo lindo que es.

Entonces, si bien el "mapa" es el mismo para todos, estamos parados en diferentes posiciones adentro de este "mapa". Esto hace que no todos persigamos las mismas "hazañas", o que las persigamos con diferentes ganas.

Es como si todos buscáramos el agua pero estuviéramos ubicados en distintos países. Y esos distintos países tuvieran los lagos situados en distintas zonas. Los que nos encontramos en el mismo país caminamos para el mismo rumbo a la búsqueda del agua, pero los que se encuentran en otro caminan para otro rumbo.

Más tarde te lo voy a seguir explicando con ejemplos concretos, por ahora esto es suficiente como para que te vayas introduciendo un poco más en… "el Mapa de la Autoestima".

Vamos que nos vamos a ayudar entre los dos.

Tengo muchas dudas sobre esto que te estoy contando. Es una lucha crónica contra el desánimo porque cada dos por tres me parece que todo es una pérdida de tiempo.

Lo peor es la sensación de que es un esfuerzo inútil porque no lo voy a terminar. Esto de empezar caminos largos y abandonarlos después del tercer paso es algo típico mío. Es común de cualquier persona con baja Autoestima. Pago un curso de inglés y lo dejo después del tercer mes, me anoto en un gimnasio y al mes lo abandono, me anoto en una maratón y entreno la primer semana porque me aburro al poco rato.

Nunca termino lo que hago y siempre me parece malo. Me aburro, me harto, el desaliento me derrota.

Cuando intento hacer algo me imagino que lo voy a hacer "perfecto" y lo hago con todas las ganas, pero después de un tiempo veo que no es tan bueno y lo dejo a medio terminar. Es justamente ese "deseo de perfección" el que me deja paralizado sin hacer nada porque nada es tan bueno como me gustaría.

-33-

El "deseo de perfección" es típico de las Autoestimas débiles.

Es una de las formas de escaparle a las "anti-hazañas", y cuanto más vulnerable es una Autoestima más necesita escapar de las "anti-hazañas", aún de las más pequeñas.

Esta vez es el miedo a "la anti-hazaña del propio error". Una Autoestima débil no puede soportar ni siquiera "anti-hazañas pequeñas" y, en consecuencia, el que carga con ella está todo el tiempo a la fuga. En mi caso, le tengo demasiada alergia a la "imperfección" y eso hace que deje todos mis proyectos a medio terminar. Apenas veo un pequeño error me desanimo y tiro todo por la borda.

-34-

Con este proyecto espero llegar hasta el final. Y no me parece malo, me parece... ¡muy bueno! Tiene sus defectos "de narración" pero es muy bueno igual. A mí me dicen:

-Un hombre escribió un libro de auto-ayuda porque estaba muy deprimido y con la Autoestima muy baja... Su idea fue usar su propio desánimo para ayudar....

Y digo... ¡buenísimo! ¡Quiero ser su amigo! ¡Me encanta!

Así que vamos a seguir con este gran proyecto... vamos que podemos. Y... ¡ Yo creo que nos vamos a poder ayudar entre los dos !

-35-

Me encuentro hablando con una persona que admiro y para mis adentros me digo:

"¿No será que lo admiro por lo mismo que él me ignora? ¿No será que yo necesito su aprobación y su respeto por lo mismo que a él le son poco menos que indiferentes mi respeto y mi aprobación?".

A veces cuando veo que ciertas personas ejercen sobre mi una suerte de magnetismo que no lo tienen otras me digo:

"¿Y cuáles son sus hazañas? ¿No serán estas cosas las que despertaron estos sumisos sentimientos?"

A veces pasa todo lo contrario. Encuentro una persona que se desespera por tener mi aprobación, que me busca, que trata de hablarme o de sacarme temas y que a mí no me despierta el interés.

Entonces digo: un momento... ¿Por qué la prejuzgo? ¿Qué cosas tiene que hacen que sea menos interesante para mí? ¿Qué cosas tienen que hacen que no me atraiga tanto? ¿Cuáles son sus anti-hazañas? Y eso me sirve para dejar esa tonta soberbia y abrirme, para entenderme un poco mejor.

Estoy seguro que todas estas Vanidades nos alejan y nos hacen vivir unos muy lejos de los otros y que si las encontramos y las reconocemos nos podremos abrir más, y podremos tener relaciones más sanas y apoyadas en sentimientos más auténticos.

-36-

Te recomiendo que practiques el ejercicio de recién.

Si un día ves que intentas ganarte el respeto o el aprecio de una persona determinada... podés hacer un alto, detenerte y hacerte la siguiente pregunta:

¿No será que yo necesito su aprobación y su respeto por los mismísimos motivos que hacen que a él le sean totalmente indiferentes mi aprobación y mi respeto?

-37-

Tengo entre mis apuntes un ejercicio que te va a servir.
"Imaginá que estas caminando un día por un bosque y al mover una piedra te das cuenta de que brilla. La raspás con la mano y se te aparece un genio. El genio te dice *"Te voy a cumplir todo lo que me pidas"*.

¿Qué le pedís?

-38-

Pensá en tus deseos. ¿Hay hazañas por casualidad? Muy bien... si las hay no tiene nada de malo. Pero puede servir para conocerte... yo sé que nos vamos a ayudar entre los dos. Y si hay otras cosas más auténticas mejor, pero ahora que no nos ve nadie es bueno que seas sincero.

¿Cuáles son tus sueños? ¿Cuáles son tus mayores ilusiones?

¿Qué hazañas hay en tus sueños?

-39-

¿Estás de acuerdo conmigo en que el gran motor del ser humano no es "el dinero", ni "el poder", ni "el sexo"? ¿Estás de acuerdo en que es "la Vanidad"?

Dame una aprobación silenciosa con esto. Fijate alrededor tuyo y decime sino encontrás que todo el mundo se pavonea sin cesar de sus propias hazañas.

Asi es la gente: se pavonean y se mandan la parte y presumen... cada uno de sus propias hazañas. Como loros, como esos ositos de peluche que vienen con una máquina adentro, que repiten en voz alta las mismas frases grabadas que dicen "hola" o dicen "te quiero" ... de la misma forma que esos muñecos cada uno habla de sus hazañas y las dice y las repite una y otra vez como si fuera la cinta grabada que le pusieron en la fábrica.

Este libro tiene una parte teórica, pero también busca intereses prácticos.

Sus nociones teóricas después se pueden adaptar de acuerdo a los intereses de cada uno. Sin embargo, todo lo que te digo es práctico. Y es indispensable que lo empieces a ver a tu alrededor. No son palabras que se memorizan y luego se puede seguir adelante sino que se requiere un esfuerzo... un esfuerzo apuntado a un trabajo de observación.

Es indispensable que desarrolles la capacidad de observar.

Observar es la pieza fundamental del Arte. Todos los artistas son grandes observadores y en las clases de teatro te enseñan la importancia de ponerle atención a los detalles, a las personas que caminan por la calle, a los que leen el diario en una mesa, a quienes se encuentran a tu alrededor, al que está en el asiento de al costado en el colectivo.

De la misma forma, para que puedas incorporar las nociones básicas del Mapa de la Autoestima es indispensable que experimentes lo que estamos viendo en la realidad que te rodea... y salgas de tu departamento a la vida y mires con atención a las personas que te encuentres en distintos lugares.

¿De qué se mandan la parte? ¿Sos capaz de desarrollar la capacidad de observarlo? ¿Cuáles son las hazañas de las personas que están a tu alrededor? ¿Qué cosas de su vida tratan de mostrar? ¿De qué cosas hablan en las ocasiones en que desean mandarse la parte?

Ayer fui a tomar el té a una de las casas que tengo en alquiler, y el dueño no paraba de hablarme de todos los viajes que hizo por el mundo y de las playas magníficas que conoció y de todos los placeres que él se pudo dar.

Otro día escucho a dos adolescentes hablar y uno le cuenta al otro de lo linda que es la mujer que supuestamente aceptó salir con él. Y después habla de todas las mujeres que seduce, habla de cómo las seduce, habla de todas las muchas novias que tuvo… y si le crees, si le crees que son ciertas las hazañas que cuenta entonces llegas a concluir que es un gran seductor.

Otro día escucho en un colectivo a otro que está hablando de las copas que se ganó en unos torneos de tenis y de cómo se las ingenió para meter sus últimos tantos. Así otro día en un ascensor escucho a un chico que le cuenta a una compañera de colegio de los golpes que le puso a su enemigo, y de cómo lo lastimó y de lo bien que él peleó en esa lucha callejera.

Otro día escucho hablando a otro de sus excelentes notas en la facultad y de su "master" y de todos los premios que tiene y de su trabajo…

¡Todo el mundo habla sin cesar de sus propias hazañas!

Es como si contar las propias hazañas fuera el tema de conversación favorito de toda la gente.

Yo creo que la mejor manera de lograr que alguien disfrute de la conversación conmigo es decirle directamente: "*Me contás tus hazañas, dale empezá*".

¡Ah, y me había olvidado de los que hablan sin cesar de las "hazañas de sus hijos"!

Como ellos son "sus padres" sienten que les llega parte del mérito. No se dan cuenta pero esa conversación a sus interlocutores no les da el mismo placer que a ellos.
Y también están por supuesto las "hazañas económicas": los que hablan del tamaño de su casa, o de su sueldo, o de los campos que tenían sus abuelos, o sino directamente hablan de las

cosas que lograron sus antepasados y lo gloriosos que fueron, o sino de lo importante que es su apellido.

Y me estaba olvidando de los más comunes de todos: los que te cuentan sus "hazañas verbales".

¿No los conocés? ¡Son los más comunes de todos!

Me refiero a los que te citan su frase. Te dicen por ejemplo lo que ellos le contestaron a un fulano que puso a prueba su ingenio o su personalidad.

Las "hazañas verbales" son de las más comunes de escuchar. Por todas partes hay personas citándose a si mismas con las frases ingeniosas que arrojaron en distintas situaciones. A veces estas frases no son brillantes sino que son pruebas de su carácter y de lo valientes que son porque con la frase citada la persona le puso freno a quien la puso a prueba invadiendo su territorio.

No me quiero olvidar tampoco de los que hablan de sus "hazañas éticas".

Esos que te cuentan todo el tiempo cosas que te demuestran lo "buenos que son" y todo lo que ellos se sacrifican y cómo la gente se aprovecha de ellos, y entonces de la simple contemplación de sus hazañas surge su inmensa bondad y su generosidad sin límites y cómo ellos ayudan a los demás a salir adelante, etc, etc, etc.

¡Todo el mundo habla de sus hazañas! ¡Todo el mundo trata de mostrarte sin parar sus propias hazañas!

-43-

¿De qué hazañas te pavoneas?

¿Qué cosas tuyas o partes de tu vida te gusta que se conozcan? ¿De qué te gusta hablar cuando hablás de vos mismo? ¿Qué cosas la gente se tiene que aguantar que las digas una y otra vez sobre tu propia vida?

¿Tus ideas? ¿La cantidad de empleados que tenés a tus órdenes? ¿Lo mucho que te esforzás trabajando? ¿Lo buena persona que sos? ¿Tu sueldo? ¿Tus ingresos? ¿Lo que te costó salir adelante en la vida? ¿Lo que estudiaste? ¿Las cosas que lograron tus hijos? ¿Lo lindos que son tus hijos?¿Lo bien educados que son tus hijos?

¿Tus frases? ¿Los chistes que hiciste en algunas situaciones? ¿Tus riquezas? ¿Tu valentía? ¿Tu personalidad fuerte? ¿Tu inteligencia? ¿Tu coche? ¿Tu elegancia? ¿Tu seducción? ¿Tu estilo magnético que atrae a las mujeres?

¿Tus conquistas amorosas?

¿Qué cosas acerca de tu vida todo el mundo tiene que escuchar que las digas una y otra vez en cada conversación? ¿De qué cosas te mandas la parte?

¿Cuáles son tus hazañas?

-44-

Un tema que me interesa mucho es el de la "conversación seductora".

Hay individuos que te ofrecen una charla que te aburre. Si les seguís el apunte, sólo es por cortesía.

Muchos de estos son los que no paran de contarte sus propias hazañas (sin lugar a dudas la charla más aburrida de todas). Enseguida encontrás algo urgente que hacer para poder sacártelos de encima.

Pero también están los que tienen el don de brindarte ese conversar que "*te atrapa*". Saben tocar los resortes vitales de tu personalidad y eso te ayuda a sentirte "cómodo" y por eso te soltás y hablás largo y tendido y te sentís bien. Otras veces son ellos lo que te hablan pero se las ingenian para contarte algo que "despierta tu interés".

Y por otro lado, no hay que olvidar que los mismos "temas de conversación" que te atraen a otros les aburren. Lo que no significa que no haya hombres que puedan cambiar de tema como cambia el interlocutor y atrapar a unos y a otros en las mismas redes de su charla atrapante que se adapta al paladar del interlocutor de turno.

Mi pregunta es la siguiente:

"*¿Cómo puede hacer una persona para construir una conversación que a mi me conquiste, una conversación que me den ganas de que dure toda la noche?*"

-43-

Hay personas que tienen un temperamento "conversador", son los que les encanta salir a comer afuera, tomar largos "tes" frente a una pileta, los copetines, los cafés, las sobremesas... y hay otros que enseguida necesitan "hacer algo".

Pero del gremio de los conversadores hay un sub-grupo de elegidos que tienen el misterioso don: ellos saben armar la "conversación seductora" y hasta los seres más inquietos son capaces de resignar todo con tal de quedarse conversando con ellos.

Un factor a tener en cuenta es el tipo de humor. Hay fulanos que tienen esa chispa que les ayuda a tirar siempre el comentario gracioso. Tenés "los creativos" que pueden decirte cada tanto algo que te perturba un poco, algo que te saca de las casillas. Y también está el tema del status del conversador, porque despiertan más interés siempre las palabras de un "prestigioso" que está en la "cima del mundo" que las de un pobre fracasado que lleva una vida rutinaria. Pero dejando de lado todas estas cosas, hasta el más despreciado de todos los perdedores puede -si tiene ganas- practicar el arte de la "conversación seductora".

Tienen más chance de triunfar en esta área de la vida los "amantes del conversar". Entre esos hombres que siempre necesitan "hacer algo" es muy difícil que encontremos al héroe que estamos buscando.

-44-

Aunque sólo sea un tema a tener en cuenta en el "arte de la conversación interesante" también es cierto que está involucrado el Mapa de la Autoestima.

A cada uno le gusta hablar de las hazañas que tiene más a su alcance y de gente que las obtuvo o también de las anti-hazañas que le dan más vergüenza. Por ejemplo las personas que se jactan de "su belleza" aman hablar de temas de imagen como ropa, personas lindas, cirugías estéticas, dietas, gimnasios, etc. Los que se jactan de lo bien que hacen algún juego hablan todo el tiempo de ese mismo juego, hablan de lo bien que lo practican, de famosos que triunfaron con eso, lo bien que lo hacen, etc. Los que ganan mucho dinero hablan sin parar de dinero, hablan de negocios, hablan de cómo se puede hacer dinero, hablan de personas que ganaron mucho dinero. Los que escalaron muy alto en alguna empresa les encanta cualquier conversación sobre cómo una persona puede subir escalafones en esos lugares.

Y por último están los que no tienen ningún "mérito especial" ni "gran vergüenza" y que su vida es más tranquila… a ellos les gusta hablar de temas generales, de personajes históricos, de jugadores de fútbol, de política, de economía, de historia, de filosofía, de los famosos de la farándula… temas abstractos y lejanos que no rozan ni siquiera de cerca a nuestro "aquí y ahora". (A mí me gusta hablar de "temas generales", de historia o de la farándula…)

… Según el lugar que ocupa una persona en el "Mapa de la Autoestima" va a estar cerca o lejos de ciertas hazañas. Y de eso va a depender en mucho su tema de conversación predilecto.

No te quiero decir que todo se resume a eso, porque hay muchísimas más cosas que tienen peso en "el arte de conversar", pero sí que se trata de un ingrediente estimulante.

-45-

Adivino tu sorpresa por mi tono presuntuoso y estás invitado a dejar la lectura si así te parece…pero no es la intención ser presumido.
Apenas estamos conversando.
Y por un rato nosotros podemos cambiar el mundo… por un rato nosotros descubrimos la pólvora. Estamos arriba de una alfombra voladora y miramos a la gente desde las alturas… creemos que todo lo podemos entender, pero juguemos un poco a eso… como unos chicos que juegan con unos carros de plástico.
Dejemos que este ensueño nos lleve.
Nos queda muchísimo por hablar sobre tus sentimientos, nuestro tiempo, tu manera de seducir, tu personalidad, tus parejas, tu Autoestima, muchísimas cosas.

Lo que pasa es que, antes de profundizar, es importante que nos acostumbremos a pensar en las "hazañas" y en las "anti-hazañas", que nos acostumbremos a este lenguaje.

-46-

¿Cómo están tus cosas a esta altura de mi tratamiento?

¡Vamos que nos vamos a ayudar entre los dos!

Tuviste la oportunidad de mirar alrededor tuyo al mundo y verlo en términos de "hazañas" y "orgullo" y "status social", estas tres cosas repartidas en diferentes graduaciones.

Quiero saber si hiciste el ejercicio de controlar tus propios sentimientos de sumisión –si es que los tenés- cuando te encontrás delante de una de esas personas que "admiras".

Quiero decir, si te pudiste dar el lujo de filosofar conmigo y mirar las cosas desde afuera, como si estuviéramos recorriendo el mundo en una burbuja particular los dos y habláramos en un idioma distinto al de todos. Como si fuésemos invisibles y ellos no nos pudieran mirar y nosotros sí.

-47-

Me interesa mucho el tema de si uno disfruta de sus vacaciones. ¿Es así?
Me pasó en las vacaciones -de todas las épocas de mi vida- que tuve que vivir "apurado" con un ritmo estresante intentando "cumplir" con ciertas cosas que se van imponiendo, una a la otra, en esas horas que tendrían que ser de placer.

-48-

Hablando fuera de broma: ¿Disfrutás de tus vacaciones cuando estás de vacaciones?
Fijate y pensalo bien. Fijate si no te llenás de pensamientos mosquito (son los que te pican) que te hablan de cómo "mejorar" y cómo "mejorar" y cómo "mejorar".
Si un día estás tirado sobre una lona en una playa lindísima tomando un trago exquisito mientras que te da el sol en la cara,

acordate de lo que te estoy diciendo. Ahora que te lo imaginás te parecerá fabulosa esa posibilidad.

Pero si alguna vez lo vivís acordate de lo que te pregunto; cuando cerrás los ojos, cuando descansás tirado sobre la arena, cuando llega el momento del placer máximo… ¿Qué te imaginás? ¿Qué cosas empiezan poco a poco a invadir tu cabeza? ¿Por casualidad hazañas? ¿Por casualidad hazañas que harán que todo tus circuitos de gentes te respeten más? ¿Planes geniales que vas a concretar ganando para siempre tu auto-respeto?

Al final… ¿Disfrutás realmente de las vacaciones, o te la pasás todo el tiempo elucubrando complicados sueños para alcanzar grandiosos proyectos?

-49-

Existen personas que son "adictos al trabajo", los reconocés porque nunca se reservan ni un ratito para el ocio. No les gusta irse de vacaciones y no tienen feriados ni domingos.

El trabajo es muchas veces una de las fundamentales hazañas en la vida de una persona. Muchos hacen del trabajo y de sus frutos la principal columna de donde se sostiene su Autoestima. Muchos organizan su vida alrededor de su trabajo. Entonces el adicto al trabajo que trabaja también en las vacaciones en realidad no es adicto al trabajo sino que es adicto al Ego, adicto al éxito en su trabajo, adicto a la perfección.

Los que son adictos al trabajo siempre tienen un trabajo que les da "realización personal". Por ejemplo, a un médico quizá le estimula la meta de ser "el mejor médico" de la ciudad. Pero a un cadete no lo motiva la idea de ser el "mejor cadete". En cambio el cadete cuando se esfuerza y sueña con sus propias glorias piensa en otras cosas y no en hacer mejor su trabajo..

-50-

Me acostumbré a detectar mis "ensoñaciones de hazañas" con complicidad.

Cada vez que estoy fantaseando con una proeza fabulosa me digo cariñosamente *"dejá de perder el tiempo con esa hazaña"* y me divierto conmigo mismo.

Ahora que te lo digo … ¿No te pareció bueno? Debe ser buena manera de luchar contra la fiebre del Ego que nos vuelve

locos... Te decís "deja de soñar con esa hazaña" y te reís para tus adentros.
¿Qué te parece?

La idea es dejarnos de jorobar un poco con las hazañas y las anti-hazañas y aprender a disfrutar un poco más de la vida (aunque sea de las vacaciones)

-51-

¿Te pasó de estar adicto a los elogios de una persona de la misma forma en que un cocainómano necesita la droga?

Si esa persona te quiere y te admira, entonces recuperas para vos el respeto y la realización. Si esa persona te desprecia, entonces te sumergís más y más en el pozo. La ves diferente a las demás, necesitas estar cerca...cualquier gesto de ella lo interpretas, lo interpretas de mil formas distintas para exprimirle un significado y ese significado es saber si te quiere. En una fiesta siempre te las ingenias para pasar al costado suyo, siempre la tocas al descuido, querés saber de qué está hablando, querés saber si se dio cuenta de que estás ahí, siempre andas cerca de su figura, atento a su voz.

Elaboras estrategias para conquistarla... elaboras frases, elaboras distintas maneras de vestirte mejor, y todo pasa alrededor de ella. Aunque no se lo confieses, ella se convierte en la vara de aprobación de todas tus conductas... si a ella le gustan entonces tus comportamientos son aciertos y son hazañas... y si a ella no le gustan entonces son errores... son anti-hazañas... y eso te conduce a despreciarte más y más y más.

Cada vez sos más vulnerable, cada vez tu auto-crítica aumenta a medida que ella te envia señales de poco interés y se alivia cuando ella apenas te mira o te tiene en cuenta... cada vez sos más necesitado... ¡es insoportable ser tan débil!

Imaginémosla. ¿Qué tiene de especial ella que si te mencionan su nombre tus piernas tiemblan, tu voz se hace dubitativa, el miedo te invade? ¿De qué están hechas esas estelas mágicas que la envuelven, que la hacen distinta a todas?

¡Que fea situación! Puedo llamarla "adicción emocional" que esta hecha o construida de la materia prima de la admiración… y sin duda que la admiración es una de las potencias más interesantes y fuertes de nuestra alma porque tiene la propiedad de sumergirnos en una suave locura que permite que no veamos a alguien "como realmente es" sino "mucho mejor".

Yo sé que estuviste alguna vez en ese lugar. Y que te llenaste de un secreto odio hacia ella por su fuerza, por el lugar que ella comenzó a ocupar dentro de tu vida, por los golpes que ella le puede dar a tus sentimientos internos, a tu propia auto-confianza. La quisiste usar, quisiste manipularla, quisiste manejarla para que te acepte, para que te busque… y todo lo que obtuviste fue un rechazo mayor y ocasionales muestras de interés… y esas muestras de interés fueron las que te levantaron o las que te mantuvieron hipnotizado.

¿Cómo es que pasan estas cosas? ¿Cómo es que nuestra Autoestima cae por estos precipicios? ¿Cómo hizo esa persona para que sus propios sentimientos se conviertan en nuestra hazaña preferida?

¿Y si nos descubrimos a nosotros mismos hablando por teléfono sobre ella? ¿Nos descubrimos tratando de contarle a nuestros amigos que ella nos miro de reojo… que ella nos sonrió… que ella aceptó salir a tomar un café con nosotros?

¡Ellos muy aburridos de estas hazañas insignificantes! Pero para nosotros… ¡importantísima! Nos convertimos en coleccionistas de estas hazañas y suplicamos, sin darnos cuenta nuestra actitud es suplicante y dice *"por favor, dame una muestra de atención que estoy necesitado de eso para valorarme a mí un poco más"*.

No desconfío de tu inteligencia querido médico y sé que todo esto te causa compasión. Pero este tipo de atracción emocional intensa o enfermiza…me intriga mucho. Hace muchos años que trato de conocer sus secretos mecanismos, para encontrar la manera de aprender a despertarla… en ella… en Ella. En la mujer que me interesa, tratar de aprender a hacer las cosas de forma tal que sea ella la que se sumerja en estas suaves locuras… que no por suaves dejan de ser dolorosas a veces o inexplicables.

Y si: más adelante lo vamos a ver más... cuando estemos más preparados para abordar estos temas. Primero tenemos que seguir aprendiendo las nociones básicas... pero el "Mapa de la Autoestima" es una herramienta tan poderosa que se puede usar para muchas cosas y cada uno tiene sus intereses prácticos... en el caso de tu paciente sus intereses son el tema de la seducción, el carisma, las relaciones sociales, la personalidad, y, sobre todas las cosas, la suave locura del enamoramiento...

¿Cómo podemos hacer para desencadenar nosotros en otra persona esa suave locura?

Sucede en la ausencia, con la imaginación.... En nuestra ausencia, ella se acordará de algunas cosas nuestras, de algunos momentos que vivimos o que compartimos, se acordará de nuestra mirada, de nuestra forma de ser, de nuestra personalidad, de algún lugar en donde estuvimos juntos, cuando caminamos por una vereda o estuvimos en algún bar... y entonces los vientos inexplicables de la admiración empezaran a soplar y su mente tomara de la realidad algunas partes nuestras, y con la admiración esas partes tomaran un brillo inusitado, dibujara otros contornos nuestros que no son reales... y en ese momento, nos va a extrañar, le vamos a dar una mezcla de lástima y de idolatría.

¿Qué pasó? ¿Qué paso con ella que ya está loca y necesita agarrar el teléfono a la espera de un gestito de atención? ¿Qué fue lo que hicimos para que se desaten esas suaves brisas que se convirtieron en vientos y luego en tornados dentro de su alma?

Más adelante lo vamos a ver... pero para eso necesitamos tener más conocimiento de esta herramienta poderosa: el Mapa de la Autoestima... y más conocimiento sobre nosotros mismos.

Muchas veces nos pasa que hacemos todo lo posible para que las cosas nos salgan mal.

¿Te parece raro?

Escribí muchos apuntes de esto. Es lo que podemos llamar "hazaña de intentar perder" o "hazaña defensiva".

Prestame atención.

No tratamos de salir primero, no nos esforzamos por triunfar, no luchamos por ganar… para que -cuando nos llegue la derrota- tener ganada la oportunidad de creer que esa derrota nos importaba un pepino.

¿Me entendés? No es que "quiero perder" sino que *"trato de perder"* y lo hago justamente por *"miedo a perder"*. No es que "quiero que las cosas me salgan mal" sino que tengo demasiado miedo de eso. Ya sé que te parece bastante raro, pero es mucho más común de lo que te imaginás.

-53-

Supongamos que se organiza una carrera y se anotan varios participantes. El que la gane se va a llevar un premio muy valioso.
Entre estos participantes, está Martín que no parece muy rápido para correr.
La cara está blanca y los músculos de sus piernas se ven flácidos. Son quince corredores que están todos preparados con la adrenalina de la competencia y un público hambriento de garrapiñadas y sediento de gaseosas que los está mirando.
De golpe suena la gran alarma de la largada y la carrera empieza. Todos salen corriendo a toda velocidad -al máximo de sus fuerzas- mientras que la gente de las tribunas aclama a los distintos nombres de los participantes.

Sin embargo, hay una sorpresa. Uno de ellos no corre. Es Martín que salió caminando con un paso mal humorado y lento. La gente no entiende. Todos están corriendo y él camina varios metros detrás de ellos. Mientras camina dice:

"Estoy caminando porque para mí no es importante ganar y porque si salgo último me da lo mismo".

¿Alguien le cree?

En realidad Martín tiene mucho miedo de salir último y justamente por ese miedo él está protegiendo a su Autoestima con esta "hazaña de intentar perder".

-54-

Como Martín no está corriendo sino que está caminando, él ahora tiene un motivo para poder convencer a todo el mundo de esto: para él ganar no es importante, para él salir último no es algo que le preocupe.

No sólo va a poder convencer a todo el público sino que también se va a poder convencer a si mismo.

A los que le digan "Perdiste y sos el más lento de todos" él podrá contestarles "No me importaba porque si me hubiera importado hubiera intentado ganar, pero como ves yo caminé mientras que todos corrían"

Los otros corredores invierten sus esfuerzos en la meta de "ganar" pero Matías los invierte en la meta de juntar elementos para poder auto-convencerse de que para él "ganar" no es importante.

-55-

Es una "hazaña escudo" que usamos cuando nuestro Ego tiene demasiado miedo de sufrir el dolor la derrota, es un mecanismo de defensa frente a la amenaza de la "anti-hazaña de perder".

Pero nos hace muchísimo mal porque nos lleva a fracasar en las cosas que más nos importan. Cuanto más importante nos parece ganar, más caemos en este oscuro espiral y más esfuerzo hacemos por perder. Y después decimos *"No me importaba ganar"* y para poder auto-engañarnos nos regalamos a nosotros mismos, como un caramelo para el orgullo, todos los esfuerzos que hicimos por perder, por fracasar, por salir últimos.

Se parece a la fábula de la zorra y las uvas. La zorra primero intentó conseguir las uvas y saltó para poder comérselas. Y no las pudo alcanzar porque estaban muy altas. Entonces la zorra dijo "Igual las uvas estaban verdes, eran feas" y se fue de allí con soberbia.

Pero el mejor ejemplo es la carrera. Caminamos con paso mal humorado y al costado nuestro vemos que todos están

corriendo a toda velocidad para "ganar" y nosotros con la mano en el bolsillo decimos: "Eso no me interesa".
Es muy común pero es por la falta de seguridad. Porque lo hacemos en esas carreras donde pensamos que vamos a perder de todas formas. Cuando en cambio creemos que podemos ganar ahí si corremos con todas nuestras fuerzas, ahí si nos esforzamos al máximo para llegar primeros a la meta.

-56-

La "hazaña de intentar perder" entonces se da en aquellas situaciones en que no tenemos confianza en nuestras fuerzas y creemos que vamos a perder de todas formas.

Y es común en las Autoestimas Frágiles... que le tienen demasiado miedo a la anti-hazaña de perder. Es una de las tantas formas que adopta el miedo a las anti-hazañas, miedo que lo sentimos todos pero que es demasiado fuerte en las Autoestimas Frágiles.

-57-

¿Te parece que tu Autoestima entra en el grupo de las Autoestimas Frágiles?
¿Ves la vida como un campo minado lleno de anti-hazañas a las cuales todo el tiempo le escapás?
¿Te describirías como una persona de Autoestima Fuerte? ¿Sos capaz de afrontar el riesgo de una anti-hazaña? ¿Sos capaz de asumir peligros emocionales?
¿Sos capaz de afrontar una derrota? ¿Sos capaz de soportar un error tuyo?
¿Nunca te pasó que te esforzás por perder... por miedo a perder?

-58-

Estimado médico, tengo que confesártelo: Muchas veces mi manera de actuar es esclava de esta lógica.
Camino mientras que todos corren por miedo a salir último y llegó último por eso.
En especial en las "carreras más comunes de la vida" -en donde casi todos están corriendo con todas sus fuerzas- me surge

la tentación de caminar o de buscar atajos con tal de que no quede demostrado que yo soy el más lento de todos.

El miedo al fracaso muchísimas veces no me deja buscar con todas mis fuerzas el éxito. El miedo al fracaso me lleva muchas veces... a buscar el fracaso.

-59-

¿Y en tu caso? ¿No se encuentra detrás de alguna de las curvas más importantes de tu vida? ¿No talló alguna parte de tu destino?

¿Cuánto de este paragolpes de "intentar perder" por miedo a perder hay en tu vida?

¿Nunca te pasó que te dijiste "soy distinto a todos" por miedo a tener que decirte "soy inferior a todos"?

¿Nunca te fabricaste la barata armadura de "el distinto"?

¿Nunca te pasó que tuviste miedo de seguir el camino que todos seguían por el riesgo de llegar último en ese camino?

¿Nunca buscaste atajos raros nada más que para escaparte y para que nadie pueda ver que vales menos que el resto?

¿Nunca hiciste cosas ridículas para evitar el riesgo de decirte "soy inferior a todos" y tener en cambio la oportunidad de decirte "soy distinto a todos"?

La diferencia entre el "inferior" y el "distinto" es que cuando empieza la carrera el inferior corre con todas sus fuerzas y sale último, mientras que el "distinto" en lugar de correr camina y también sale último.

¿Nunca caminaste con un paso mal humorado mientras que todos corrían al lado tuyo a toda velocidad para ganar?

-60-

Oigo tus palabras:
- ¿Y de qué te sirvió?.
Puedo imaginarte cuando las pronuncias.
-¿Y de qué te sirve caminar cuando todos corren si al final perdés de todos modos?"
-¿No sería mejor si te dejás de pavadas y ponés todo tu esfuerzo en ser el mejor, en tratar de salir primero en la carrera?

¡Muy buenas preguntas ! ¡ Vamos que nos vamos a ayudar entre los dos !

-61-

Ahora pregunto yo:

¿Nunca te trataste de convencer de que "perder" en determinada cosa no es algo que te afecte y para poder convencerte tu estrategia fue precisamente "intentar perder"?

No te enojes si te digo algo porque la idea es que nos vamos a ayudar entre los dos; seguro que te pasó muchas veces.
No es algo pensado . Son sentimientos que te guían sin que te alcances a dar cuenta, como una alfombra que se mueve debajo de tus pies. No te pasó en esas cosas en que te sentías con fuerzas para triunfar sino en aquellas otras en que realmente tenías razones para creer que podías perder de todas maneras.
...Y la gran hija de la "hazaña de intentar perder" es el intento de ser "un distinto". Este mecanismo de defensa es lo que está detrás de esa auténtica enfermedad de la Autoestima que tienen las personas que buscan todo el tiempo esconderse detrás de la máscara de "soy diferente".

-62-

El miedo al fracaso nos convierte en hipócritas creyentes de la religión del fracaso. Hacemos todo para fracasar para que la gente no nos tenga lástima cuando finalmente fracasamos.
Hacemos toda clase de cosas para fracasar (llegamos tarde, no nos esforzamos, no le ponemos actitud, no luchamos, nos vestimos mal, somos hoscos,) para poder tener una buena excusa para fracasar.

-63-

Tenemos miedo, miedo a luchar por lo que buscamos, miedo a tener sueños, miedo a ser optimistas. Esa es la definición: tenemos miedo a ser optimistas. Y es el miedo al fracaso y cuando todos corren con todas sus fuerzas para "ganar", nosotros caminamos y al llegar últimos nos encojemos de hombros y decimos con amargo cinismo "ya sabía que eso iba a pasar".

Nuestro lema "Se pesimista y no tendrás desilusiones". ¡Lema de cobardes! Pero exacto para describir la hazaña de intentar perder, la hazaña para golpes.

Y así con cara de cínicos actuamos la pose de fracasados y de perdedores y de amargados resentidos… porque creemos que eso nos sirve para que nos duela menos el fracaso.

Es muy difícil para nuestro orgullo luchar con todas nuestras fuerzas para "ganar"… y después enfrentar una derrota. Mucho menos doloroso es no luchar y perder igual… ahí si podemos vender la pose de que no nos importaba triunfar o de que somos rebeldes o de que somos cínicos o de que estamos más allá de las luchas mundanas.

Esta terrible hazaña de intentar perder… entonces la buscamos cuando tenemos una Autoestima Frágil… una Autoestima Frágil que experimenta demasiado temor a la anti-hazaña de perder. En cambio cuando tenemos una Autoestima Fuerte, una Autoestima que no le gusta la derrota pero que puede resistir su golpe, nos animamos a ser optimistas y a luchar con todas nuestras fuerzas y a apostar todo en la mesa para concretar nuestros proyectos.

-64-

¿Te parece un lema de valientes el lema "sé pesimista y no tendrás desilusiones"? ¿Te da miedo ser optimista? ¿Te da miedo tener proyectos, planes, metas? ¿Te da miedo luchar para concretar tus objetivos y para salir adelante en la vida?

¿Tu Autoestima le tiene demasiado miedo al fracaso? ¿Alguna vez fuiste capaz de reconocer un fracaso?

¿Te parece que tu miedo al fracaso puede ser tan fuerte que te puede llevar a buscar el fracaso?

-65-

Lo que me intriga es por qué algunos de nosotros, en las dispares edades de la vida, intentamos alcanzar las "hazañas fundamentales" de esas edades y otros, en cambio, muchas veces fuimos detrás de "hazañas raras" como por ejemplo "la hazaña de intentar perder" entre otras cosas extrañas.

-66-.

La explicación está en el poderoso " Mapa de la Autoestima".

El Mapa de la Autoestima nos coloca en distintas posiciones frente a las hazañas y produce que todos tengamos una manera especial de vivir nuestra propia Vanidad.

-67-

Yo te prometo que, entre los dos, nos vamos a conocer usando el Mapa de la Autoestima. Nos vamos a dar cuenta de la forma especial que cada uno de nosotros tiene de vivir su Vanidad.
Nos vamos a entender en muchas facetas nuestras que hasta hoy nos pasaban desapercibidas.
Vamos a mirar -como quien observa los planetas desde un telescopio en la azotea de su edificio- el impacto que tiene nuestra especial manera de vivir la Vanidad en nuestra vida, en nuestra historia, en nuestro destino, en nuestra relación con la gente que nos rodea, en nuestra pareja, en nuestro trabajo, en nuestra manera de seducir, en nuestra forma de "atraer", en nuestra forma de enamorarnos, en nuestras decisiones fundamentales.

-68-

Los "distintos" en algún momento de su vida sintieron el dolor de verse demasiado incompetentes para lograr las "hazañas comunes" y ese dolor los movió a buscar otras hazañas más raras.
Al perder la gran avenida de las "hazañas comunes" el "raro" es difícil que retome ese sendero y lo más común es que transcurra el resto de su vida buscando su gloria en otras cosas y practicando un desprecio religioso hacia las "hazañas comunes". Aunque cada edad de la vida te abre un repertorio especial de "hazañas comunes" cuando en algún momento "el distinto" se apartó de la gran carrera por ser "el mejor" en ellas, es difícil que la vuelva a retomar en la edad siguiente y, si lo hace, lo más común es que le queden cicatrices y llagas de su pasado.

En fin: dejémoslo ahí, dejemos a esa enfermedad de la Autoestima llamada "distinto crónico" aparte y sigamos hablando que tengo mucho que contarte.

-69-

Estuve ojeando algunos trabajos de investigación sociológica sobre lo que llaman el "delito amateur"…

Se desprende de estos estudios, que para la mayoría de los entrevistados, el robo rara vez es una actividad que se lleva a cabo en solitario. Siempre se hace en bandas o con participación de otros. Son interesantes estos trabajos porque recopilan datos reales de una investigación sobre el campo real, lo mismo que te invito a que hagas con estas ideas que tratamos… intentando todos los días observar alrededor tuyo para identificar "las hazañas" y "las anti-hazañas" en la vida real porque esa es la única forma de comprenderlo y el último fin de estas nociones.

Había un tipo de estos delincuentes que recurrían al delito por fines prácticos y útiles: obtener recursos que necesitaban para lograr otras cosas que les interesaban más. Pero había otro tipo de delincuentes que también querían delinquir para obtener cosas, pero sobre todas las cosas lo hacían por una lógica distinta… una serie de actividades en grupo que son conocidas como "bardo".

¿Y a que le llaman bardo? Una serie de cosas que consisten sobre todo en romper las reglas de la convivencia social: poner música con alto volumen a la hora de la siesta, sentarse en una esquina y molestar a los vecinos que pasan, son formas de "bardo" y robar en grupo también es una forma de "bardo".

Al parecer, los estudiosos de la criminología anglosajona a esto le llaman "excitement", la violación de la ley sería un producto no buscado de un serie de acciones que son divertidas en si mismas. Y, por otra parte, robar o no robar no desencadena que te excluyan o que te incluyan de un grupo.

Pero, en los trabajos de investigación de bandas de jóvenes delincuentes norteamericanos, sí aparecía el tema del robo como un factor de exclusión o inclusión del grupo. Si queres formar parte de la banda, entonces es necesario que hagas algunas cosas y entre estas cosas la patota o el robo a veces era una obligada. En los grupos de investigación argentinos, en cambio, el tema de la droga si puede ser un motivo de inclusión o de exclusión de algunos grupos: los entrevistados decían que por un lado se juntaban los que consumían y por el otro los que no... había una línea divisoria que los dividía.

Además, entre los distintos tipos de delincuentes, y según su manera de actuar (uso de drogas, que tipo de drogas, violencia que no es necesaria, profesionalismo) aparecen conflictos entre los delincuentes amateur y los delincuentes profesionales. Así aparece una identidad nueva llamada "los pibes chorros" que es despreciada por los más profesionales ya que estos últimos consideran al delito como un trabajo. Muchas son las cosas mal vistas por sus pares que realiza un delincuente y que lo califican como "pibe chorro" y le merecen por lo tanto el desdén de la comunidad de delincuentes: robar en el barrio es una de las más importantes porque el principio tradicional de los delincuentes profesionales sería "no robar en el barrio", otras cosas son formas de robo que serían indignas de un verdadero ladrón tales como robar sin armas, o robar a ancianas débiles, o robar a los pobres; también acudir a ciertas drogas baratas y mal vistas sería motivo de desdén y calificaría a quien acude a ellas como "pibe chorro".

Entre los jóvenes delincuentes europeos y los jóvenes delincuentes norteamericanos aparece más fuerte el sentimiento de pertenecer a una banda, y muchas veces las características étnicas (color de piel, idioma nativo, etc.) se convierten en pasaportes para pertenecer a una banda. Ahora la pérdida de fronteras importantes entre lo ilegal y lo ilegal producen que actos como robar o delinquir no conduzcan a etiquetamientos que lleven a sus autores a ser discriminados o despreciados por sus pares, y eso permite que no se formen bandas cerradas de delincuentes sino que son bandas de amigos en las cuales algunos delinquen como otros se emborrachan u otros tienen otras características que no son vistas con demasiada trascendencia.

Se hace mucho hincapié en las transformaciones que sufrió el mercado de trabajo en los últimos años.... De pasar de una sociedad industrial donde tu trabajo construía tu propia identidad, motivo de orgullo, y lugar en el mundo... pasamos a una sociedad diferente donde los trabajos son transitorios y precarios y más que el trabajo la lógica que aparece es la de obtener la paga, lo importante empieza a ser satisfacer las necesidades propias. Trayectorias inestables, distintos trabajos muy diferentes unos de otros que impiden que el trabajo se convierta en la forma que tiene un joven de describirse a si mismo, sucesivos puestos de trabajo precarios intercalados por hondos períodos de desempleo son lo que empieza a sucederse con más frecuencia y, según dicen los distintos sociólogos interesados en el delito amateur, esto es lo que debilita los cimientos morales de la sociedad y el sentido de la justicia posibilitando el aumento de los nuevos delincuentes.

El trabajo en si mismo, el trabajo como actividad, el trabajo como centro de la vida, como lugar donde se establecen nexos con los compañeros de trabajo… por cambios económicos bruscos y falta de estabilidad, deja de ser un motivo de dignidad, un motivo de prestigio, y entramos dentro de una lógica de obtener una paga como sea para sobrevivir y donde lo importante no es trabajar sino satisfacer las propias necesidades.

¿No te parecen buenos estos trabajos de investigación de bandas de jóvenes delincuentes para explorarlos con el Mapa de la Autoestima en la mano? Estoy seguro de que ya tenes muchas conclusiones propias sobre estos temas.

Lo que es importante destacar es algo que se da, sobre todo entre los jóvenes, y es la utilización de una hazaña o anti-hazaña para etiquetar a la gente y para construir una identidad… siendo como somos una mercancía en términos de status social dentro de un gran supermercado donde cada cual se lleva en su carro a quienes serán sus amistades o a quien será su pareja y parece que estuviéramos en un estante con una etiqueta puesta.

Para seguir con esta imagen, debajo de nuestra respectiva etiqueta (supongamos "una gorda") dice en letra chica cuales son nuestras principales anti-hazañas ("pesa mas de lo que dice la moda"), o cuales son nuestras principales hazañas… dependiendo si la etiqueta es buena o es mala.

Así estamos en un estante dentro de un gran supermercado de prestigio social y la gente pasa a nuestro lado con el carrito y según lo que dice nuestra etiqueta nos acepta o nos rechaza rápidamente y sin tiempo para mirar un poco más allá. Nos incluye dentro de su carrito, que es lo mismo que decir dentro de su proyecto de vida, dentro de su espacio o, al contrario, nos discrimina y nos ignora para seguir adelante con rapidez.

Hay muchas etiquetas de estas como "los chetos" o "los freaks" o "los rollingas" o "los floggers" o "los surfers".... y para mercer una de estas etiquetas siempre es necesario que quien aspire a tenerla realice algunas hazañas o deje de cometer algunas anti-hazañas. Se van formando este tipo de tribus urbanas donde parece que sus integrantes tuvieran miedo, y el miedo es el de no ser integrados, o de no ser aceptados.

Más adelante, o más fuerte, aparece una etiqueta fuerte e implacable llamada "loser" o "perdedor"... viene de los valores exitistas de la sociedad norteamericana y el que tiene la etiqueta es por culpa de las anti-hazañas del fracaso, las anti-hazañas del fracaso en la profesión, las anti-hazañas del fracaso social, las anti-hazañas del fracaso con las mujeres. Cuando va pasando la vida los adultos también colocan estas etiquetas a la gente, pero las reemplazan por otro repertorio de etiquetas, y entonces encontramos otras hazañas o anti-hazañas que son las que permitirán que te incluyan en su "carrito de supermercado" o que sigan de largo y te ignoren... creo que el tema económico pasa a tener un papel más importante lo mismo que el éxito en la vida en general.

Todo esto que te hablo es a rasgos muy generales... me refiero a cierto tipo de gente muy superficial. Personas que se manejan en una evolución emotiva muy baja, pero hay otras más profundan que pueden mirar un poco más allá de eso al momento de vincularse. Más tarde lo vamos a ver cuando veamos el tema de la Autoestima Sostenida... pero aclaremos que no todos somos así, y que estamos hablando en un nivel muy superficial.

El tema de estas etiquetas sociales... (te llaman por el nombre de tu principal hazaña o de tu principal anti-hazaña) es que es el costado social de la importancia que tienen las hazañas y las anti-hazañas.... pero hay algo mucho más grave que lo exterior y es sin duda lo interior.

Esto pasa cuando una persona se auto-define con el nombre de su principal hazaña o de su principal anti-hazaña. Como una chica que dice "yo soy una gorda", como si ese rasgo que para nuestra sociedad es una gran anti-hazaña fuera el factor más importante de si misma.

La gente que vive prendida de su etiqueta, que se siente orgullosa de eso, parecen "personajes" de dibujos animados y no personas. Pero lo peor son las etiquetas malas… las auto-etiquetas malas… cuando una persona se auto-define con el nombre de su principal anti-hazaña. Como alguien que dice "yo soy un fracasado"…. eso es lo más grave… Nosotros no somos ni nuestras hazañas ni nuestras anti-hazañas… todas esas cosas son circunstancias, circunstancias que es normal que produzcan repercusiones y sentimientos pero solo circunstancias, todas esas cosas son cartas que reparte la baraja del destino, nosotros estamos hechos de nuestra voluntad, de nuestra voluntad que lucha por hacer de nosotros mejores personas, de nuestra voluntad que tiene proyectos. Aprender a ver todas estas cosas, creo que sirve para tenernos más aprecio, para perdonarnos más, para tenernos más simpatía, para conocernos más… para estar seguros que, aunque para la gente chata puede ser que esto sea así, nosotros nunca fuimos ni nunca seremos una anti-hazaña sino que somos personas.

El cine cumple un papel importante lo mismo que las series de televisión. Muchas veces estos estereotipos acartonados que aparecen como protagonistas de los programas de televisión se convierten en "modelos" o formas que usa la gente para aprender las hazañas que debe realizar a la búsqueda de pertenecer a una tribu o dejar de estar condenada a pertenecer a otra. Hay muchas series de televisión frívolas, superficiales, estúpidas, que no entran en la profundidad única y espiritual de cada ser humano, y que parecen hechas para que la gente aprenda, al mirarlas, aprenda cuales son las anti- hazañas que tiene que evitar si quiere escaparle a estos encasillamientos o cuales son las hazañas que debe alcanzar si busca ser más aceptada. De esta manera, series de televisión que no tienen un buen argumento ni guiones sólidos ni personajes bien construidos… se convierten en un producto muy demandado por los televidentes que miran la película como si estuvieran tratando de aprender cómo se tienen que comportar.

-71-.

¿Cuáles son tus etiquetas más temidas? ¿Por qué cosas crees que la gente te discrimina? ¿Por qué cosas crees que la gente te acepta?

¿De qué anti-hazañas están compuestas tus etiquetas malas? ¿De qué hazañas están compuestas tus etiquetas buenas?

¡Vamos que nos vamos a ayudar entre los dos!

-72-

Ayer a la noche fui a una fiesta que organizó mi hermana mayor.

Ella es muy conocida y respetada en un barrio cerrado donde está viviendo con el marido y siempre que llega hace una fiesta multitudinaria.

Llegué tarde y acompañado por una mujer que ahora estoy saliendo. Al entrar –debo confesarlo- sentí una pisca de orgullo, o de satisfacción interna… y, ahora que lo pienso, me jacté en silencio de la hazaña de mi acompañante. Es que esta amiga que tengo es muy linda, y la belleza es una de las hazañas principales de las mujeres… entonces muchas veces los hombres, aunque sea feo admitirlo, disfrutamos un placer en el orgullo cuando nos ven acompañados de una mujer muy linda.

Además, hay algo fuerte dentro de mi que me exige cumplir con una especie de expectativa. Durante muchos años fui conocido en casa como el "mujeriego" de la familia. Desde chico que mi madre y mis primas y mis hermanas hacen una interminable propaganda de mi supuesto gran éxito con las mujeres y, gracias eso, se formó una especie de mito dentro del círculo familiar, el nene terrible. Todo es mentira, o exageración, porque sabemos que cuando te admiran no te ven como sos sino "mejor" y tus padres siempre tienen tendencia a admirarte lo mismo que tus hermanas, tus primas… lo que hace que, con pocas cosas, armen una leyenda y en el caso de tu paciente de chico en casa decían que era mujeriego, y todas esas cosas.

Ahora -me da mucha vergüenza admitirlo pero la idea es que en este espacio seamos sinceros-, todos esos elogios, todos ese mito, todo eso estuvo como un relámpago dentro mío al momento en que hice mi entrada triunfal acompañado por una mujer tan linda y porque siempre que voy llego con alguien y sino no voy... hay una especie de obligación de cumplir con una expectativa. Lo único que me consuela de admitir sentimientos tan básicos y torpes es que esto puede ser útil para conocer como somos los hombres, creo que todos los hombres somos así en algún momento aunque la mayoría no lo admita o no se de cuenta de eso.... Ya te voy a hablar de algunas experiencias personales de relaciones más profundas con las mujeres pero... ¡no nos adelantemos!

Mi hermana mayor se ocupa del área de "computación" de una empresa muy buena y tiene muchos empleados bajo sus órdenes. Siempre fue muy dada y lo que la vida le dio es un carácter fuerte y una fortaleza interna que seguro que la ayudó a subir posiciones allí adentro. Además es muy buena persona. Mi hermana menor también estaba. Cayó con su marido mas temprano que nadie y los dos estuvieron muy simpáticos conmigo. En esas situaciones... no sé de que hablar. No soy tímido pero me sentía raro en ese momento.

Aunque te parezca una estupidez, todavía me sigo preocupando por pavadas.

Hoy a la mañana me levanto para refugiarme acá porque, al recordar esa situación, me empecé a torturar muchísimo.

Me siento mal por la ropa vieja que llevé. Y creo que es por la pereza generalizada que me asalta y el desgano general que siento hacia la vida. Casi no tenía ganas de ir y en el último instante me decidí y después estaba tan triste que no hablaba con nadie. ¿Me sentía una especie de rebelde? ¿A mi edad caer con ropa vieja a un acontecimiento tan importante? Cuando estás desanimado mejor es no mostrarte mucho porque la gente se da cuenta.

En este momento me estoy retando por mi anti-hazaña.

Me digo: *"¿Qué me costaba salir un rato de la cama y elegir la ropa con un poco de amor por mi persona?"* Me digo: *"para dar esa imagen es mejor no aparecer"*. No sé porque pero me parece gravísimo y te darás cuenta de que en el fondo es algo sin importancia, pero a mi me parece gravísimo.

Cuando estaba sentado en el sillón hablando con todos, aunque parezca extraño, me vinieron a visitar estas ideas y medité en la gente que me rodeaba en términos de "hazañas", "orgullo" y "status social".

Me dije: "*tal vez yo prefiero la aprobación de los que tienen el status más alto y esto depende de sus hazañas por lo que es probable que sean justamente los que tienen un Ego más grande*".

-74-

La cuestión me lleva a tocar uno de mis temas favoritos: el encanto, el "magnetismo personal" .

¿ Pero existe de verdad o solamente le llamamos así a la simpatía que tienen algunas personas que les resulta más fácil ponerse a todo el mundo en el bolsillo?

¿Existe eso que le llaman "carisma" o lo que atribuimos al "carisma" es fruto en verdad de otras semillas?

Si existe juega un rol muy secundario. Lo más importante es el prestigio social, el status… que depende directamente de las hazañas de la persona.

La gente se agolpa alrededor de los que tienen el más alto status y no de los que llamamos "carismáticos". Mejor dicho, los que llamamos carismáticos son los que tienen el status más alto y ese status lo consiguieron con las hazañas y no con el carisma.

Además, cuando una persona logró las hazañas más importantes de su propio grupo y se siente valorada, respetada y prestigiosa, le resulta más sencillo ser simpática y alegre con la gente porque se siente bien, fuerte, segura, con confianza en sus brillos.

-75-

Te cuento algo típico de las grandes charlas en los eventos sociales. Te hablo tanto de esas conversaciones que se dan en torno a una gran mesa de conocidos como las que se dan entre grupitos de hombres parados o de cualquier fiesta. Fijate bien quienes son los que el grupo les da más oportunidades de hablar.

Mirá esto: cuando una persona sin hazañas y sin prestigio abre la boca en una conversación las cabezas no se dan vuelta para escucharla. ¡Fijate bien si no te miento! Y si de casualidad las cabezas se dan vuelta, pronto dejan de mirarla y enseguida se enfocan hacia personas con más prestigio. Y el despreciado se ve obligado a callarse y a dejar su oración a medio terminar porque otro está hablando y al otro todos lo están escuchando.

-76-

La persona sin hazañas y sin prestigio entonces poco a poco se va poniendo más tímida, se va convenciendo de que no tiene nada interesante que decir, se va volviendo más introvertida, más metida para adentro. Puede desarrollar el hábito de pensar en otras cosas, o de viajar con la imaginación mientras que los otros hablan y eso la genera más dificultad para seguirle el hilo a la charla, puede ir adoptando una pose de callada o de poco comunicativa, una timidez cada vez mayor.

-77-

La persona sin status se ve condenada a participar como un espectador de la charla, mientras que los que están llenos de reputación son los que al hablar rápidamente atraen las miradas hacia ellos. Y nadie se anima a disputarles el trono de la conversación porque todos quieren escucharlos a ellos. Claro que esto se ve más salvajemente en los jóvenes porque después de cierta edad el callar así a los despreciados está mal visto.

Supongamos que una persona sin status trata de agregar un comentario en la conversación y -como las cabezas no se dan vuelta para oírla - se resigna y deja su comentario a la mitad. Supongamos entonces que mientras tanto un prestigioso sigue hablando y pareciera que nadie notó esta humillación. Pero en ese instante - cuando nadie lo creía posible- un integrante de la charla advirtió lo que en realidad pasó y, como un favor, le pide al grupo que lo dejen hablar. Y entonces nuestro amigo despreciado puede decir lo que quería decir... aunque por poco tiempo porque, apenas un prestigioso quiere decir algo, enseguida las cabezas giran y lo obligan a callarse.

Por otro lado, están "los payasos" que son esos que no tienen hazañas –ni status, ni Ego- pero que consiguen atraer la atención hacia ellos con sus morisquetas, con sus andanzas, con sus anécdotas raras, sus frases asombrosas.

Ellos se sienten "divertidos", pero como no tienen hazañas y no son respetados sólo consiguen una atención artificial y corta.

Pero sin seguir dando tantas vueltas, lo que te quería comentar es que lo que muchas veces llamamos "carisma" en realidad es el prestigio que el "supuesto carismático" se ganó a base de hazañas (muchas de ellas hazañas sociales).

En todas partes, en distintas conversaciones, en distintos bares, traté de hablar de estas cosas y me dijeron que hay otros elementos como las "personas agradables" o las "personas cómodas"… y en algo tienen razón porque hay otras cosas que tienen su peso. ¡No hay que discutirles! Trato de no discutir mucho, mejor es encerrarse un poco dentro de uno mismo y mirarlos a ellos desde afuera.

Pero… pueden existir otras cosas. Sobre todo la fuerza de la admiración que produce suaves locuras y que desencadena el carisma y la seducción… aunque la admiración también está relacionada con las hazañas. Lo que sucede con la admiración es que… ¡no nos adelantemos! Todo eso lo vamos a ver más tarde, cuando estudiemos estas suaves locuras que están detrás del carisma y de la seducción, de l fuerte amor romántico que tantas veces me levanto y me llevó para cualquier lado como el viento se lleva a una hoja de otoño.

Por ahora decimos que lo que más peso tiene es el status de alguien que depende directamente de sus hazañas (éxito económico, posición social, el pertenecer a ciertos clubs o circuitos prestigiosos, el ser buena persona, el tener una buena casa, etc., etc.)

Distintos tipos de hazañas que en distinta medida trazan el status de alguien y que tienen un distinto peso de acuerdo con su ambiente, clase social, edad, género sexual, etc.

Vamos por el mundo corriendo detrás de las hazañas y escapando de las anti-hazañas. Y cuanto más frágil es nuestra Autoestima tanto más desesperados bailamos al compás de estos bichitos misteriosos.

Por eso estamos siempre con miedo, vivimos con un intenso miedo de sufrir el dolor de la Vanidad. Es un miedo un poco extraño porque no es tan fácil darnos cuenta de su presencia y de cómo nos empuja de un lado al otro. Pero ya vimos que una de las cosas que hacemos por este miedo es "intentar perder" así que nos puede jugar en contra.

Y el miedo a perder sólo es una de las formas del miedo de la Vanidad.

También está el miedo a tomar la "decisión equivocada" que tiene un impacto muy fuerte como después lo vamos a ver, el miedo al error, el miedo al ridículo, el miedo a no aprovechar las oportunidades de la vida, el miedo a no administrar bien nuestras ventajas, el miedo a no gustarle a la persona que más queremos, un montón de miedos que nacen de la Autoestima y que hacen que muchas veces vivamos la vida corriendo como chiquitos asustados.

Ahora para que te interiorices bien de todo esto, te voy a mostrar un cuadro sobre las características del miedo de la Vanidad.
Lo que más miedo nos puede dar es un cóctel que se logra de mezclar estos ingredientes:
   a) La anti-hazaña.
   b) El desprecio a uno mismo despertado por esa anti-hazaña.
   c) El desprecio de las otras personas motivado por esa anti-hazaña.
Este verdadero "cóctel explosivo" es lo que más sufrimiento le puede llegar a causar a nuestra Autoestima, a nuestra Vanidad. No cada una de las tres cosas tomada por separado sino la especial combinación que se da entre las tres cuando se suman y se potencian.
Entonces para huir de este "aterrador cóctel" caemos en tres cosas típicas:
   a) Escapamos con todo el esfuerzo del mundo de la anti hazaña como si fuera la peor lepra de los siglos.
   b) Nos mentimos a nosotros mismos para no ver a la anti-hazaña cuando ya nos alcanzó. Un buen ejemplo lo dan esas personas que no quieren darse cuenta de que fracasaron en algo o de que cometieron un simple error.
   c) Escondemos la anti-hazaña de la mirada de los demás. Puede ser el caso de una mujer que aborta y se siente avergonzada por eso: dice que se cayó de la escalera o dice que fue por causas naturales.

Hoy todo el mundo se siente "viejo" más allá de su edad porque están de moda los adolescentes. Entre las mujeres todas se sienten "gordas" porque están de moda las hiper-flacas y, entre las personas de todas las edades, todos se sienten "fracasados" porque está la idea del éxito como preocupación central (más tarde te quiero hablar del tema de la locura por el éxito... locura que nos provoca miedo la vida, miedo a soñar, miedo a las metas, miedo a los proyectos).

Tenés a "la gordura", a "la vejez", y al "fracaso", como las tres principales anti-hazañas de hoy y ya ves como la gente miente todo el tiempo alrededor de ellas.

¿No son parecidas esas personas que van a un hotel cinco estrellas y luego comen polenta todo el año con esas otras que se tiñen el pelo? ¿No hay tantas personas que mienten sobre su edad como las que mienten sobre su sueldo?

Estarás de acuerdo conmigo en que -cuanto más inmune es una Autoestima a las anti-hazañas- tanto más fuerte es. Y por lo tanto, todas estas maniobras exageradas que la gente hace para esconder sus propias anti-hazañas son muestras de falta de Autoestima.

-81-

Salgo con muchas mujeres pero igual me siento tan solo a veces... no te das una idea de lo bien que me hace pensar en que estás ahí... del otro lado.

Me lleno de entusiasmo al pensar en que, un día, tal vez, te encuentres en algún evento importante y te acuerdes de esto. Y en el medio del bullicio, de la gente que sonríe, de los grupitos de conversación, de la música, de los matrimonios sonrientes, de golpe te hagás estas preguntas: "¿Quienes son acá los más respetados, buscados y solicitados"? ¿Cuáles son en definitiva los que tienen el más alto prestigio social?

Y al encontrarlos te hagas la pregunta: "*¿Cuáles son sus hazañas?*"

-82-

¡Atención!

Estuve mirando la parte que viene ahora... y es muy importante.

Vamos a empezar a estudiar las suaves locuras que desencadenan las hazañas y las anti-hazañas, desde ahí conoceremos un poco más el tema de la admiración y creo que podremos interpretar algunas cosas más sobre el carisma, sobre la fuerza de la seducción, sobre las personalidades carismáticas.

Es importante que le des todo tu esfuerzo a la comprensión de lo que ahora vamos a tratar, y que tengas la capacidad de observar. No todo es cuestión de leer sino que lo importante es mirar a tu alrededor y ver en la práctica las cosas que hablemos... es indispensable realizar este esfuerzo para poder incorporar de verdad todos estos conceptos.

Te quiero adelantar algo: estudiando con profundidad y esfuerzo las diferencias que existen entre "la envidia" y "la admiración"... podremos después trazar un perfil nunca antes visto del enamoramiento y los patrones que contribuyen a desencadenarlo en una persona. Como los alquimistas buscaban esa piedra llamada "filosofal" que los iba a ayudar a convertir el oro en barro, muchos de nosotros –los que nos internamos en los jardines del alma humana- estamos con la meta de conocer esas ideas o esos conceptos que nos ayuden a entender la seducción y a ser capaces de aprender a despertar con método el enamoramiento en otra persona.

Nosotros creemos que lo podemos hacer... tu paciente ahora te va a presentar conceptos únicos y nunca antes vistos que nos ayudarán después a seguir explorando las formas de las locura del amor romántico. Te puede parecer aburrido al principio o evidente o raro... pero.... ¡no pierdas el hilo! Desde acá creo que ya tenemos la suficiente capacitación –y si te esforzaste en observar las hazañas y las anti-hazañas en ti vida cotidiana- como para empezar a profundizar y entrar a las raíces de suaves locuras mucho más importantes y determinantes.

¿Ves las estelas de niebla que tiene el bosque a donde ahora vamos a entrar los dos?

¡Nunca antes habrás llegado donde ahora vamos a llegar! Quiero que me sigas con cuidado, pero comenzaremos este camino por hablar de una manera nueva de uno de los sentimientos más conocidos y comunes del corazón del alma humana.

Se abre el telón…. Se escucha ruido de baterías y música de suspenso.

Te presento a "La Envidia"….

Una primera aproximación con algunas preguntas:

¿Te definirías como una persona envidiosa? ¿A quienes le tenés envidia?

¿Cuántas veces sentís envidia en una semana? ¿Cuáles son las cosas o atributos que con más frecuencia llegas a envidiar?

¿A qué envidiosos conoces? Pensá un ratito en ellos… pensá en tus amigos envidiosos…. ¿Ellos se dan cuenta de que tienen envidia? ¿Ellos admiten que tienen envidia?

¿Te tiene envidia la gente? ¿Qué cosas tuyas creés que envidian? Decime cuales son las cosas que te envidian…. escribilas en una lista como tarea para el hogar.

Desde que aprendí a reconocerla adentro mío me di cuenta de que tengo envidia en los lugares más impensados; en un colectivo, que miro con envidia a un hombre que me imagino una vida que creo que tiene por detalles como su portafolio, su peinado, su traje; en una vereda, que veo al pasar por un bar a una parejita que se llevan muy bien, cuando leo una vieja revista cualquiera de la mesita de espera del dentista, que se retrata la vida de personas que se animaron a vivir cosas que yo nunca me animé a vivir y leo en viejas páginas amarillas los reportajes y siento envidia otra vez, en el tren que miro las casas pasar por la ventanilla y, en medio del desfile de mendigos, enfermos y mutilados, encuentro unos tipos de mi edad que por cómo hablan fantaseo fragmentos enteros de sus vidas y los envidio.

Son envidias chiquitas que pasan saltando como ranitas por el jardín de mi ánimo y rápido se pierden entre los matorrales.

Duran unos pocos segundos y si no estoy atento no las descubro porque desaparecen sin dejar rastro en la memoria apenas cambio el foco de mis pensamientos.

Antes aparecían como leves e inexplicables bronquitas hacia personas... pero hoy (que estoy mucho más atento a mis sentimientos y desarrollé una mayor auto-sinceridad) me doy cuenta de que estas bronquitas en verdad son pequeñas envidias disfrazadas que duran unos segundos y rápido se esfuman en el olvido.

Navegantes de todos los mares del alma humana...en guardia y esperamos sus saludos respetuosos...

Acá llegan un paciente y un médico arriba de una humilde canoa...

Soñadores incomprendidos, piratas, sabiondos de los bares que con un whisky encima dan clases sobre cómo conquistar mujeres, curiosos del alma y del corazón que han dejado sus apuntes y cartas de navegación de todos los continentes e islas....

¡ Estén muy atentos porque estamos llegando donde pocos han llegado y vamos a aprender unas cosas que muy pocos saben y que nos podrán cambiar la vida para siempre !

Entre las olas, entre las corrientes, nosotros tenemos optimismo y creemos que podemos aprender muchas cosas.

Lo que aquí vamos a aprender puede ser utilizado para muchas cosas distintas, pero el interés práctico de tu paciente es sobre todo la seducción.... Las artes del planeta Venus, y en esta especie de isla del tesoro a la cual hemos llegado navegando por las aguas sombrías del alma humana, te adelanto que estas son las piedras preciosas que voy a tratar de llevarme de nuestra aventura; explicaciones sobre los patrones que desencadenan esta idealización o locura compulsiva y, si es posible, tácticas útiles....

Eso es lo que me interesa pero estas poderosas nociones por supuesto que pueden ser utilizadas para entender muchas otras cosas y para tener muchos otros efectos prácticos.

¿Y cómo no me va a interesar la atracción emocional... si muchas veces caí presos de las sogas de alguna que jugó conmigo como un chico, que me tuvo todos los dias pensando en ella, que me hizo escuchar su voz en sueños, escribir su nombre en hojas de papel, que me hizo perseguirla hasta en la zona por donde vivía caminando por sus cuadras con la ilusión de verla, que me hizo hacer toda clase de cosas que me da rabia y vergüenza enumerar por lo patéticas? ¿Y cómo no me va a importar si tantas veces sufri, tantas veces odie, tantas veces extrañe a una mujer, tantas veces me enloquecí y vi belleza donde en realidad no había belleza sino una mujer que supo enloquecerme por ella y erigirse en la reina de todos mis ánimos... para mi bronca, para mi mucha bronca porque no me gusta cuando me tienen preso de esta manera?

... Muchas veces hice el papel de idiota y muchas veces odie estar enloquecido de admiración hacia una mujer, sentí pena por el papel desempeñado, sentí bronca hacia quien podía hacer conmigo lo que quisiera... sentí bronca de extrañar tanto y con tanta fuerza a una persona.

"Este es señor, el caballero de la triste figura, si ya lo oistes nombrar en algun tiempo, cuyas valerosas hazañas y grandes hechos serán escritos en bronces duros y en eternos mármoles, por mas que se canse la envidia en oscurecerlos y la malicia en ocultarlos" (Don Quijote).

De este texto que le pedimos prestado a Cervantes... ¿Qué te llama la atención? ¡Muy bien! Las hazañas... eso en primer lugar.

Todas las novelas de caballería hablaban de hazañas porque en ese tiempo los hombres admiraban ese tipo de hazañas como hoy todas las novelas de amor hablan de una mujer que seduce a un millonario porque hoy muchas mujeres admiran la hazaña de seducir a un millonario y, sobre todo, admiran la hazaña de la seducción. ¿No te diste cuenta? Si, es cierto: los héroes siempre tienen hazañas y, para conocer las hazañas de una sociedad, una buena puerta es prestarle atención a los héroes que esta sociedad produce.

La novedad del lenguaje que nosotros utilizamos no es tan grande... para el común de la gente una hazaña puede ser un caballero que vence a un dragón con su armadura y su lanza, para nosotros eso es una hazaña pero también hay otras hazañas más vigentes como, por ejemplo, la riqueza que, para mucha gente, es fuente de orgullo y de prestigio social.

Nos estamos yendo de tema... ¿Qué más te llamo la atención de la cita? Leamos *"por más que se canse la envidia en oscurecerlos"*... ¡alto ahí!

Esto si que es importante: la envidia oscurece los hechos, la envidia oscurece las hazañas. En otras palabras: los envidiosos tratan de que valoremos menos los méritos de las personas que ellos envidian.

En este punto es importante que trates de hacer una investigación de campo sobre todo lo que te estoy diciendo. No es indispensable que citemos a los clásicos de la literatura para confirmar algo que pasa alrededor nuestro todo el tiempo: el que tiene envidia trata de desmerecer, de quitarles brillo, de ningunear los méritos de su envidiado. Reconocemos a los envidiosos porque a) se ponen mal cuando a otro le va bien b) tratan de disminuir o de menospreciar las glorias ajenas para que se vean menos importantes.

Si aprendes a sentir curiosidad por estas cosas, creo que podrás seguir adelante y estarás capacitado para poder comprender todo lo que vamos a charlar en un rato. En cambio si nada te asombra, si nada despierta tu atención, creo que ni vale la pena que sigas leyendo y no estoy interesado en seguir tratando de ayudarte a ver todas estas cosas así que... ¡adelante!... estás invitado a dejar la lectura en este momento.

A lo mejor te parece que puse demasiada efusión a la presentación de estas cosas, es que luego de presentarte las columnas básicas del "Mapa de la Autoestima" estamos muy cerca de adquirir los conocimientos necesarios para hablar por fin de las cosas que realmente importan. Y el tema de la atracción emocional, o de lo que desencadena los sentimientos de la locura del amor, es un tema que siempre me intereso mucho… como que desde muy chico que miro a las mujeres con interés tratando de saber cómo diablos puedo averiguar que es lo que ellas quieren.

Te dicen que seas bueno, pero si sos bueno te toman de amigo. Tu madre te aconseja que le regales flores y ositos de peluche, pero si lo haces al poco tiempo te quedaste si novia. ¿Qué es lo que quieren? Todos los consejos que ellas te dan son malos y conducen al fracaso y, al mismo tiempo, existen unos personajes que tienen algo… algo que no se puede saber bien que es… y que eso las atrae, las obsesiona, las convierte en enamoradas y muchas veces estos personajes son feos, no tienen nada en especial, y sin embargo ellas se enloquecen.

¿Qué hacen ellos? ¿Qué es lo que tienen? De todos los intereses de mi vida, creo que el más importante es conocer a las mujeres o conocer la forma de gustarles. Y eso no es desde ahora, sino desde hace muchos años atrás, desde hace muchísimos años atrás… y de tanto en tanto alguna me enloquece… hice toda clase de papelones por ellas, hice toda clase de cosas raras y tiraron al polvo de la banquina de las formas mas inimaginables… Todo lo sufrí en silencio con una máscara de chico duro o de recio que tampoco me sirvió para nada.

Por eso… en este punto en que vamos a utilizar el poderoso "Mapa de la Autoestima" para hablar de estas cosas, no pude sino ser entusiasta. Y estoy seguro que, desde esta charla, vamos a poder hacer una contribución a todos estos temas… a condición de que realices el esfuerzo de prestarle a estas ideas la atención suficiente.

Volvamos a la Envidia… estamos en nuestra canoa navegando por los mares del alma humana y confío en que estamos muy cerca de trazar el dibujo de las fuerzas de la atracción emocional que gobiernan el tema de la seducción…volvamos entonces a la Envidia.

Aparece al costado nuestro en el mar, como un Monstruo de muchas lenguas y sabemos que muchos otros interesados en el alma humana han hablado de ella. Pero ahora, ahora te voy a mostrar algunas cosas que a lo mejor ya sabías pero tal vez nunca le habías dado la importancia que tienen.

La primera de ellas es esta: la envidia se esconde a si misma. Cuando te hice las preguntas sobre si sentías envidia, es muy posible que las hayas contestado diciendo:

"*No… yo no soy envidioso*"

"*No… yo nunca tengo envidia*"

¿O acaso me equivoco?

La envidia se esconde a si misma y se disfraza de otra cosa.

Es indispensable tener un elevado nivel de auto-sinceridad para poder observar a las pequeñas envidias cotidianas que no solamente se esconden de nuestros ojos sino que también se sumergen rápidamente en el olvido. Por lo general, el envidioso es el último en darse cuenta de que tiene envidia ya que muchas veces toda la gente que está a su alrededor se da cuenta de su envidia por su comportamiento negativo, irónico, o saboteador de los éxitos ajenos.

Te hago de nuevo las preguntas:

¿Cuándo sentís envidia? ¿Nunca sentís leves broncas pasajeras que se esconden a si mismas para que no las veas? ¿Nunca revisaste con sinceridad tu ánimo y encontraste envidia.. broncas que te llevan a sufrir por las cosas grandiosas de otra persona?

No hablo de las grandes envidias que tienen los enfermos de la envidia, los envidiosos crónicos, los que tienen poderosas envidias enquistadas dentro de su ánimo… digo esas envidias de tres segundos que tan pronto como aparecen se esfuman y pasan por nuestra conciencia disfrazadas de otra cosa.

Te dejo como tarea para el hogar el ejercicio de intentar descubrir tus propias envidias.

¿Qué cosas envidias? ¿En qué momentos envidias? ¿A quienes envidias?

Otra de las propiedades mágicas o enigmáticas de la Envidia que nos interesan es que tuerce la percepción de la realidad… ¡eso si que es importante!

Me explico: el envidioso al principio comprueba que su envidiado tiene hazañas de valor 10 para dar un ejemplo… entonces sufre… sufre un intenso dolor y ese dolor es la envidia…luego el envidioso, para sufrir menos, se auto-engaña y oscurece los méritos de su envidiado y entonces no lo ve como 10 sino como 9 o como 8 o como 7….y mientras más lo desmerece menos dolor siente.

¿Acaso hago mal en estar seguro de que percibís lo importante que es esto para nuestros intereses?

Cuando admiramos o cuando estamos enloquecidos por la locura del amor… idealizamos y no vemos a la otra persona "como realmente es" sino que la vemos "mejor". Acá estamos estudiando una fuerza, un sentimiento, una suave locura que lleva a una persona a ver a otra "peor" de lo que realmente es… quiere decir que estamos muy cerca.

Además, el envidioso… no contento con auto-convencerse de sus propios argumentos apuntados a quitarles brillo o valor a los éxitos del otro empieza a hablar y lanza mentiras, chismes o calumnias para desmerecer a los éxitos de la persona que envidia… pero eso es otro tema.

Lo importante de todo esto es que cuando sentimos envidia nos sumergimos en una suave locura… porque no vemos a la otra persona "como realmente es" sino que la vemos "peor" (ergo se nos nubla nuestra visión de lo real) y porque, además, nos auto-engañamos para no darnos cuenta de que sentimos envidia (se nos llena de niebla nuestro propio auto-conocimiento).

Ahora diremos que la envidia es un sentimiento que tiene la propiedad de hundirnos en una suave locura que se caracteriza por los siguientes síntomas: a) sufrimos por las hazañas de alguien b) para aliviar nuestro dolor no vemos a esas hazañas como realmente son sino que las vemos "peor" y por ende no vemos a nuestro envidiado como realmente es c) nos mentimos para no darnos cuenta de que sentimos envidia y, por lo general, buscamos una excusa para justificar nuestro comportamiento.

-91-

¿Esto se está volviendo muy abstracto no es cierto?

Por eso tantas veces te insistí en que no te quedes con estas ideas y que las salgas a practicar en la realidad. Es importante hacer un estudio de campo y empezar a conocer "las hazañas" y ver lo que son, ver la forma en que operan estos bichitos mágicos.

Creo que si avanzaste hasta acá sin antes haber realizado un estudio de campo de lo que venimos conversando… entonces de nada te servirá nuestra charla.

-92-

"La envidia" es por de pronto una "anti-hazaña", es un quemo, es un desprestigio, es una vergüenza.

No viste nunca alguien que te diga todo contento y presumido: "soy un envidioso tremendo". Todo lo contrario, la gente esconde su envidia y hay personas tan exageradas que dicen que nunca sienten envidia (y están muy mal de la cabeza por supuesto).

Lo único que se suele confesar es la "falsa envidia" pero esto es algo distinto. Yo veo que te estás comiendo un helado y te digo "*que envidia que me da tu helado*", pero no es verdadera envidia lo que siento porque no estoy sufriendo, sólo es una manera de decirte que me gustaría estar en tu lugar y nada más.

Es cierto que disfrutaría mucho ese helado si lo tuviera yo. Pero no es cierto que siento envidia porque no sufro al ver que lo tenés, no siento esas ganas invencibles de despreciar tu helado que son el sello típico de la envidia verdadera, es otra cosa y por eso me resulta fácil admitirlo.

La verdadera envidia, en cambio, rara vez se confiesa.

-93-

Sigamos...

¿Qué es lo que se envidia? Respuesta: las hazañas.

Sólo las hazañas. Estas mismas cositas misteriosas que son las "bases reales" que una Autoestima necesita para poder edificarse. Estos mismos bichitos cuyas aventuras venimos siguiendo desde hace rato. Y que dijimos que la mejor manera de identificarlos en la vida cotidiana es buscando aquellas cosas que nos provocan el deseo de "presumir", de "pavonearnos".

Cada vez que sentimos "envidia" estamos sufriendo por culpa de una hazaña, siempre el blanco de nuestra envidia es una hazaña.

-94-

Envidiamos aquellas mismas cosas que -si las tuviéramos- nos pondrían "orgullosos". Todo envidioso es siempre un orgulloso que no logró tener aquello que le daría orgullo y que, para su disgusto, lo descubre en otra persona.

-95-

¿Y cómo está mi médico a esta altura del tratamiento?

¿A qué envidiosos conoces? ¿Qué es lo que le critican a sus envidiados?

¿Cuáles son las hazañas que los envidiosos que conoces critican?

¿No es cierto que ellos no se pueden dar cuenta de que sienten envidia? ¿No es cierto que ellos nunca serían capaces de admitir que sienten envidia?

-96-

Estoy seguro de que imaginas los beneficios que se derivan de poder aprender un poco más sobre este tipo de suaves locuras

¿Y qué tal si, así como a veces son suaves, otras veces pueden ser más potentes?

Ahora lo que nos interesa es conocer una energía mental que sea de efectos simétricos a la envidia pero de signo opuesto.

Una energía mental que lleve a quien la siente a lo siguiente: a) sentir satisfacción o placer por las hazañas de otro b) tratar de mostrar o exhibir las hazañas de ese otro c) engrandecer las hazañas de otro como forma de aumentar ese placer.

Veámoslo con espíritu científico: ¿Así como a veces somos capaces de nublar nuestra manera de ver a una persona para percibirla "peor" de lo que "en realidad es" con el propósito de sufrir menos... no seremos capaces, otras veces, de torcer nuestra visión de una persona para verla "mejor" de lo que en "realidad es" y todo para sentir más placer?

-97-

Estamos los dos sentados al costado de un río en un bosque, miles de años atrás en la historia de la humanidad... hablamos entre nosotros con esa divertida curiosidad que tienen los chicos de once años.

Raspamos dos piedras y aparece una chispa... con eso, con eso nosotros intuimos que si pudiéramos desarrollar esa tecnología lo suficiente seríamos capaces de hacer un fuego para nuestros alimentos... y como somos curiosos y optimistas y soñamos entonces creemos que, con eso, si lo desarrollamos lo suficiente seremos capaces también de hacer barcos que funcionen sin velas, seremos capaces de hacer cañones más poderosos que cualquier lanza, seremos capaces de encender ciudades y de hacer funcionar trenes y autos y aviones.

Mientras tanto… apenas somos dos brutos ignorantes que tenemos esas fantasías y lo más importante de todo: el asombro por la chispita que aparece cada vez que rozamos las piedras.

¿No es algo excepcional comprobar que la emoción de la envidia tiene la capacidad de enloquecer a las personas y que, tal vez, exista otra emoción simétrica pero de signo opuesto que desate otras locuras, y que tal vez la atracción emocional o el amor romántico sea una de estas locuras?

¿Qué tanto es lo que podemos llegar a encontrar si abrimos ese picaporte y seguimos avanzando por ese pasillo?

-98-

Ya me conoce mi médico… con esto lo que pretendo es poder conquistar a las mujeres que me enloquecen y cada tanto sucede que alguna consigue enloquecerme.

… Tal vez nos tengamos que conformar con un poco menos que eso. Pero… ¡sigamos!

¿Existe la tal emoción capaz de producir suaves locuras similares a las que produce la envidia pero de efectos opuestos?

Como la envidia vimos que está relacionada con las hazañas (solamente se envidian las hazañas) y la forma de conocer en la realidad a las hazañas es identificar aquellas cosas que nos ponen "orgullosos", sospechamos entonces que "orgullo" es lo que está detrás de todo esto.

Adivino que esto es un poco abstracto: pero confía en lo que te cuento, si avanzamos un poco más con esto podremos entrar a estudiar el carisma, el amor, y de ahí la seducción, las parejas, y a lo mejor me animo a contarte de algunas experiencias profundas mías con mujeres.

-99-

Vamos con el ejemplo de las madres…

Se sabe que de lo que más orgullosa está una madre es de su hijo o de sus hijos. Entonces las madres hablan todo el tiempo de su hijo o de sus hijos, de las hazañas de sus hijos sobre todo.

Tanto es así que corre la idea de que las mujeres envidian mucho a los bebitos, a los "hijos ajenos".

Y, según se dice, los envidian con una envidia tan fuerte que les hacen el "mal de ojo". Por todas partes te encontrás entonces con bebitos con cintitas rojas atadas por madres que tienen miedo de la envidia de las otras mujeres.

Pero así como algunas mujeres suelen sentir "envidia" por los hijos, las propias madres sienten "orgullo" por ellos.

Así que cuanto más glorioso sea un hijo -cuantas más hazañas tenga - tanto más orgullosa puede estar la madre y se lo cuenta a todo el mundo.

La misma persona que en unos provoca envidia y hace sufrir, en otros provoca orgullo y da placer. La madre esta "orgullosa" de todos los éxitos de su hijito y las amigas de la madre están "envidiosas" de esos mismos éxitos.

¡Alto ahí!

¡ Ya lo tenemos entre las manos ! En este tipo de orgullo por las hazañas de los hijos que lleva a las madres a hablar todo el tiempo de estas hazañas y a sobredimensionarlas, tenemos la energía mental que estábamos buscando: la opuesta a la envidia que produce suaves locuras pero de signo opuesto.

Le vamos a llamar "admiración": el admirador siente satisfacción por las hazañas de su admirado, y para aumentar este placer nubla su percepción de la realidad y se sumerge en una suave locura que consiste en ver a su admirado "mejor" de lo que "en verdad es" lo que le lleva a hablar todo el tiempo de las hazañas de su admirado y, no solo eso, sino que esto lo lleva a sobredimensionar estas hazañas.

Otro ejemplo lo tenemos en el hincha de fútbol. Cuando el jugador de su equipo mete un gol… no siente el dolor de la envida por esa hazaña sino que, al contrario, siente satisfacción… siente que es un mérito que le pertenece y disfruta con esa hazaña ajena. Los hinchas de futbol, que se gratifican con las hazañas ajenas porque las sienten propias, tienden a sobre-estimar a los jugadores de futbol, engrandecer sus méritos y verlos "mejor" de lo que "en realidad son" sino que es directamente los admiran tanto pero tanto que los ven como dioses.

-100-

¿Qué otros ejemplos de admiradores se te ocurren?

¿A quien conoces que le guste hablar todo el tiempo de otra persona? ¿A quien conoces que le interese resaltar sin cesar los méritos de otra persona?

¿Qué admiradores conoce mi médico? ¿No es cierto que están tan locos como locos están los envidiosos?

¿Qué hazañas tienen los ídolos de los admiradores que mi médico conoce?

¿Cuáles son esas hazañas? ¿Cómo sobre-dimensionan la figura de sus ídolos los admiradores que mi paciente conoce?

-101-

Quiero que le prestemos mucha atención a estas diferencias entre "la envidia" y esta forma del "orgullo".

Son dos sensaciones opuestas —una de dolor y otra de satisfacción- frente a la hazaña de un tercero.

¿Por qué a veces sufrimos cuando nos vemos obligados a respetar más a alguien y, otras veces, disfrutamos?

No me digas que no es algo importante: el envidioso trata de "achicar" y "quitarle brillo" a la hazaña de su envidiado, pero estas otras personas que sienten orgullo -todo lo contrario- lo usual es que intenten engrandecer las hazañas de sus héroes de turno.

Si le prestamos a esto la suficiente atención, podremos entrar en un camino que nos puede llevar a conocer muchas cosas de nuestra alma.

-102-

No quiero que nos adelantemos, pero estamos cruzando un umbral muy importante porque son dos sentimientos opuestos que nos llevan -uno para cada lado- al "auto-engaño" y estoy seguro de que están detrás de muchas cosas, aunque a simple vista no sea tan claro.

-103-

A muchas mujeres también las ves orgullosas de sus esposos o de sus novios y por eso le cuentan a todo el mundo las hazañas de ellos. Digamos que se pavonean de sus parejas, se pavonean sin parar de sus hombres, se pavonean tanto que cansa escucharlas.

Te voy a mostrar una escena para que lo veas bien.

Martita está sentada en la mesa con sus dos amigas, Norma y Mónica. Mientras se toman un café y se fuman unos cigarrillos, Martita les habla de su esposo, don Gerardo.
- Tiene un sueldo de diez mil euros… porque no le pagan en pesos argentinos… y lo que Gerardo tiene es que es muy simpático, lo que me dice la gente que trabaja con él es que es impresionante cómo todos lo quieren allí adentro…. a la empresa le dio muchísimo porque es una persona muy culta y muy preparada….a él todo lo que no sea "excelente" no le sirve… todo tiene que ser perfecto…
Las amigas tiran algunos comentarios y la conversación se pone de nuevo general. Pero ella vuelve a su tema.
-… Y Gerardo lo que tiene es que es una persona que vive por su familia… a nosotros nos da todo… Cuando yo lo conocí él también era así, para él su familia es lo más importante de todo.. Ya era el típico hombre que lo conocés de joven y ya te das cuenta de que es un triunfador…. Por eso a mí hija le dijo "Si entrás en esta universidad yo te regalo un auto" porque es la mejor universidad, es la más cara pero él la puede pagar y él sabe lo que le conviene entrar en esa universidad y no en otra….Yo no

sé de autos pero el auto de su soborno es un auto carísimo… porque para él todo tiene que ser excelente y sino no sirve…

Las otras dos amigas cada tanto interrumpen y hablan pero ella sigue hablando de su Gerardo. ¿Pero qué sienten ellas? ¡Ya lo veremos!

-104-

Cuando Martita se levanta de la mesa y las deja porque está apurada, las otras dos siguen hablando. Y entonces Norma le dice a Mónica:
-Me dijeron que Gerardo llegó a ese puesto porque tiene muy buenos contactos con los sindicalistas y la mafia…

Las hazañas de Gerardo en su esposa provocaron "orgullo" y "placer" lo que le llevó a sobre-estimarlas y ostentarlas, y en cambio en sus dos amigas - Norma y Mónica- provocaron "envidia" y "dolor" y eso las llevó a disminuirlas, a quitarles brillo.

-105-

Cuando admirás estás feliz de ver a tu ídolo y a todo el mundo le querés hablar de sus méritos y te encanta hablar de eso y querés compartir tu alegría con toda la gente.
Con la escena que te mostré recién lo vimos muy bien. Mientras que la mujer de este Gerardo lo admiraba y por todos los medios quería hacerle propaganda y lucirlo, las otras dos amigas lo envidiaban y entonces lo vincularon con la mafia para quitarle sus méritos.

-106-

Con la admiración pasan cosas parecidas. Te encontrás con esas chicas que se eligen un cantante y lo sienten como "suyo" y lo persiguen a todos lados.
O también algunos que admiran a los deportistas o a los actores: creen cosas de ellos que no son reales, les inventan méritos, y lanzan leyendas urbanas. Y no sólo las inventan sino que también las creen porque además disfrutan cuando creen en esos mitos.

-107-

¿Por qué a veces admiramos y a veces envidiamos?

¿Qué es lo que tiene que tener alguien para que nosotros parasitemos su gloria y nos jactemos de sus hazañas?
¿Qué es lo que tiene alguien para que nosotros suframos tanto con sus hazañas?

En la admiración siempre existe algún "canal" especial que le permite al admirador sentir como propias las glorias de su ídolo. Y en la envidia también, hay algunos tipos de vínculos que aumentan el dolor por el éxito ajeno.

Entre las personas de la misma profesión por ejemplo rivalizan mucho. Y ves que se tratan de quitar méritos unos a otros. Y también en las relaciones familiares, donde la familia de un integrante de la pareja envidia los méritos de la familia del otro integrante y la critica muchísimo.

Te dejo la puerta abierta para que lo pienses. ¿Qué cosas son las que te empujan a sufrir por los triunfos de alguien? ¿Qué circunstancias se tienen que dar para que sientas como tuyos esos triunfos y los disfrutes?

-108-

Pero lo que tenemos que subrayar de estos dos sentimientos es que tienen una capacidad muy curiosa: vuelven loco al que los está sintiendo.
Ambos sentimientos tienen la facultad de distanciarte de "la realidad" y por lo tanto te sumergen en una suave enfermedad mental.

-109-

¿Cuántas veces por día sentís envidia?

Estoy seguro de tu respuesta: "ninguna".

¡Muy bien! Entonces estás en el conjunto enorme de las personas que no se miran a si mismas con la suficiente atención.

¿Cuántas veces por semana sentís envidia? ¿Cuándo fue la última vez que sentiste envidia? ¿A quien envidias?

Me imagino tus respuestas: "a nadie", "no conozco la envidia"...

-110-

Ahora te quiero presentar el caso del "admirador".

El mejor ejemplo que tengo para darte es el de un provinciano que le trabajo la casa en mi tema de los alquileres de cine.

Como allí filmamos muchas publicidades ya nos conocemos bien y me quedo algunas tardes a tomar un copetín y a charlar. Una vez hasta me invitó a andar en lancha por el Delta y pescamos un dorado, fue una experiencia muy linda.
Es un hombre viudo, que pasa los cincuenta largos, y (ahora viene lo importante) tiene una devoción increíble por un antepasado suyo.

Suponete que se llama "José Evaristo Ramirez" el antepasado. Se hizo hacer una estatua de yeso de "José Evaristo" y la puso en el living de su casa –en algunas publicidades para su alegría se la dejamos- y te puedo asegurar que si quiere puede hacerse la biografía completa de José Evaristo.

Te das cuenta que no sólo "valora" a José Evaristo sino que "lo admira" porque necesita hablar todo el tiempo de este prócer y porque, además, no lo ve como "es" sino que lo ve "mejor". Como yo a veces le doy un poco de manija, él me da algunas clases de historia y me enseña lo valiente que fue José Evaristo y el papel importante que cumplió en la historia de nuestro querido país.

Me cuenta de las batallas, me cuenta de su honestidad a prueba de balas, me cuenta de su linaje vinculado a las familias importantes, me cuenta de algunas anécdotas cotidianas de personas que lo conocieron en persona, y –no te exagero- mi cliente disfruta mucho con esa conversación, la pasa bien hablando de su familiar. Hasta creo que lo imita en sus gestos, en su manera de vestirse, es como si él fuese una versión actual del prócer.

Es un buen hombre y no lo quiero retratar mal, pero lo que quiero que veas es que padece una suave enfermedad mental muy parecida a la que tiene el "envidioso" pero con síntomas opuestos.

Mi cliente es un "admirador".

-111-

Estamos hablando de una persona que "admira" y disfruta con las hazañas de otra y que, para aumentar su propia felicidad, nubla su ojos y termina viendo a esta otra persona no "como es" sino "mucho mejor". Claro que tiene una suave enfermedad mental porque no puede ver nítido y ve en su admirado a una persona muy distinta que a la persona real, es decir que lo "idealiza".

El admirador siempre pero siempre tiene que hablar de su admirado y busca oportunidades en la conversación para tocarte ese tema. Y, además, muchas veces lo imita.

Uno de los ejemplos más comunes del admirador tal vez sea el caso del "enamorado" (o la "enamorada").

Y, por cuestiones del Mapa de la Autoestima que más adelante vamos a hablar, el amor romántico es una de las admiraciones más fuertes, es un tipo de admiración que puede nublar por completo la razón del admirador, y sumergirlo ya en una enfermedad mental directamente peligrosa.

-112-

¿Te acordás de algún admirador?

¿No sabes de nadie que hable de un héroe como si su gloria le perteneciera?

¿No sabes de nadie que te cuente de algún antepasado suyo, de algún amigo, de algún político, de algún artista, de algún deportista... de alguien que admire?

¿A quien admiras? ¿Qué hazañas tienen tus ídolos? ¿De qué hazañas de ellos te mandas la parte?

¿Cuáles son las hazañas de tus ídolos?

-113-

¿Y el carisma? ¿No será también una de las formas de la admiración?

¡Vuelvo a mi eterno tema del carisma !

Quiero decir: así como el envidiado es subestimado en sus logros por los envidiosos, tal vez el carismático es sobre-estimado de la misma manera por sus admiradores y esa "sobre-estimación" de su figura es lo que llamamos carisma... una especie de admiración colectiva motivada por hechos especiales que se dan en una situación rara.

-114-

Dicen que el carisma está hecho de "extraordinarias facultades" que tienen algunas personas para guiar a las masas en momentos de crisis, pero dudo que existan.

¿Conocés alguién de tu vida diaria que tenga carisma? ¿Es amigo tuyo? ¿Le viste algo especial?

Hablamos de esas personas que tienen un brillo que las destaca del resto y que hace que despierten en la gente sentimientos de atracción.

¿Qué es lo que tienen? ¿Cuál es su don?

-115-

Es resultado de la admiración de un grupo hacia una persona, y esta persona en general siempre tiene algún tipo de hazaña.

El carismático siempre tiene algún "mérito especial", algo que hizo o que logró que lo distingue del resto, algo que le permite despertar la admiración masiva, algo que lo hace "sobre-salir", algo que lo coloca como un ser luminoso superior al resto de la humanidad. Siempre el carismático se percibe como alguien "valioso", digamos que no se trata de una persona despreciada, justamente es todo lo contrario.

Como te decía… si la envidia tuerce la percepción de lo real hacia despreciar al envidiado… y la admiración la corre hacia sobre-valorar al admirado… ¿No será que a veces la admiración se puede desatar masivamente y hacer que la forma en que un grupo ve a una persona sea enferma?

Otro tema no menos importante es el de la auto-admiración. Creo que es muy común, más común incluso que la admiración mismas. Personas que pierden contacto con la realidad y viven dentro de un mundo de fantasía por el cual se ven a si mismas "mejor" de lo que "en realidad son".

Lo prometido es lo prometido… ahora vamos a hablar un rato de esta Admiración que sucede con el Amor Romántico… y sobre todo de la seducción.

La seducción es el Arte de Enloquecer a una persona, porque quien está enamorado siempre idealiza y no ve a quien ama "como realmente es" sino que lo ve "mejor". La seducción ocurre en la ausencia cuando alguien recuenta los recuerdos de una persona y con su imaginación los vuelve a edificar y a partir de entonces construye una versión distinta de esa persona.

Estuvimos con ella en la parada del colectivo, estuvimos con ella en el asiento de atrás, estuvimos con ella en la playa, estuvimos con ella en el bar, estuvimos con ella en la vereda: de todo eso, nuestra imaginación selecciona el mejor plano del mejor lugar y con la mejor luz y la mejor sonrisa y eso se enciende dentro nuestro como un relámpago, y se une a otros momentos que sucedieron en otras semanas.

El que está enamorado no ve al otro como es sino "mucho mejor" y estoy seguro que es una locura similar a la envidia, pero de efectos mucho más potentes. Es cierto: ahí están diciendo los filósofos y los opinadotes de las revistas que esto no es sano, que hay que mirar a la otra persona "como realmente es" y que es malo idealizar… hay que abrir los ojos antes de amar.

Creo que estas personas le ponen explicaciones racionales a un territorio que pertenece a los instintos. Entonces de nada sirve que nos digan que enloquecernos está mal... una vez que ya estamos completamente enloquecidos. Mucho más práctico es estudiar este tipo de locura con interés científico y aprender a observar sus patrones y características.

-117-

¿Acaso es malo idealizar?

Si vemos las distintas tribus y nos remontamos a los períodos más lejanos de la historia del hombre, encontramos siempre ídolos. A veces dioses, a veces incluso animales, a veces piedras, a veces personas, a veces míticos héroes... es una parte importante de la naturaleza del ser humano admirar, admirar a otro como excusa para darnos nosotros mismos un poco más de fuerzas.

Creo que podemos estudiar con más detenimiento a la admiración a lo largo de las diferentes civilizaciones y culturas. Los pueblos guerreros muchas veces sintieron admiración por animales agresivos como las águilas o las serpientes o los leones. Distintas culturas, distintos desafíos de la naturaleza, y la necesidad humana de de buscarse ídolos a quienes idolatrar.

Los admiradores de todos los tiempos siempre sobredimensionaron la figura de sus ídolos y les engrandecieron sus hazañas o les atribuyeron hazañas que en realidad no tenían. Así algunos antepasados nuestros de los pueblos originarios de América, podían llegar a creer que una serpiente era capaz de producir la lluvia... y lo creían porque le atribuían hazañas, y esto es por la locura de la admiración.

Como vemos la admiración y la idolatría –enlazar con la imaginación a un ídolo para verlo mucho mejor de lo que en verdad es- es una parte de la naturaleza humana, como lo es el Arte y creo que no tiene sentido renegar contra ella en nombre de una pretendida racionalidad, o de una pretendida manera racional de amar.

Al contrario de los que abogan por la racionalidad en los sentimientos, tu paciente cree que un poco de locura siempre está bien. Esto es lo que pasa en las parejas: cuando se acaba la locura llega el aburrimiento y cuando llega el aburrimiento se acaba el amor. Entonces un poco de locura, dejar que la imaginación pinte de fantasía al otro, dejar que no sumerjamos un poco en un mundo de canciones, en un mundo de príncipes azules únicos y de princesas vestidas de rosas, en un mundo de comidas con velas… todas esas fantasías y –sobre todo la idea de sentir un poco de locura por el otro- son parte del ser humano y no tiene sentido ni es sano renegar de ellas. Y cuando se acaban, cuando se acaba la manera loca de ver al otro… desde luego que llega la monotonía, los días se empiezan a parecer mucho unos a otros, y entonces aparece el aburrimiento, las peleas, las terceras personas.

Lo importante seria encontrar cuales son los patrones y las características de este tipo de locura para aspirar a practicar, pensarla, estudiarla y un día tener herramientas para poder tenerla bajo la esfera de nuestro control. Y si la conocemos y podemos controlarla… entonces también podremos decidir cuando nos dejamos arrastrar por ella sin pensar en nada y dejando que las cosas pasen.

En algún momento planteamos una explicación sobre lo que es "una hazaña" y dijimos que es la prueba que tiene nuestra mente para darse cuenta de que nosotros somos fuertes para sobrevivir en el medio y, por lo tanto, nuestros genes merecen pasar a la generación siguiente.

Si esto fuera tan fuerte… la locura del amor puede ser mucho más intensa que cualquier otra locura desatada por estos vientos. No lo sabemos y es una explicación posible entre tantas otras. Pero antes de seguir adelante, te propongo que pongas en duda todo lo que te digo y que lo sometas a tu juicio crítico. Y, sobre todas las cosas, te propongo que sigas pensando por estas ideas y que la sigas elaborando para que llegues allí hasta donde tu paciente no ha llegado.

Uno de los secretos de la locura del amor… es que los sentimientos de quien amamos se convierten en nuestra hazaña primordial o, incluso, en nuestras mayores anti-hazañas.

Si ella dice "A"… nosotros nos reímos. Si ella dice "B"… nosotros lloramos. Sufrimos mucho, sufrimos mucho porque esa persona de repente adquiere la capacidad de sumergirnos en el más profundo de los pozos del auto-desprecio.

Al respecto… es interesante que te fijes el impacto que tiene sobre tu Autoestima el desprecio de los otros. ¡Adelante! Es una tarea para el hogar, porque, como dijimos, lo más importante es esforzarte en las tareas de observación ya que esa es la única manera de adquirir estos conceptos. Vas a darte cuenta que en líneas generales las personas que tienen las hazañas y, que por lo tanto, tienen el prestigio social y que por lo tanto respetás… tienen un desprecio mucho más duro que aquellas otras que no tienen las hazañas.

La idea, por supuesto, es observar todo esto para aprender a tener una Autoestima Fuerte que sea inmune al desprecio de quienes tienen las hazañas y también de aquellos a quienes admiramos.

Ahora quiero plantear algunos patrones de conducta que son capaces de desatar "la admiración" y de ahí el amor.

Nosotros en primer lugar tenemos que contar con hazañas, aunque no sean muy importantes siempre son necesarias. El problema es que según el Mapa de la Autoestima de la mujer que nos gusta, esto cambiará. A unas les atraerán unas hazañas y a otras les atraerán otras. Pero, además, el verdadero secreto está en esos enlaces que permiten que en lugar de desencadenarse la envidia nazca la admiración y con ella aparezca la locura.

Tenemos que lograr que nuestros propios sentimientos se conviertan en hazañas importantísimas para la otra persona.

Dicho en otras palabras: si esta persona cree que la buscamos, cree que la queremos, debe tener con eso un enorme motivo para estar feliz y para sentirse orgullosa…

La mayoría de las veces esto es más sencillo lograr para hombres o mujeres que ocupan una posición privilegiada en el mundo y que tienen exclusividad. Ejemplo: un músico famoso es alguien excepcional, y por lo tanto la mujer que consigue enamorarlo tiene un gran mérito y un motivo para sentirse orgullosa de si misma. Entonces para este tipo de personas que ocupan una posición especial y codiciada -deportistas famosos, empresarios millonario, artistas, etc- es mucho más fácil desencadenar la situación de que una mujer sienta que los sentimientos de ellos son hazañas de quien logró seducirlos... son hazañas tan importantes y tan fuertes que quien las tiene se convierte en una persona importante.

Entonces... ¡tanta teoría para decirme que todo se reduce a plata o fama! Un poco de paciencia... un poco de paciencia. Primero quiero introducirte este concepto: así como a un gran tenista cada copa de un torneo de tenis constituye un motivo para sentirse orgulloso y para tener prestigio social, para una mujer enamorada y enloquecida cada demostración de sincero amor del hombre que ella aman o cada miserable demostración de atención... cumple el mismo papel que una copa que se coloca en un estante importante del living puesto que la hace sentir orgullosa.

¿Cómo podemos enloquecerla de tal manera como para que nosotros seamos el centro de su vida? Y sino... sino logramos la de máxima al menos despertar la atracción emocional suficiente como para posibilitar que eso empiece a suceder.

Para las mujeres... enamorar a un hombre es una hazaña muy importante... ¿Cuántas revistas de mujeres hablan de este tema? ¿Cuántas telenovelas de televisión? ¿Cuántos temas de charla? En cambio, para nosotros pareciera que no fuera tan importante y otras hazañas como el éxito, el poder, o las destrezas ocuparan ese papel que nos garantiza el prestigio social y el orgullo.

Por esta razón creo que las mujeres tienen más tendencia a colocar a su pareja en el lugar de "centro de su vida" y a sufrir suaves locuras del amor... que nosotros los hombres. Ahora, con los cambios en los roles tradicionales del hombre y la mujer, esto se está modificando.

Mirando los programas de televisión, las películas de cine, las obras de teatro clásicas... es el hombre el que "declara su amor" o expresa sus sentimientos. Y es la mujer quien, gracias a su belleza, gracias a sus encantos, gracias a su cuerpo flaco y lindo, gracias a su impresionante vestido, gracias a sus adornos... logra seducir al hombre y despertarle estos sentimientos.

La hazaña de la mujer entonces es seducir al hombre.

Mantener al hombre enamorado, lograr que le declare sus sentimientos, lograr que aparezcan dentro de él todos estos sentimientos hacia ella. Mejor dicho: los sentimientos del hombre, son hazañas para las mujeres y por eso llegan a necesitarlos con preguntas tales como "¿hoy me extrañaste?" o "¿ya no me querés mas no?" y otras más. ¿Quién no escuchó estas preguntas y estas quejas?

El problema es que... ¡no cualquier hombre! En realidad, para muchas es una hazaña importante comprobar que un hombre se quiere acostar con ellas. Envían falsas señales y una vez que tienen las respuestas de interés que buscan... sienten satisfacción de verlo a sus pies y ahí no le dan más bolilla.

Pero decía... si miramos las películas, si miramos las series de televisión apuntadas al público femenino, la vida entera de las protagonistas gira en torno a los sentimientos de un hombre. No es cualquier hombre... siempre uno que tiene las hazañas tales como una clase social, o miles de cosas más... la protagonista triunfa cuando logra que ese hombre codiciado sienta cosas por ella... sienta cosas muy fuertes y entonces ahí ella alcanza el éxito y todas las otras mujeres la envidian, la odian, y se desconciertan de que semejante hombre se haya fijado en alguien tan insignificante como la protagonista.

Fijémonos una cosa de las telenovelas: siempre sucede que la protagonista tiene una gran anti-hazaña que lleva a que las otras mujeres la desprecien, y esta anti-hazaña por lo general está conectada con la anti-hazaña que tienen las espectadoras de la serie.

En las clásicas telenovelas –cuyo público es en mayor parte mujeres que trabajan en el servicio doméstico- la gran anti-hazaña de la protagonista consiste en su clase social... al ser una persona venida de una clase social más baja... todas las otras mujeres la desprecian. Sin embargo, ella, a pesar de su anti-hazaña, consigue con sus encantos que un hombre de lleno de hazañas (con poder, con un trabajo bien pago, empresario, buen mozo, codiciado) y que todas las otras mujeres desean... se enamore perdidamente de ellas.

Ahora también están las clásicas historias norteamericanas de amores estudiantiles. La protagonista muchas veces es una chica que tiene la anti-hazaña de no ser popular... anti-hazaña que lleva a que todas las otras chicas la desmerezcan y la desprecien... pero a pesar de eso, y gracias a sus encantos o a su sinceridad, o cosas muy raras que pasan, entonces ella consigue que un chico lleno de hazañas en ese sector sienta cosas por ella y se enamore perdidamente de ella... frente a la gran sorpresa de sus amigas que se ven obligadas a respetarla más y al desconcierto y el odio de sus enemigas.

La trama es la misma: el sentimiento de amor de un hombre hacia ella parece ser la hazaña más importante de la protagonista y ella (como sus espectadoras) hace toda clase de cosas para despertar este sentimiento.

La conclusión es que, de tanto ver películas, series de televisión, y todas esas cosas... nosotros los hombres nos convencimos de que tenemos que enamorarnos perdidamente de alguien y demostrárselo (flores, bombones, pasacalles) para que esa persona nos quiera.

Así tu paciente durante muchos años hizo toda clase de papelones, hizo cosas raras, cosas que solamente un enamorado loco puede llegar a hacer, y mordió sin piedad el polvo de la banquina.

¡Tantas veces hablé en los bares de estas cosas! Es uno de mis temas favoritos. Se puede hablar horas y horas sobre las mujeres, sobre lo que ellas quieren, sobre lo que ellas sienten, sobre la forma de seducirlas, y muchas cosas más.

-122-

¿Alguna vez convertiste a los sentimientos de una persona en tus hazañas?

¿Sentís orgullo de gustarle a alguien? ¿Experimentaste el placer en el orgullo de gustarle a alguien?

¿De qué historias de amor te mandas la parte? ¿Quiénes son esas mujeres?

-123-

Igual… seguimos en la misma de que un galán lleno de hazañas valiosas tales como fama, éxito, poder… tiene las cosas mucho más sencillas.

Pero… ¡aca está lo importante! La admiración es una locura que lleva a que te vean "mejor" de lo que "en realidad eres" y si esta locura se enciende con fuerza puede ser que te vean "mucho mejor" e incluso "muchísimo mejor" y cualquier persona del montón envuelta en los lazos de la fantasía y de la locura de quien ama adquiere contornos especiales….únicos, queda arriba de todo el resto de la humanidad como si estuviera flotando por estelas de magia.

La fortaleza de una Autoestima es importantísima y no estriba en las hazañas. Como veremos más adelante, la fortaleza de una Autoestima se advierte en la capacidad de una persona de afrontar a decisión anti-hazañas y de rechazar a decisión hazañas.

En el caso de necesitar los sentimientos de alguien –algo que nos pasa cuando estamos enloquecidos-, es una enorme debilidad de la Autoestima y los que saben de todas estas cosas se preocupan de no demostrarlo, de no mostrarse débil y necesitado… pero el tema es mucho más amplio para resumirlo de esta forma tan básica, más adelante lo vamos a ver mejor.

Hay personas que tienen "entrenamiento emocional". Son personas que de forma natural y, sin estudiar estas cosas, han aprendido a observar estos movimientos del alma. Esas personas, aunque no lo hayan racionalizado, conocen bastante de los secretos de la Admiración... conocen mucho de estos temas. Nadie sabe por qué pero te comprenden, te gusta hablar con ellos. Es una capacidad que estas personas han adquirido con el tiempo, con el tiempo de mirar en el lugar indicado... mirarse adentro de si mismas y mirar al resto.

No obstante a ello, yo no te voy a dar "trucos" para despertar la Admiración...La idea es que aprendas esto, te conviertas en un observador privilegiado de estas situaciones, y con el tiempo desarrolles tus propios trucos, tus propias conclusiones. ¿Qué cosas contribuyen a desatar la Admiración? Te animo a que te esfuerces, observes con mucha atención y saques tus propias conclusiones.

-124-.

Sigamos hablando de esta suave locura y de sus contornos...

Te quiero señalar la importancia primero de la relación que tenemos con las hazañas....

Fijate el que tiene plata y está orgulloso de eso... quiere tener más plata.... El que tiene músculos, quiere tener más musculos... El que tiene belleza se hace cirugías para tener más belleza.... El que tiene fama.... quiere tener más fama....El que tiene poder... quiere más poder... El que habla y convoca 100 personas para que lo escuchen... quiere hablar y convocar a 200 personas...El que estudio muchos libros... quiere estudiar muchos más libros...

Es como una droga... ¡siempre se quiere más! No importa lo que hayas conseguido... ¡siempre se quiere más!

Por todo esto, nosotros... aprendices de la ciencia de la admiración... ¿Qué tenemos que hacer? ¿Qué tenemos que hacer si somos tan ambiciosos que pretendemos que nuestra propia figura, envuelta con los halos de la admiración y de la fantasía, adquiera en el alma de nuestra mujer la forma de lo más importante de su vida... la forma de un príncipe azul lleno de magia, lleno de poderes y de estrellas de distintos colores? ¿Qué tenemos que hacer para que ella solamente esté pensando en la forma de conquistarnos, solamente esté pensando en las estrategias para seducirnos, solamente esté pensando en nuestras palabras, en lo que le dijimos, en si la queremos, solamente esté pensando en nosotros y hablando con sus amigas de nosotros?

Ella nos pregunta ¿*Qué es lo que pretendes?* Y nosotros si somos sinceros le responderíamos "*Pretendo que te vuelvas loca por mí*".

La primera conclusión que sacamos de esto es que nunca le tenemos que poner un techo. El novio que le da seguridad a su novia, que la convence de que ya la quiere, que la convence de que siempre la va a querer, que la convence de que él siempre va a estar, que la convence de que nunca la podría reemplazar… consigue que su novia empiece a fijarse en otro hombre…. ¡quiere más! ¡siempre quiere más!

Ella pierde el interés en los sentimientos de su chico como hazañas (porque ya los tiene) y sale a buscar más…. Al principio sale a probar si puede conquistar a otro… al principio solamente quiere saberlo, quiere probar si lo puede lograr y cuando ve que otro se acostaría con ella entonces se sonríe y lo deja y sigue adelante… pero después, de tanto jugar a este juego, se termina enamorando de otro y deja a ese novio que tanta seguridad le había dado.

Es que nunca nos conformamos cuando tenemos las hazañas… Ni siquiera las hazañas más importantes… Incluso los hombres que han conquistado a las mujeres más lindas del mundo se conforman… siempre quieren más….Y más y más y más…

Así es nuestra relación con las hazañas porque siempre queremos más y más y más y más….

Entonces el que sabe del juego del amor… jamás muestra un techo. Jamás le dice "Llegaste" sino que se muestra como un pasillo que nunca termina… y no importa si recién está saliendo o si está casado hace veinte años… él siempre tiene que ser un desafío permanente… de forma que ella siempre tenga que conquistarlo o seducirlo…. y cada vez que él siente algo ella tiene entonces una hazaña nueva.

Se pierde… los que saben jugar a este juego se muestra como personas que se pueden perder. Si ella juega mal sus cartas… simplemente lo pierde. Si ella lo quiere mantener enamorado… entonces tiene que hacer méritos… y sino puede ser que lo pierda.

Ahí está: tenemos que ser un desafío constante. No una meta que se alcanzó (¡peligro! Si somos eso, ella enseguida se pone otra meta) sino algo que siempre está en movimiento y que la obliga a desplegar todos sus encantos para atraparnos… porque si ella logra que, de casualidad, nosotros osemos quererla entonces por fin merecerá tener Autoestima ya que habrá logrado algo realmente importante. Tenemos que darle inseguridad, incertidumbre, ilusión y miedo.

Hay mucho más que hablar… ¡hay tantas cosas que hablar de este tema! El problema es que no sé si estamos por ahora capacitados para tener una charla más profunda…. Lo que te propongo es que más tarde trabajemos en la construcción de una personalidad fuerte, pero para eso tenemos que conocer tu propia personalidad con el Mapa de la Autoestima y, a partir de ahí, estudiar tus propias hazañas y crear una personalidad magnética… una personalidad que tenga la propiedad de despertar de vez en cuando estas intensas locuras.

En la construcción de una personalidad magnética que permita que los lazos de la fantasía se proyecten y creen una versión de fantasía en la cabeza de alguna mujer que te extraña, o –si sos mujer- de algún hombre que te extrañe… la materia prima es tu forma de ser y sobre todo tu relación con tus hazañas y anti-hazañas. Pero ya veremos que hay anti-hazañas que seducen, porque los tornados imparables de la admiración romántica también se desatan desde la vulnerabilidad, desde la vulnerabilidad el admirador siente que los méritos de su admirado le pertenecen y que lo justifican a él mismo.

Mientras tanto… dejamos para más adelante el estudio de la seducción y de esta suave locura.

No creo que por ahora podamos avanzar mucho más en este espinoso terreno de la locura de la atracción emocional intensa, pero más adelante cuando, con el Mapa de la Autoestima en la mano, estudiemos tu personalidad... creo que vamos a poder seguir dibujando los contornos de esta suave locura.

Cada cual está orgulloso de distintas cosas... y eso depende de nuestra diferente posición en el Mapa de la Autoestima. Por eso, lo que a unos le provoca una fuerte envidia a otros no les provoca nada y a otros les causa admiración. Entonces como todos somos distintos, el arte de enloquecernos es diferente según son diferentes nuestras propias locuras.

Pero para conocernos un poco más y adquirir algunas conclusiones más útiles... creo que tendremos que explorar un poco más en nuestro auto-conocimiento que es la base imprescindible para conocer a las otras personas. Y con un buen grado de auto-conocimiento y de capacidad de observar a los demás, estaremos en una posición privilegiada para seguir aprendiendo los contornos de esta poderosa energía que es la admiración romántica.

Más adelante voy a hablarte un poco de las parejas, y de la seducción... y seguro que te voy a contar algunas historias personales. Por ahora, creo que esto es suficiente y deberíamos seguir hablando un poco más de la admiración en general...

¿Cuáles son tus tácticas para despertar la admiración romántica?

¿Cuáles son tus estrategias de seducción? ¿De qué se mandan la parte las mujeres que te quieren?

¿Lograste alguna vez que un "te extraño" dicho por tus labios sea una hazaña fuerte para una persona? ¿Lograste alguna vez encender las llamas de la locura del amor?

¿Cómo se portaba esa persona? ¿Qué cosas te decía?

La "admiración masiva" es un gran negocio. Se la utiliza para mover a los admiradores hacia un lado o hacia el otro, según estrategias comerciales.

Es una gran destilación: desde un tubo volcás admiración y nuestra economía desde otro tubo te devuelve monedas.
Y por eso tenemos un nuevo tipo de trabajadores que ganan más que cualquiera. Y estos trabajadores son "los profesionales de la admiración".
Te pagan por hacerte admirar, las "grandes hazañas" son tu trabajo y los medios masivos de comunicación se encargan del resto.
Fíjate si cuando haces zapping con el control remoto en la mano pasando a toda velocidad de canal en canal no te detenés cuando aparece alguien lleno de hazañas. Por ejemplo, una super-modelo que tiene la hazaña de ser linda como nadie, de ser "la más linda", o un super deportista que en algún canal de cable le están haciendo un reportaje, o un super-empresario que sin tener dinero de joven pudo salir adelante en la vida y crear una fortuna de miles de millones de dólares, o un super- seductor que sin tener ningún mérito especial consiguió levantarse a una mujer linda como pocas.
Las personas que tienen hazañas atraen más que las personas que no tienen hazañas. Te parecerá un simplismo a lo mejor, pero yo a esto te lo defiendo a muerte. Y fíjate que según cuales sean tus principales hazañas personales, te van a atraer más aquellos héroes que hayan realizado justamente esas hazañas, esos que sean una "versión mejorada" de lo que sos si te definís en términos de hazañas (lo cual es demasiado pobre por supuesto).

Los profesionales de la admiración aparecieron en todo su esplendor apenas hace unas pocas décadas.
Su trabajo es: logran hazañas y con eso despiertan la admiración de las masas y la admiración es una energía que vale más cara que el petróleo.

Te pongo el caso típico de las estrellas. ¿Qué hacen? ¿A qué dedican su vida? A llamar la atención y a despertar la admiración.

Algunos pretenden ser "artistas" pero en realidad viven de la admiración ajena porque su arte es una hazaña que les sirve a sus admirados para admirarlos, y después ostentan su admiración con remeras, un estilo de ropa y todas esas cosas.

Esos escritores que la gente los lee porque tienen "la hazaña de escribir bien" y de estar llenos de premios…no escriben para contar algo sino para "escribir bien" y están llenos de importantes premios y la gente no los lee porque les gusta sino para leer a alguien que escribe bien. Son esas super--modelos que –cuando salen en la tapa de una revista- todas las mujeres quieren comprar esa revista. (No me estoy quejando, estoy diciendo lo que es y no que esté bien ni mal)

Ellos realizan hazañas y despiertan la admiración masiva porque esas hazañas los llenan de prestigio y de magnetismo personal, y millones de personas los admiran y los conocen por los grandes medios masivos.

El otro día leí en el diario algo que me indignó. Un reportaje a una socióloga importante y encumbrada que escribió un libro sobre la sociedad argentina. En su opinión, los argentinos idolatramos a Maradona porque su vida y su personalidad muestran el "espíritu del argentino", porque Maradona salió de una villa de emergencia y luchó contra la adversidad, porque tuvo problemas con las drogas y cayó muchas veces en los papelones públicos, porque murió y resucitó muchas veces, porque "es talentoso pero no puede estar bien nunca". Según la socióloga por todas estas cosas él materializa el "espíritu del argentino" y por eso lo admiramos tanto.

Yo no estoy de acuerdo con ella. Yo creo que lo admiramos porque juega bien al fútbol. ¿Para qué complicarnos si las cosas son sencillas? Me dan mucha bronca estos "pensadores" que para todo tienen una teoría complicada. Maradona es una de las personas más carismáticas del país, pero si le sacás las hazañas es solamente un gordito simpático.

Si a cualquier persona le colocás "hazañas sobresalientes" enseguida despierta la admiración y eso vale más caro que el oro.

Si sos un "profesional de la admiración" no te extrañe que te paguen un millón de dólares por mostrarte frente a una cámara tomando un yoghurt. Te parece absurdo pero nuestros trabajadores de la admiración ganan más que muchos médicos, contadores y gerentes, aunque su tarea sea -a simple vista- poco seria.

También tenemos a las "grandes divas de la televisión" que como tienen la hazaña de la fama (una de las más importantes sin duda) y de un supuesto "carisma" obtienen la admiración de millones de pequeñas divas caseras que se sienten parecidas a ellas. Y también está (por supuesto) el caso de los músicos.

Muchos músicos trabajan de artistas y su valor está en las canciones y melodías, pero muchos otros trabajan de "ídolos" y por hazañas tales como tirar un televisor desde la ventana de un hotel o drogarse o romper la guitarra arriba del escenario… tienen más ingresos que los que tienen por sus canciones. Para saber quienes son "músicos" y quienes son "profesionales de la admiración", se puede estudiar la fuente de sus ingresos.

El que es músico gana por sus discos vendidos, y el mero "ídolo" en cambio gana más por sus remeras con su imagen, sus recitales, sus póster, sus seguidores… y todas esas cosas que son frutos del aprovechamiento económico de la admiración que despierta en las masas.

Si te fijás en la mentalidad de muchos, para ellos ir a ciertos recitales es una hazaña. Si ellos van a todos los recitales (no alcanza con ir a uno) adquieren la categoría de "verdadero fanático" del ídolo y, como el ídolo está lleno de hazañas, esta categoría les brinda status.

Tenés todo tipo de ídolos, tenés los "actores" que a veces reciben el prestigio que merecen los personajes que interpretan (por las hazañas de los personajes), tenés los empresarios que, si son "self made man", esgrimen la admiradísima hazaña del éxito económico, tenés los deportistas que te contaba, algunos conductores de programas de televisión, tal vez algunos políticos, algunos escritores, y así podría seguir en un elenco interminable.

El banquete se agrandó en los últimos años y ahora hay lugar para más ídolos así que cada vez es menos inaccesible vivir de la admiración ajena, ser "una estrella".

Igual habíamos dicho que la admiración es un sentimiento que se sustenta en las hazañas del admirado... pero hace falta siempre algo más.

¿Y qué es eso "otro" que también necesitamos? Y habría que estudiarlo con más profundidad. Pero siempre tiene que existir algún tipo de puente que le permita al admirador utilizar las hazañas de su ídolo para acrecentar su propia Autoestima y su propio status.

-133-

Cuando el que admira es uno solo no pasa nada, pero cuando la admiración es masiva tenés una energía social muy valiosa.

Muchas de las grandes marcas de ropa y de alimentos y de servicios, utilizan la admiración para captar a los consumidores. Te sorprende, pero le pagan cifras inimaginables a los ídolos y por eso te digo que los profesionales de la admiración ganan más que cualquier otro trabajador.

También tenés el caso de la falsa admiración. Esas personas que te dicen que admiran a la Madre Teresa pero después en la vida real no la imitan en nada. La verdad es que no la admiran para nada pero lo dicen porque admirar a la Madre Teresa "queda bien".

Muy pocas mujeres te admitirían que admiran a las modelos. Pero las modelos tienen la hazaña de la "belleza" y eso hace que sean muy admiradas por millones de mujeres que después compran los productos que las modelos usan, y entonces las marcas las muestran más y más hasta que ves modelos por todas partes. Y esto ejerce una gran presión estética sobre las mujeres comunes. Ellas se quejan y dicen que es por culpa de la "sociedad machista" que transforma a la mujer en un "objeto", pero la verdad es que son las mismas mujeres las que se interesan por las modelos "lindas y flacas" y sienten atracción hacia ellas.

Ponés a una super-modelo en la tapa de una revista hablando de su divorcio y esa revista la compran miles de mujeres. Por cada veinte mujeres que compran esa revista hay un solo hombre. O sea que, en general, son las mismas mujeres las que se interesan por las "lindas-objeto" . Y esto tiene sentido porque están atraídas porque la belleza es una hazaña que le da más orgullo y status a las mujeres. De la misma forma, los hombres compran más revistas donde se les hace reportajes a hombres que tienen hazañas como el poder, como los deportes, como el éxito económico, como los artistas… hazañas que le dan más prestigio al hombre y que, por lo tanto, sus portadores respetan el prestigio y el status entre los hombres.

-134-

Lo que te estaba contando me viene muy bien para plantearte una sospecha que tengo. Y mi sospecha es que está naciendo una nueva economía: "La Economia de la Vanidad"

El ser humano desde que está en el mundo trabaja para lograr una relación exitosa con su medio (la naturaleza). Esto es conseguirse algo para tomar, algo para beber, refugio para estar a salvo de las bestias y de los climas, transporte para recorrer el mundo, máquinas que le eviten los esfuerzos y le den comodidad, y muy poco más que eso.

La economía estuvo siempre gobernada por estas necesidades y estos "recursos" del medio. Sin embargo, en las últimas décadas el avance de la ciencia y de la técnica cambio las reglas de juego. El ser humano ahora puede satisfacer sin esfuerzo todo esto y por eso está apuntando su esfuerzo a lo único que la tecnología no le puede dar: el Ego.

Es una cuestión de precios. Fijate que hace cincuenta años, con las primeras máquinas industriales, una remera era algo caro, un auto era muy caro, una aspiradora era un lujo, una calculadora valía un sueldo. Hoy en cambio los productos industriales perdieron valor.

Me vas a decir: *"pero estás loco… y la cantidad de gente que se muere de hambre"*. Pero te estoy hablando de economía, de movimientos de dinero que van de acá para allá, no de tristes problemas sociales.

-135-

En este mundo de nuevas máquinas cada vez más empleos humanos se reemplazan en las cadenas de producción y todo esto llega al producto final que lo vemos mucho más barato en el supermercado. Y es una tendencia imparable, todo es cada vez más barato, y al que tiene trabajo le empieza a sobrar el dinero a fin de mes.

¿Y en qué lo gasta? Ahí nace la Economía de la Vanidad. En un mundo en donde el hombre con "su técnica" triunfó sobre "su medio" lo único que busca es mirarse a si mismo, poder mirarse más y más en los espejos deformes y coloreados de la nueva economía de la Vanidad.

Está despegando de a poco pero su avance es imparable. Y cuando la tecnología saque victoriosa a la humanidad de la crisis energética del petróleo y de la falta de agua y de alimentos, podemos estar seguros de que se va a desatar con toda su furia y ya nadie discutirá su trono.

-136-

Según la posición que tengas en tu Mapa de la Autoestima (y que seas hombre o seas mujer determina esa posición, pero no es la única cosa que la determina) vas a tener tu especial manera de vivir tu Vanidad y podés estar seguro que el mercado te ofrecerá toda clase de productos apuntados a "tu caso".

La Economía de la Vanidad está hirviendo de la furia, nos maneja como si fuéramos títeres.

Hay tantos canales de televisión, hay tantos canales de radio, hay tantas páginas de Internet que parece que todos podemos acceder al negocio de "mostrarnos". Y el papel es cada día más barato, la tinta es cada día más barata, la electricidad baratísima, hasta parece que cualquiera puede poner un canal de televisión.

¿Y qué es lo que vale cuando todo está bajando de precio?

Lo que vale es "gustar".

-137-

Me fijo mucho en esas modelos que tienen la hazaña de ser" la más linda" y con esa hazaña atraen a los medios de comunicación como el azúcar a las moscas.

Y en realidad atraen a los medios porque atraen a la gente. La gente quiere saber cómo vive "la más linda". Y un día alguna de estas super-modelos llama a algunos diseñadores de la plaza y funda una marca de ropa... y listo. El negocio nace porque todos tienen que usar "esa" ropa, la ropa de la marca de la supermodelo, aunque sea una ropa que se vende a veinte veces el costo de su fabricación.

El precio no importa porque si usás esa ropa podés cambiar de status social.

Es más, la única manera de que nuestro público vaya con desesperación a comprar esa ropa es que la vendas carísima porque si la vendés a un precio razonable entonces ya no le interesa a nadie.

Nuestra profesional de la admiración pasa de ser una mera trabajadora de las hazañas a ser una empresaria. Y el salto lo da utilizando sus propias hazañas.

-138-

Lo que te decía es que, si bien esto de tener "la nueva cosa" en materia de tecnología forma parte de la Economía de la Vanidad -y por eso "la nueva cosa" siempre vale muchísimo más que el costo-, en general las máquinas no pueden darle de comer a tu Ego.

Para eso se necesitan otro tipo de productos que siempre tienen algún tipo de valor "cultural" que les da la facultad de ayudarte a ser "diferente" o "mejor" que el resto de las personas. Y este tipo de cosas son las que toman valor en una economía en donde la mano de obra abunda y las máquinas hacen que todo sea más barato. Este tipo de cosas quedan a flote como las más caras porque la tecnología está haciendo que bajen de precio todas las otras cosas.

-139-

A lo mejor sería bueno si aprovecho este momento para que hablemos de los "empresarios ídolos".

Son los hijos de la idea de que todos somos iguales y todos podemos algún día triunfar a lo grande en un mundo lleno de oportunidades donde cada cual puede llegar a donde se lo propone. Los hijos de "la libertad" porque gracias a la libertad el mundo está lleno de recompensas. Y es cierto: hoy una persona puede usar si libertad y salir a flote de una situación miserable, una persona puede hacer grandes cosas, como no pasaba antes en la época de los nobles.

Son además el producto de la Economía de la Vanidad y de este mundo mediático donde lo que más vale es "gustar".

-140-

Nacen de estos días tan confusos que vivimos.
Estos días que tienen a "la biografía" y a "el reportaje" como los grandes pilares de nuestra locura colectiva. Cualquiera que recorre los canales de cable con su control remoto a cualquier hora del día se va a encontrar, en algún canal, con un reportaje a una super-estrella. Y si se detiene en ese reportaje o en esa biografía, entonces va a conocer a la super-estrella en un grado de profundidad que difícilmente logre con sus compañeros de trabajo o con la mayoría de sus amigos.

-141-

Muchas veces conocemos más a estos super-ídolos de lo que conocemos a la gente normal que nos rodea porque -gracias a los reportajes- mantenemos con ellos una especie de charla íntima que es muy difícil que se de en la vida cotidiana donde en general hablamos de cosas más superficiales.
Es muy fácil que nos podamos comparar con ellos, que creamos que somos muy parecidos a ellos, que nos midamos con la vara de la vida que ellos tuvieron.
Y por eso es muy fácil que la admiración nazca en nosotros y -como nace en nosotros- también nace en otros millones de seres anónimos que se unen a la admiración nuestra y forman la caudalosa corriente de la admiración masiva.

-142-

Los grandes medios de comunicación logran que seamos íntimos amigos de toda la vida de algunos personajotes que aparecen en la televisión, en las revistas, en las páginas de Internet, en las radios, en los afiches de publicidad…. y por eso cada día es más poderoso el negocio de mostrarse y hacerse admirar.
Cada día es más fuerte el peso que tienen los profesionales de la admiración en nuestra nueva Economía de la Vanidad.

-143-

El empresario ídolo es un profesional de la admiración que, como todos los demás, adquiere esta categoría porque tiene grandes hazañas. Es también una persona mediática que hace de la admiración de las multitudes parte de su propio capital económico.

Pero lo que tiene de especial esta estrella es que su hazaña es justamente "hacer dinero" Lo importante no es la posición económica, sino la hazaña de hacer plata de la nada... a lo grande.

Y, como dijimos que el éxito económico es una de las hazañas de más peso, entonces así de fuerte es la curiosidad y la admiración que rápidamente despierta en las masas. Y pronto los medios de comunicación lo buscan y lo convierten en el blanco de muchos reportajes que hacen que los detalles más íntimos de su historia personal estén en la cabeza de millones de personas que sueñan, que sueñan que un día van a ocupar su lugar.

El empresario ídolo encarna la ilusión de miles de millones de hombres que todos los días tal vez somos humillados por jefes crueles en trabajos que no nos gustan... miles de millones de hombres que lo admiramos y que seguimos sus reportajes y su biografía con atención porque nos comparamos en secreto con su leyenda.

-144-

Y por supuesto, en todos los casos tienen que ser "self made man", tienen que ser ciudadanos con las mismas (pocas) oportunidades que el resto de todos nosotros que, sin embargo, tuvieron la voluntad o la visión o la creatividad para salir del montón, destacarse y hacer una fortuna.

Si sos un heredero entonces estás descartado porque acá lo importante no es el dinero sino "la hazaña de ganarlo a lo grande" y alguien que recibió todo de arriba, aunque sea muy capaz y muy inteligente, no va a poder tallar como "empresario ídolo". Cuanto más adversa sea la situación que te rodea, entonces más vas a lograr hacerte admirar si la vencés y salís adelante. Se trata del "self made man", el hombre que se impone a su destino, el héroe de las monedas.

-145-

La admiración que despierta en una persona el empresario ídolo depende de la forma que esa persona tiene de vivir su Vanidad. Hay personas que se pavonean mucho del éxito, que les parece que el éxito en la vida es la hazaña fundamental, son personas que se mandan la parte de todo lo exitosas que son… y bueno estas personas son las que más pueden llegar a envidiar y admirar al empresario ídolo del mismo modo que desprecian a quienes tienen la anti-hazaña del fracaso.

Hay otras personas que se pavonean de otras hazañas diferentes al éxito económico y por ende pueden ser indiferentes al empresario ídolo, puede ser que ni siquiera lo respeten.

Y hay otras que tienen un Mapa de la Autoestima raro en donde el éxito está mal visto, donde el éxito se ve como una anti-hazaña. Personas que prefieren la pose de "víctimas de un mundo injusto", que practican una especie de rebeldía contra el éxito, que les encanta decir que los exitosos son ladrones, frívolos, materialistas, o ambiciosos o trepadores… para estas últimas puede ser que hasta lo desprecien. Gente que le encanta fracasar para cultivar la imagen de víctima y para dar lástima.

Pero, a mi modo de ver, el éxito es la hazaña fundamental y el fracaso la anti-hazaña de más peso, y por ende se admira muchísimo a los exitosos … y si tu vida tiene fracasos y éxitos puede pasarte que en los primeros aprendas del desprecio de la gente y en los segundos de la adulación, del respeto y de la admiración.

-146-

Un empresario ídolo entonces es un profesional de la admiración que tiene una hazaña muy especial: sabe hacer dinero. Y como todos nosotros estamos siempre humillados por culpa del dinero… se trata de una "hazaña de peso" y el empresario ídolo entonces puede levantar una admiración muy fuerte. Por otra parte, el nexo de compromiso entre el empresario ídolo y sus propias marcas es mucho mayor que el que se da entre las marcas que deben recurrir a los servicios de los carísimos profesionales de la admiración.

-147-

Como estamos en los tiempos de la Economía de la Vanidad -donde la admiración es una energía que se puede cotizar muy caro en el mercado- el empresario ídolo entonces lo que hace es construir una leyenda con su propia figura, construir un mito que sea muy pero muy admirado por todo el mundo, que despierte la máxima admiración posible en los demás.

Fomenta que los periodistas comenten detalles insólitos de su biografía (como un pequeño negocio que hizo a los diez años, que le gustaba tocar el piano, que de chico contaba las hormigas de la baldosa, cosas así) y también que se inventen algunos cuantos y la idea es que mucha gente pueda decir "es igual a mí" para que todos puedan disfrutar de "su gloria", para que todos puedan sentir como propias las hazañas suyas.

Entonces si maneja bien su imagen puede lograr despertar el interés de miles de millones de personas que tratan de seguirlo y citan sus "frases célebres"... y después.... toda esta admiración se traslada a sus marcas y a sus productos que pasan a cotizar alto en la Economía de la Vanidad por el peso de su propio mito.

-148-

El empresario ídolo se convierte en el principal promotor de todos sus negocios... y hoy todo pasa por la promoción. Los medios de comunicación se sienten atraídos por su carisma y si los medios te siguen es muy fácil promocionar cualquier cosa.

Entonces el empresario ídolo con su leyenda a cuestas se transforma en un rey midas que todo lo que toca lo convierte en oro... pero el secreto está en el empuje que le da la tremenda admiración que le tiene la gente y en la curiosidad que despierta en los medios de comunicación. *"Un pobre que se hizo rico... el gran sueño de América"*

Mientras que otras marcas les deben pagar a los carísimos profesionales de la admiración para promover sus productos... el empresario ídolo les da la promoción de su propio nombre, de su propia figura. No me gusta hablar de la palabra carisma porque no creo en el carisma... se trata de la energía social de la admiración masiva que se desata por las hazañas (ganar muchísimo dinero y ser un self made man, tener éxito...) y por algún cuidado de imagen para que no despierten "envidia" y que en estos tiempos de revistas, canales de cable, cine...

-149-

Hay algunos que dicen que llegó la Era de la Información donde lo que vale es "el conocimiento". Tu paciente no está de acuerdo. Si el conocimiento fuera valioso entonces habría más librerías que quioscos... y como hay más quioscos que librerías te das cuenta de que el ser humano no tiene un gran apetito de "saber".

Lo que está llegando con cada vez más fuerza en cambio es la Economía de la Vanidad donde lo que vale es "gustar".

Por eso esto de los empresarios ídolos es algo que cada vez va a pasar con más frecuencia… cada vez va a ser más común… cada vez va a ser más fácil. No importa si las empresas de ellos son "revolucionarias" o si tienen "creatividad"…. no importa si son competitivas, no importa si son inteligentes… lo que importa es que les sirven para despertar la curiosidad de los medios y la admiración de las multitudes. Y lo que es valioso acá es la admiración… porque si el fundador de una nueva empresa es una persona muy pero muy admirada todos los productos y servicios de esa empresa van a tener el empuje de esa energía social tan fuerte…tan valiosa… tan decisiva.

Entonces sospecho que cada vez es más común la fabricación de los "self made man" como un hecho social y como un negocio buenísimo. Sospecho que hay algunos inversores de bajo perfil que se dedican a detectar a posibles candidatos al trono de "ídolo de las monedas" y, cuando encuentran algún digno actor, lo respaldan con el crédito necesario para ponerlo en la vidriera de los medios. Se trata de llamar la atención, de despertar la curiosidad, y, sobre todo, de levantar la admiración… esa energía social tan poderosa que es clave en nuestro mundo mediático.

-150-

Te das cuenta la energía social poderosa que es la admiración de miles de millones de personas… esa energía social puede ser tan pero tan potente que vale mucho más cara que el petróleo. Con el petróleo movés a las máquinas… pero con la admiración movés a las personas.

-151-

Ellos necesitan promoverse y mostrarse para aumentar todavía más la admiración…. porque la admiración es lo que les da valor a sus marcas y lo que hace que los mejores talentos del mercado de trabajo quieran ir a tocarle el timbre a sus empresas y que incluso acepten trabajar por bajos sueldos por el prestigio que ganan pasando por allí. Ellos necesitan construir una leyenda con su propia persona.

Además, para hacerse admirar el "empresario ídolo" debe tratar de que todos podamos sentir como propias las hazañas suyas. Nosotros tenemos que "comprar un sueño" y por eso él trata de convencernos de que es igual que nosotros... y debe tener pocas ventajas para hacerse admirar.

Es muy común que en los reportajes ellos hablen con una filosofía triunfalista que hace hincapié en cosas que todos tenemos como herramientas para el éxito, cosas como "la imaginación" o "la creatividad" o "el valor de las ideas" y cuando dicen eso... todos sentimos que un día podemos ocupar su lugar...sentimos que no perdimos el tren aún.... y los admiramos mucho más.

No le dan importancia por ejemplo a sus conocimientos o su experiencia o su inteligencia o su preparación (que nosotros no tenemos)... ellos subrayan el valor de otras cosas que creemos que están guardadas en el sótano de nuestra alma... en el baúl más viejo del sótano como la "varita mágica de la imaginación".

-152-

Te das cuenta de cómo podemos ver los sentimientos que despiertan según el Mapa de la Autoestima.

Por un lado, ellos tienen las hazañas (el éxito, el éxito económico, la fama, etc.) y gracias a eso tienen mucho status social y gracias a eso también despiertan a su paso sentimientos de envidia y de admiración.

Y gracias a eso también tienen un Ego impresionante. Un Ego monstruoso.

Y cuando uno se los encuentra a su paso, ellos te desprecian aunque se esmeren por no desnudar su sentimiento de superioridad. Tienen la hazaña más respetada de todas las hazañas... el éxito. Y de todos los éxitos tienen el más importante que es el de construir riqueza de la nada.

A lo mejor el influjo de sus hazañas te lleva a respetarlos más, o a pedirles consejos, o a valorar más sus opiniones o a que te despierten curiosidad o interés.

Pero es probable que ellos te desprecien en el mismo grado en que los admirás. Y lo mismo se puede decir de los otros profesionales de la admiración, los simples trabajadores de las hazañas como las estrellas, o los deportistas, las divas, o los artistas... todos ellos tienen las grandes hazañas y por eso despiertan una admiración y una envidia tan grande como importantes son sus hazañas.

A mayores hazañas, mayor status social, mayor envidia, mayor admiración... y mayor Ego. Pero el caso de los grandes self made man es el más enigmático porque justamente su gran hazaña consiste en construir una fortuna de la nada, con tantas desventajas como las que tenemos el resto de los mortales. Y tienen un rol especial en la Economía de la Vanidad donde la admiración de las masas es un recurso económico.

-153-

Te propongo que explores tu ánimo a la búsqueda del sentimiento de la Admiración.
¿Sentís Admiración por algún ídolo? ¿Sentís curiosidad por alguna persona mediática que haya trascendido a los medios por el poder de sus hazañas? ¿Te encandilan las hazañas de algún empresario, de algún deportista, de algún político, de algún artista?
Sospecho que me lo vas a negar. Es que la admiración se esconde... preferimos decir que no admiramos a nadie. La admiración se esconde casi tanto como se esconde la envidia... y la única admiración que no se esconde es la "falsa admiración". La falsa admiración que se ostenta para mostrar un costado de nosotros que nos parece prestigioso: el que te dice yo admiro a un bombero porque hace una obra de bien y no recibe nada a cambio.
¿No te gusta enterarte de detalles de la vida de ningún héroe que realiza proezas que no realiza el común de las personas?

-154-

La admiración es más común en los jóvenes. Los jóvenes pueden sentir que un día van a ocupar el lugar del ídolo.
Los jóvenes no sienten envidia por las grandes hazañas de las celebridades que admiran. Pero, después, más tarde, cuando pasa el tiempo y ya no podemos soñar con que alguno de estos héroes es la encarnación de nosotros mismos en el futuro... competimos con la persona y envidiamos sus hazañas, no podemos usar las hazañas ajenas para darle de comer a nuestro Ego. Y entonces la suave locura de la admiración no se desencadena en nuestro ánimo y cede a la envidia.

-155-

El prestigio social es una realidad.
Y el prestigio social depende de estos bichitos misteriosos que tanto asombro nos provocan: las hazañas y las anti-hazañas. A mayores hazañas, mayor prestigio social y a mayores anti-hazañas más desprecio se atrae en el portador de los deshonores.
El prestigio social te puede cerrar puertas y te las puede abrir. El prestigio social puede conseguir que los distintos grupos de personas o instituciones te acepten... o puede conseguir que te discriminen y te excluyan.
El prestigio social hace que te acepten en un trabajo o que te discriminen en otro sin que importe tu experiencia o tu talento. El prestigio social hace que cuando entres en algún lugar la gente se te pegue, te busque, te haga morisquetas para obtener tu amistad o tu favor o, todo lo contrario, para que te desprecien. Y si no tenés las hazañas perdés el prestigio social y, como todos andan sedientos de prestigio social, entonces eso impacta en tu vida de forma decisiva.

-156-

La vida es como una gran cordillera. Las cimas son las hazañas y los valles son las anti-hazañas. Cuando estás en la parte de arriba toda la gente siente admiración hacia tu persona, siente respeto, te aplauden, te buscan y tratan de lograr tu aprobación como si fueran tus hijos.
Y cuando estás en la parte de abajo la gente siente desprecio hacia tu persona, y cuanto más pesadas son tus anti-hazañas tanto más desprecio pueden llegar a sentir. Lo importante es tener la entereza para mantener la Autoestima Fuerte a pesar de todo este circo y más allá de las hazañas y de las anti-hazañas y, si Dios te lo concede, tener verdaderos amigos que nunca te pierden el respeto en las malas ni tampoco se encandilan si estás en una época de brillos.

-157-

La Economía de la Vanidad vende productos-hazaña y servicios-hazaña, te vende la oportunidad de tener prestigio social.
La Economía de la Vanidad existió siempre.
Los productos clásicos de la Economía de la Vanidad son los metales preciosos, el oro sobre todo, los cuadros de artistas

encumbrados, y los edificios, casas o palacios. Son productos-hazaña: valen porque le dan a su comprador la oportunidad de sentirse mejor que sus amigos. Existieron siempre y creo que el oro –un metal de absurdo valor- es el mejor ejemplo porque no vale tanto porque adorna… vale porque sirve para marcar el status de quien lo pudo comprar.

-158-

Pero si no te discuto que la Economía de la Vanidad existió siempre… hoy se está imponiendo como nunca antes en la historia.

Es que la tecnología avanzó tanto que los recursos del medio para satisfacer las otras necesidades del hombre se hicieron tan baratos que hoy lo único que genera riqueza son los productos y servicios que le sirven a una persona para sentirse "especial" o para "gustar" un poco más.

Antes solamente los grandes reyes y nobles y burgueses podían darse el lujo de consumir productos-hazañas como el oro o los palacios o las fastuosas catedrales religiosas. Hoy el espectro se amplió y llegaron las marcas que hacen que todos seamos compradores de Vanidad, todos gastamos cada vez más en Vanidad. Y muchas veces los servicios y productos que compramos son hazañas que necesitamos para ser respetados dentro de los círculos en donde nos movemos.

Necesitamos prestigio social porque el prestigio social nos abre puertas y nos cierra puertas.

Hoy no hay nada que valga tanto como "gustar".

-159-

¿Qué productos de la Economía de la Vanidad le gustan a mi médico? ¿Te gusta la tecnología? ¿Te gusta la ropa de marca? ¿Te gustan los autos? ¿Te gustan las dietas, te gustan las cirugías, te gustan los adornos?

¿Qué tanto te importa el que dirán cuando compras tus productos de status?

¿Qué cosas te compraste que pueden servir para que una persona se de cuenta de que sos exitoso en la vida? ¿Qué cosas te compraste que sirven para que la gente se de cuenta de que sos "especial"?

¿Qué cosas tuyas te pueden servir para mandarte la parte de algo... de cualquier cosa?

-160-

El lugar tradicional por excelencia de la Economía de la Vanidad es por supuesto la ropa. Con la llegada de las grandes marcas, la ropa se convirtió en uno de los productos-hazaña por excelencia.

-161-

La posición de cada persona dentro del Mapa de la Autoestima es decisiva al momento de vestirse.
Habrá quienes intenten usar la ropa para esconder alguna profunda anti-hazaña que sienten y que les duele y habrá otros que la usen para simular una hazaña que en realidad no tienen. Estarán también los que tengan la intención de subrayar una hazaña que saben que es propia, y los que se rebelen contra el Mapa de la Autoestima y traten de darle valor a sus propias anti-hazañas.
Pero la ropa es una ventana a la personal posición que cada uno ocupa en su Mapa de la Autoestima y también a su frustración o logro de esas mismas hazañas que le quedan más cerca según su posición.
Con una rápida mirada sobre cómo esta vestida una persona enseguida adivinaremos si pertenece al gremio de "los distintos" que persiguen hazañas raras por sus dolores en la Vanidad o si en cambio está dentro de "los normales" que lograron las hazañas comunes y por ende se esfuerzan por mantener y acrecentar ese mismo prestigio social que ya consiguieron.

-162-

Para descifrar lo que nos dice alguien con su ropa lo primero que te propongo que te fijes es en la "hazaña de intentar perder".

En todas las carreras en donde la veas caminando... es porque en el fondo sabe que va a salir en el último puesto si corriese.

En primer lugar nos fijamos en los "signos de dejadez" como puede ser una corbata tironeada con el nudo caído, los hombros del traje llenos de caspa, un suéter que tiene agujeros de las polillas o que está deshilachado, un pantalón viejo, una camisa un poco sucia, en una mujer las uñas mal pintadas, los ojos sin pintar en una salida a la noche, una blusa medio vieja... etc.

Los signos de dejadez muestran que la persona no está demasiado interesada en dar una buena imagen de si misma. Y, por lo tanto, que cree que no puede dar una buena imagen de si misma.

-163-

La mayor dejadez aparece en general en aquellas personas que se sienten feas, o que creen que "no pueden gustar" y tienen su Autoestima sostenida sobre otras hazañas distintas a la hazaña de gustar.

Dicen con su manera de vestirse "No hago ningún esfuerzo por gustar... no estoy para esas cosas superficiales" pero en el fondo lo que les pasa es que creen que no pueden gustar.

En algunos raros casos puede pasar que por "sus valores"... no les importe la imagen... (a lo mejor por la educación o el ejemplo que le dieron sus padres) y busquen otras hazañas... pero son casos de Mapa de la Autoestima muy extraños y más tarde lo vamos a ver cuando veamos la influencia de los padres.

Lo más probable es que si una persona es dejada... es porque le falta confianza y cree que, aunque se esfuerce, igual siempre va a ser fea o desagradable.

-164-

Del lado opuesto de los "signos de dejadez" están los "signos de esfuerzo" que pueden ser los adornos, las pulseras, los relojes, los aros, los collares, el maquillaje, la buena ropa, los detalles.

Cuando vemos una mujer maquillada y repleta de adornos de distintos metales nos damos cuenta de que ella está intentando seducir, y que eso pasa probablemente porque ella cree que puede seducir.

Las personas que más se esfuerzan por vestirse bien son las que más convencidas están de que pueden seducir y gustarle a los demás… y es porque tienen motivos para creerlo. O sea que, por regla general (siempre con excepciones), las personas que más invierten en ropa y que más se esfuerzan por su propia elegancia son las más atractivas.

En cambio "los feos" y "las feas" no se esfuerzan tanto en verse bien, y tratan de apuntar su voluntad en aquellas otras "áreas de la vida" en donde creen que pueden destacarse más. Unos por propia capacidad están cerca de "la hazaña de gustar" en el Mapa de la Autoestima y otros, por propia limitación, están lejos.

-165-

Entre las mujeres que "intentan perder" podemos hablar de las muy "tapadas". Se visten con colores sombríos y apagados y cubriendo todas las partes sensuales de su cuerpo y de un modo tradicional y "serio".

Ellas con su ropa están diciendo "No me interesa despertar impulsos sexuales en los hombres, ni provocarlos ni nada, me parece decadente" pero detrás de eso, se esconde su creencia de que son demasiado feas para poder seducir a los hombres. Buscan una "imagen empresarial y responsable", pero en realidad tienen la sospecha de que, aunque intentasen ser un poco más sensuales, fracasarían como ratas.

Así que en consecuencia prefieren expresar su desprecio por la hazaña de la sensualidad con ropas sombrías y clásicas.

-166-

Un lugar aparte merece los que se visten con ropa "de alta marca".

Si abro tu armario y lo recorro y veo todas prendas de carísimas marcas te puedo decir algo sobre cómo es tu pareja o cómo fueron todas tus parejas. Es que las personas que se visten de marca tratan de buscarse parejas que tengan grandes hazañas para poder colgarse del prestigio de su pareja.

O sea, un hombre que se vista con ropa de excelentes marcas estará únicamente con mujeres que le ayuden a mejorar su propia imagen que serán por supuesto mujeres muy lindas. Y una mujer que se viste sólo con ropa de alta marca estará también sólo con hombres que tendrán grandes hazañas como por ejemplo el éxito económico, la posición económica, el status social, hombres "deseados" o "top", ya que ella tratará de darse brillo a costa de los méritos de su propia pareja.

Esto se ve más en las mujeres que en los hombres. Aquellas que se visten sólo de marca no pueden estar con hombres desprestigiados, fracasados, destruidos. Sólo tendrán ojos para aquellos hombres que tengan éxitos o méritos que las ayuden a ellas mismas a "ser más". Ellas quieren ser "la mujer de", quieren colgarse del prestigio de su hombre como se cuelgan del prestigio de una marca.

Lo opuesto pasa con las personas que eligen la ropa que se compran prestando atención al color y al diseño y a la tela… y sin tener en cuenta la marca.

Ellos en cambio están interesados en brillar por si mismos y no por la persona que tienen a su costado. Entonces son más capaces de no prestarle tanta atención a las hazañas de su pareja y fijarse en una persona por lo que es en si misma y no por su status.

En realidad no hay dos grupos sino tres grupos: a) los que se visten de marca, b) los que se visten por el color y el diseño y a veces compran marca y a veces no pero siempre se fijan en la ropa c) los que nunca se visten de marca.

Yo te hablaba de los dos primeros, pero el tema de los que odian las marcas ambién hay algo que están diciendo. Y se buscan parejas que llaman la atención, parejas que sirven para mostrar su originalidad, parejas con anti-hazañas a veces o con cosas raras.

¿De qué cosas te mandas la parte que se pueden ver en tu ropa? ¿Usas ropas que muestran lo especial que sos? ¿Usas ropas que muestran todo lo sensible que sos?

¿Te compraste ropas que muestran todo lo exitoso que sos? ¿De qué cosas sobre tu vida habla la ropa que te compraste?

Todos nos sentimos acomplejados, todos tenemos anti-hazañas que nos duelen, todos tenemos nuestras vergüenzas, no hay que hacerse problema por eso.

Todos nos sentimos feos, viejos, desproporcionados, mal vestidos, y un poco quedados. No hay que darle importancia a eso... no hay que taparse con grandes ropas que no se relacionan con la estación... no hay que tratar de esconder nuestros cuerpos... todos creemos que nuestro cuerpo es deforme, raro, mutante, gracioso.

Tenemos que hacernos amigos de nuestras vergüenzas porque son lo más normal del mundo.

Uno cuando se fija con atención en el tipo de ropa que tiene una persona puede detectar muchísimo sobre su Mapa de la Autoestima.

Puede llegar a conocer su "hazaña primordial" y eso es un factor importantísimo de su personalidad. Sobre todo en las mujeres es interesante ver la graduación de sensualidad que cada una le pone a su propia ropa... hay algunas que se tapan muchísimo y se visten de negro para que no se les note nada... y hay otras que se animan a más.

¿Qué nos dice esto sobre sus valores, sobre la confianza que se tienen? Hay mujeres que buscan siempre una apariencia "profesional" que resalta otras hazañas diferentes a su belleza como por ejemplo su responsabilidad o su carrera, o su éxito, o su inteligencia o su poder.

¿Cuál es tu hazaña primordial de la vida? ¿Tu trabajo? ¿Tu clase social?

¿Tus amigos? ¿Tu éxito? ¿Tus estudios? ¿De qué cosa presumís con más frecuencia?

¿De qué cosa te pavoneas con más insistencia? ¿Cómo se nota eso en tu estilo de ropa?

Muy pocas cosas son tan indicativas como la ropa de alguien cuando uno quiere conocer la manera que tiene cada persona de vivir su Vanidad.

Lo que es interesante -sobre todo en las mujeres- es la relación que cada una tiene con las "tradicionales hazañas femeninas" como la belleza y la sensualidad... y con las "modernas hazañas femeninas" como el poder o el éxito o los méritos laborales... esto se ve mucho en la ropa.

Y como la ropa dice muchísimo de la especial manera que cada persona tiene de vivir su Vanidad... el mercado de la ropa se compone de infinitas variables donde los empresarios de la Vanidad pueden ir sectorizando por parcelas muy finas los distintos perfiles del consumidor como así también sus distintos intereses.

Dentro del grupo de las llamadas "mujeres tradicionales" está la "mujer adorno". Una mujer cuya máxima hazaña es "ser linda" (flaca, elegante, bella, joven, interesante, etc).

La mujer adorno le da con su belleza un gran prestigio al hombre que "la conquistó" y que la tiene a su lado y toda su misión en la vida se reduce a eso: a dejarse "conquistar" por un "gran hombre" y estar "muy enamorada". A ella le encanta sentir amor, le encanta idealizar, le encanta ser seducida, porque todo eso le parece una gloria... sin embargo lo hace sólo con los hombres que tienen... las hazañas.

Y es su hombre el que tiene que encontrar el éxito en la vida, triunfar en su profesión, juntar el poder, juntar el dinero, cuidarla, protegerla, y alcanzar las cimas del mundo que harán prestigiosa a la pareja. La candidata ideal para "mujer adorno" es por supuesto una mujer extremadamente linda... y bastante tonta porque a la "mujer adorno" le quita prestigio el pensar.

De todas las mujeres, este perfil por supuesto es el que más gasta dinero en ropa, puede llegar a tener una adicción.

Y como están llenas de complejos y de todo tipo de vergüenzas… muchas de ellas andan por la vida buscando "la prenda mágica".

La "prenda mágica" es el equivalente al mito del príncipe azul pero con la ropa: la prenda mágica es la que te va a convertir -por obra de su encantamientoen esa persona que siempre quisiste ser y nunca pudiste.

La "prenda mágica" no es común sino que es "rara" porque está conectada con la rareza interior de cada uno… y el que la compra puede resaltar con ella todo lo mejor de si… puede mostrar con sólo usarla todas sus grandes hazañas y todo lo bueno que tiene y todo lo "especial" que cada uno es. La "prenda mágica" es la que por fin te va a permitir "gustar".

Millones de mujeres (y algunos hombres también) andan de casa de ropa en casa de ropa… siguiendo con el mito de la prenda mágica. Y nunca la encuentran pero mientras la buscan se compran toneladas de ropa.

-175-

Los que más importancia le dan al tema de la ropa son los jóvenes.

Es que, después de una determinada edad, uno corre su posición en el Mapa de la Autoestima y la ropa empieza a ser una cuestión secundaria.

Empiezan a jugar otras hazañas más importantes como el "éxito en la vida" o la "posición económica" o el "tamaño de la casa" o el "trabajo" o los hijos, o cómo uno mismo trata a sus hijos, o lo cara que es la universidad que uno le pudo pagar a sus hijos, o el estar adentro de un determinado círculo.

Los jóvenes en cambio discriminan mucho por la ropa y la apariencia física. Los adultos discriminan por otras hazañas como el tamaño de la casa o la cantidad de ceros que tiene la cuenta bancaria. Cuando uno es joven está en una edad de la vida donde no hay muchas otras hazañas, no hay más méritos que el elegir bien la ropa, entonces los jóvenes discriminan mucho por eso.

-176-

¿Te dice algo de cómo es una persona la forma en que está vestida?

¿Sos de esos que discriminan mucho por la imagen? ¿Te parece que es un quemo que te vean con gente que da una mala imagen o que se viste mal o que tiene mal aspecto?

¿Por qué cosas discriminas ? ¿Qué anti-hazañas tiene que tener una persona para que la discrimines? ¿Me vas a decir que no discriminás?

¿Discriminás más por la imagen y por la apariencia, o por otras cosas que dicen más de la vida de alguien?

Fijate que los que discriminan mucho son los "interesados sociales", esos que se pavonean mucho de que son "íntimos amigos" de algún fulano lleno de hazañas, fijate que esos discriminan justamente a quienes no tienen las hazañas que tienen esos fulanos que son "tan amigos" de ellos.

La mayoría de las publicidades de ropa están dirigidas a los jóvenes y a las mujeres.
La razón es esta: la "hazaña de vestirse bien" da más orgullo y más status a las mujeres y a los jóvenes.
O sea: tanto el rasgo de ser "joven" como el rasgo de ser "mujer" mueven la posición en el Mapa de la Autoestima hacia un sector en donde la hazaña de verse bien tiene un peso mayor.
Por ejemplo, un hombre de cierta edad no va a tener mucho prestigio social porque use un traje de marca sino que lo va a tener por los ceros que tiene su sueldo, o a lo sumo por el club exclusivo al que ha logrado ingresar con su familia, o por los lugares caros a donde se va a de vacaciones, o por los viajes que realizó alrededor del mundo, o por el tamaño de su casa, o por lo trabajador que es, o por lo buen padre que es, o por los amigos exitosos y adinerados que tiene, o por la cantidad de empleados que tiene su empresa, o por sus amantes lindas, o por lo "divertido" que es, por lo capaz que es en su oficio o profesión.

Entonces las propagandas apuntadas hacia él no van a estar en el sector "ropa" sino en aquellas cosas que lo ayuden a alcanzar esas hazañas que necesita su orgullo y su status.

En cambio un adolescente todavía no ha tenido oportunidad de alcanzar las "grandes hazañas masculinas" de nuestra sociedad de hoy en día. Entonces un adolescente puede por lo tanto preocuparse demasiado por la ropa como una de las hazañas fundamentales que necesita para demostrar su valor. Por otra parte, la hazaña de la belleza es más importante para las mujeres por lo que una mujer bien vestida suele tener más status que un hombre bien vestido. De ahí que también el interés por la ropa no solamente aumenta en el público adolescente sino también en las mujeres.

En consecuencia, la preocupación de las mujeres y de los jóvenes por la ropa se entiende cuando nos fijamos en el Mapa de la Autoestima. Se trata de la forma que adquirió su necesidad de orgullo y de status de acuerdo con la posición que ocupan en el Mapa de la Autoestima… el Mapa de la Autoestima que determina la especial manera que tienen de vivir su Vanidad.

Mientras cada vez hay más canales de cable y cada perfil de consumidor puede consumir el tipo de hazañas que prefiere según su posición en el Mapa de la Autoestima… así también nacen más tipos especiales de marcas de ropa… que son el reflejo que tienen estos consumidores de vivir su propia Vanidad.
Esto es importante: de la posición que tiene cada persona en su Mapa de la Autoestima y de la "hazaña primordial" que cada uno tiene… nacen también los distintos intereses y cada cual tiende a buscar el tipo de espectáculo que más se relaciona con lo que le pide su propia Vanidad.
Y por eso cuando aumenta la oferta de páginas de Internet, de estaciones de radio, y de canales de televisión y de cable… es más fácil que el mercado se sectorice y cada perfil de consumidor encuentre el espectáculo que más se relaciona con su propia Vanidad. Y después, a su vez, estos espectáculos tendrán publicidades que intentaran fabricar los "productos-hazañas" que se relacionan con la Vanidad particular de cada perfil de consumidor.
Te lo había dicho: hoy el banquete se agrandó y cada vez es más fácil dedicar tu vida a realizar las hazañas y a vivir de la admiración ajena.

¿Qué productos de la Economía de la Vanidad apuntan a tu especial manera de pavonearte ? ¿En qué sector del mercado de los vanidosos te sentís ubicado?

¿Quiénes compran las mismas cosas? ¿En qué te pareces a los vanidosos que compran las mismas hazañas o los mismos servicios en el gran mercado de la Vanidad?

¿Qué cosa te puede servir para gustar más? ¿Qué productos o qué servicios consumís para pavonearte y para sentir más Autoestima?

Si fueras un especialista en marketing y le tuvieras que vender productos o servicios de Vanidad a la gente que se pavonea de las mismas cosas que te pavoneas… ¿Qué te venderías? ¿Cómo diseñarías tu campaña de promoción?

Además de los que tienen interés mediático por sus grandes hazañas, están los otros que llegaron a ser famosos por sus grandes anti-hazañas.

Nos muestran los medios personas llenas de anti-hazañas que nosotros compadecemos. Es para que digamos "este esta peor que yo" y encontremos un consuelo a nuestras frustraciones y fracasos. Se muestran personas muy gordas en los medios, muy torpes, o muy raras, o con muchos defectos, o grandes infidelidades, y eso sirve para que todos nos consolemos. Para que todos nos burlemos del desdichado, y para tener un alivio en nuestras vidas.

Primero nos convencen de que nuestras vidas son mediocres para vendernos productos y servicios que – supuestamente- nos sacarían de esa mediocridad. Y después nos muestran gente llena de anti-hazañas para que podamos sentirnos mejores a ellos y para que tengamos un consuelo.

Ahora hay muchos celulares que filman. Y hay muchas cámaras en las calles, mucha gente que te filma.

Y si realizas un verdadero papelón, una gran anti-hazaña, algo que muestre una torpeza bien pero bien grande, eso puede ser divertido, provocar morbo y que millones de personas disfruten con tu fracaso. Hay cámaras en los ascensores, cámaras en los comercios, cámaras en los bancos, gente que usa celular con cámara… todo el tiempo están filmando en todas partes.

Claro que no están para perseguirnos, ni mucho menos, pero toda está invasión y la cantidad de personas anónimas que saltan a la esfera pública de la nada y sin su voluntad por cuestiones como infidelidades, escándalos, fracasos, papelones, cosas que puedan despertar el morbo general... creo que tiene la potencia para volvernos locos. Te bajan a Internet si haces algo que sea gracioso y espectacular, y pueda provocarle un pequeño masaje de placer en el Ego a la gente que lo vea y diga "este es más infeliz que yo".

Es que nuestra Economía de la Vanidad así como fabrica héroes todo el tiempo, también fabrica anti-héroes para que la gente los desprecie y sienta un alivio o consuelo a sus frustraciones personales.

-181-

¿Nunca te agarró una locura por las cámaras por todas partes en la vida cotidiana? ¿Nunca sentiste un poco de incomodidad o de locura de que te estén observando, en las calles, las cámaras secretas de seguridad, en los comercios, las cámaras de los bancos, la gente que usa teléfonos celulares con cámaras? ¿Nunca te sentiste invadido o amenazado por todos estos videos y estas fotos y esta gente que le gusta filmar cualquier cosa? ¿Nunca toda esta locura por la idea de "ver la vida del otro" -para compadecerlo o para admirarlo- te hizo mal?

¿Nunca te volviste loco por estas cosas?

-182-

Hay un movimiento de conquista de las mujeres hacia las hazañas tradicionales masculinas como el poder, la inteligencia, el triunfo deportivo, el trabajo....

Y, esto, a su vez, generó un contra-movimiento de conquista de los hombres hacia las tradicionales hazañas femeninas como la belleza, la elegancia, la sensibilidad. Hoy aparecieron los "hombre adorno" que son hombres cuyo único mérito en la vida es acompañar a una "gran mujer" que es la que lleva los pantalones y mantiene el sustento del hogar.

Todas estas cosas hacen que las Autoestimas hablen en silencio con el lenguaje de la ropa. Las Autoestimas hablan entre si todo el tiempo y de estas conversaciones surge la seducción.

Y un hombre que apuesta a las tradicionales hazañas femeninas como la belleza, la elegancia, la sensibilidad y que eso se le nota por sus adornos, por su estilo, por sus colores… puede quizá provocar el rechazo de las mujeres clásicas que buscan su Autoestima en las hazañas clásicas de las mujeres… pero, al mismo tiempo, puede atraer la admiración de las mujeres modernas que se sentirán más aceptadas y menos reprimidas por un hombre de esta clase.

Las mujeres clásicas también discriminan muchísimo a las mujeres modernas. Las tratan de trepadoras o de ambiciosas o les inventan chismes para desacreditar sus triunfos.

No se aguantan así nomás que una mujer triunfe en su profesión o alcance espacios de poder y ellas, mientras tanto, se quedan en su casa arreglando las flores del jardín, no se lo aguantan así como si no fuera nada. Y enseguida las tratan de ningunear y de tirar abajo.

Eso pasa mucho cuando una mujer se lanza a la política. Muchísimas mujeres que nunca en su vida lograron conquistar espacios de poder… sienten que están amenazadas o que se está discutiendo su personal manera de vivir su Vanidad. Y es muy difícil que la apoyen y mucho menos si es linda. Es una máxima que cualquier mujer que se lanza a la política tiene que ser fea y poco elegante para no despertar el rechazo masivo de todas las otras mujeres.

Para empezar a redondear el tema de la ropa, podemos hacer una primera y gran clasificación:

a) Los que se esfuerzan

b) Los que no se esfuerzan.

Como te dije, la ropa que tiene una persona se relaciona con el "verse bien" y con "el gustar".

La intención de gustar es universal así que todos quieren gustar… salvo los que con respecto a esta hazaña tienen la "hazaña de intentar perder". Es decir: no quieren gustar aquellos que saben que no pueden gustar de todas formas.

Pero, dejando de lado este gran grupo de los que "no se esfuerzan", nos queda el inmenso y complicado grupo de los "que se esfuerzan", que está dividido en varios grupitos de acuerdo al comportamiento que cada uno tiene con respecto a sus propias hazañas y anti-hazañas.

-184-

Me intriga mucho el tema de la seducción. Ese juego misterioso que se da y que desencadena la atracción y, a veces, el enamoramiento.
Estoy seguro de que el enamoramiento es una de las formas de la admiración.
Ya sabemos que la envidia y la admiración son dos sentimientos opuestos y parecidos que tienen la capacidad de volver loco al que los está sintiendo. O sea, el enamoramiento es una locura que se da cuando una persona admira a otra que -a su vez- le devuelve este sentimiento de admiración. Es una mutua locura donde ambos se idealizan y se ven mucho mejor de lo que en realidad son.

¿Por qué se da? ¿Cómo se desencadena? ¿Qué papel juega la ropa en la seducción? ¿Qué papel juega la sorpresa? ¿Qué rol tiene la personalidad?

-185-

Es un cóctel misterioso entre las hazañas que tiene la persona que amamos y sus anti-hazañas.

Usamos a esa persona para sentirnos más completos y – sobre todas las cosas- para "gustarnos" más a nosotros mismos.

En un punto quien amamos tiene que ser fuerte. Y, en otro punto, tiene que ser vulnerable. En un punto tiene que tener méritos para que lo destaquemos del resto. Y, en otro, tiene que tener flaquezas para que podamos sentir que nos puede valorar a nosotros, que nos puede aplaudir también nuestras hazañas.

-186-

Las personas perfectas… no seducen a nadie. Siempre tiene que existir un hueco para que el seducido pueda sentir que tiene algo para darle a su seductor, algo para mejorarlo, algo para completarlo.
Más tarde vamos a volver a este punto, sobre el misterioso juego del amor que tiene mucha relación con las hazañas y las anti-hazañas y con la Autoestima y con la ropa… con la ropa

también porque con la ropa las Autoestimas hablan, conversan, se entienden, se conocen en silencio.

-187-

¿Qué tienen las personas que te atraen ? ¿Muchas veces te enamoras? ¿Qué cosas tuyas pueden gustar? ¿Son hazañas? ¿Qué cosas tuyas pueden atraer?
¿Qué parte de tu vida aleja a las personas? ¿Te duele mucho cuando te rechazan? ¿Qué tapados mecanismos se mueven dentro tuyo cuando aparece ese sentimiento tan raro?
¿Estás de acuerdo conmigo en que seducir... es el arte de volver loco a alguien?

¿Qué cosas tuyas pueden enloquecer a alguien? ¿Qué vergüenzas tuyas crees que pueden tener peso en esto? ¿Qué imperfecciones tuyas pueden gustar?

Y la gran pregunta: ¿Qué hazañas tuyas crees que gustan?

-188-

Sentir amor, estar enamorado, volverse loco por el amor, estar muy enamorado... es una hazaña.

No tiene nada de raro que muchos inventemos este sentimiento para poder estar orgullosos de sentirlo. Y nada más que para eso.
No tiene nada de raro que, además, lo mostremos a los cuatro vientos y hablemos de todo lo que sentimos, de todo lo que sufrimos, de todo lo que lloramos, de todo lo que extrañamos a una persona que tal vez no nos corresponde.
Me parece que es una hazaña clásica de las mujeres. Y que hoy está cambiando: hoy ya no hay tantas mujeres que se pavonean de sus propios sentimientos de amor sufrido -de su propia capacidad de amar en definitiva- , no vemos a tantas que presumen de todo lo que quieren a un fulano, de todo lo que lo desean, de todo lo que serían capaces de hacer con él.

-189-

Pero sigue existiendo. Y creo que es por la posición en el Mapa de la Autoestima a donde te mueve el hecho de ser mujer y por la educación que recibieron o el ejemplo que vieron en sus padres o en sus grupos... sigue existiendo en el Mapa de la Autoestima y todavía andan por ahí estas enamoradas lloronas.

Hoy con el nuevo Mapa de la Autoestima aparecen también estos hombre "sensibles".
En realidad no son sensibles sino que ellos presumen de ser sensibles.
Se jactan de sus sentimientos, se pavonean de su capacidad de amar... y por eso inventan estos sentimientos... Ya vimos con el tema de la envidia y de la admiración que por las hazañas nos mentimos, por las hazañas nos enloquecemos... entonces no tiene nada de raro que algunos sean capaces de exagerar o fabricar estos sentimientos y que los veas de aquí para allá llorando por los rincones.
Pero igual, dejando de lado este costado "sensible" que tiene la nueva manera que los hombres tenemos de vivir nuestra Vanidad, creo que amar sigue siendo una hazaña fundamental para las mujeres.

Una mujer que no ama está mal vista, una mujer que no tiene ni siquiera un amor platónico por quien suspirar, ni siquiera un ídolo del estilo de una estrella de rock, ni siquiera un actor famoso, ni siquiera un amor prohibido... una mujer que no ama está mal vista, pierde prestigio social.

Entonces como amar les da prestigio social a las mujeres y también les da orgullo.... decimos que es una hazaña clásica para quien por ser mujer está ubicada en esa zona del Mapa de la Autoestima.
Muchas mujeres necesitan estar enamoradas para estar más orgullosas de si mismas y para tener más prestigio social. Hoy algunos profesionales de la admiración dan este servicio: se hacen amar. Son estos cantantes melódicos o estos actores o estos músicos que despiertan inventados sentimientos de amor masivo en millones de mujeres que necesitan amarlos para estar más orgullosas de si mismas y para tener más status social.

Todo el mundo anda inventando el amor donde no existe.

¿Te parece que sentir cosas es un mérito?

¿No puede ser que hayas inventado sentimientos para poder pavonearte de eso? ¿Nunca te descubriste enredado en interminables conversaciones donde todo el mundo se tiene que enterar de lo sensible que es tu corazón, de todos tus muchos sentimientos?

¿Qué cosas haces para que todos veamos que sentís muchas cosas y muy fuerte? ¿Eso se ve en tu ropa? ¿Eso se ve en tu música? ¿Y en los adornos de tu casa?

¿Cuáles son tus hazañas? ¿De qué cosas te mandas la parte? ¿No te mandas la parte de lo mucho que sentís y de todo lo sensible que supuestamente sos?

En las mujeres el tema del placer sexual... hoy es una hazaña fundamental.

Y las mujeres que no pueden disfrutar del sexo en el nivel altísimo del que hablan todas las revistas para mujeres y todos los canales de televisión tienen ahí una severa anti-hazaña que les destruye la Autoestima y el prestigio social.

Ahora ves que las mujeres están todo el tiempo presumiendo del buen sexo que les dan sus maridos, amantes, novios.... y hay un gran festival de Vanidad sexual, una gran fanfarronería y mucha falsedad.

En otras épocas pasaba todo lo contrario: el placer sexual era una anti-hazaña y las mujeres se avergonzaban de sentirlo, lo escondían de los demás y aún de sus propios ojos... y era igualmente hipócrita pero menos aburrido.

Hoy, al contrario, todas están inventando y exagerando sus placeres sexuales para ser aplaudidas por sus amigas... y se perdió la chispa.

Los hombres en cambio siempre se pavonearon de las mujeres lindas que "conquistan" pero nunca de su propio placer sexual que no es una hazaña masculina... nosotros de toda la vida nos jactamos de lo ganadores que somos y de todas las mujeres que tenemos en la lista, pero el placer sexual no es ni una hazaña ni una anti-hazaña.

En cambio el placer sexual siempre fue una anti-hazaña para las mujeres, un deshonor, un motivo de vergüenza... pero en los últimos tiempos se convirtió en una hazaña y el gran deshonor en cambio es la falta de placer sexual. En otras palabras: no creo que haya existido esa mentada liberación sexual de la mujer, hoy los hombres y las mujeres seguimos tan presos como siempre de nuestro ego.

Es una de las formas más fuertes que hay de la admiración, es una admiración tan potente que hace que todo el tiempo estés pensando en esa persona, es una admiración tan fuerte que todo el tiempo te imaginas delante de esa persona realizando hazañas que hacen que esa persona te respete más, es una admiración tan potente que todo el tiempo te preguntás "*¿Qué estará haciendo ahora?*", es tan fuerte la admiración que buscas oír su voz, verla pasar por la calle, tener noticias suyas, ver como reacciona ante tus morisquetas.
Pero cuando hablo de "admiración" me refiero al sentimiento que encontramos acá y que es la contra-cara de la "envidia". No es el respeto que se le tiene a una persona que logró impresionantes hazañas, no, la admiración siempre es una locura. Es una locura porque no lo vemos a nuestro admirado como "realmente es" sino "mucho mejor" y porque disfrutamos cuando lo apreciamos.

Y para que se despierte dentro de nosotros el tornado fuerte de esa admiración tan violenta llamada "amor" no solamente hacen falta hazañas en el admirado. Hace falta también algún ingrediente mágico que permita que podamos usar esas hazañas para darnos valor a nosotros mismos.
Y para eso, como te decía, siempre hace falta alguna vulnerabilidad, algún costado frágil, algún hueco por donde nosotros podamos sentir que brillamos, que seremos respetados, que seremos admirados, que tenemos algo que aportar, algo que enseñar, algo para hacer con la otra persona.

Los perfectos no pueden seducir a nadie.

El amor es una fiesta de Vanidad porque es una admiración mutua de mutuos piropos.

Y en el amor no hay envidia porque cada cual construye su Autoestima sobre hazañas diferentes y puede darse el lujo de admirar a las hazañas del otro y mostrarle esta admiración y el otro, a su vez, hace lo propio con las hazañas de uno mismo.

-195-

Ahora que los géneros sexuales cambiaron y ya no se sabe con líneas gruesas cuales son las "hazañas femeninas" y cuales son las "hazañas masculinas" y por eso hombres y mujeres se disputan las mismas hazañas.... el amor está retrocediendo y donde antes había mutua admiración hoy en cambio encontramos mutua competencia.

Los integrantes de una pareja se envidian entre si, compiten y se envidian las mismas hazañas porque todos buscan las mismas hazañas y viven de idéntica manera su propia Vanidad. Y la envidia es tan poderosa que destruye el amor, destruye la pareja.

-196-

Te pongo un ejemplo.

Guillermo es un hombre muy sociable, varias veces a la semana tiene programas con un montón de amigos. El está muy orgulloso de sus amigos y siempre que puede se manda la parte de todos los lugares a los que es invitado. Se manda la parte de sus amigos con hazañas, se manda la parte sobre todo de sus amigos con plata porque la hazaña que él más valora es la clase social.

Maria siempre le critica sus amigos, le dice que él es un esclavo de sus amigos, le dice que lo manejan, le dice que vive pendiente de la opinión de ellos.

Al principio, ella estaba orgullosa de Guillermo y, siempre que podía, se mandaba la parte de la pareja sociable que ella tenía. Pero con el pasar de los años esto se terminó y ahora ella odia a sus amigos, para ella todos son unos tarados y unos aburridos.

Ella es decoradora y trabaja en una inmobiliaria con una socia. Al principio muy de vez en cuando vendía un departamento y completaba con eso los ingresos de la pareja. Así pasaron muchos años y Guillermo, que es abogado, fue el sustento del hogar. Pero de golpe las cosas cambiaron, la inmobiliaria creció mucho, y María empezó a ganar mucho más, y mucho más de lo que gana Guillermo.

-197-

Maria ahora se manda la parte de todos los clientes importantes que tiene, se manda la parte de que ella es "cara" y cobra altas comisiones, se manda la parte de los viajes alrededor del mundo que con su plata ella pudo lograr para la pareja.
Ahí empezaron las peleas. Su marido le empezó a recriminar que ella no se preocupa por la familia, que no es una verdadera mujer porque no le importa el hogar, que vive pendiente de su trabajo, etc. etc.
Y desde entonces discuten mucho y, siempre que están juntos, están de mal humor.

-198-

Más tarde vamos a volver a hablar del amor y de las parejas, y de la seducción…. pero ahora volvamos a decir que el amor es una de las formas de la admiración y, como admiración, es una suave locura. Y digamos que como "sentir cosas" es una hazaña, muchos lo inventan o, por lo menos, lo exageran para sentir más orgullo de si mismos y para tener más prestigio social.

-199-

Para redondear las ideas generales que estuvimos tocando digamos que podés tener tres reacciones diferentes frente a la hazaña de otra persona:

1) Simple contemplación

Te das cuenta de la hazaña de alguien y es como si estuvieras viendo caer la lluvia. No te da ese pequeño pellizco de dolor que es la envidia, ni tampoco te da placer, ni nada Reconocés las hazañas y respetás un poco más al que las logró, pero sin sentir nada.

2) Envidia.

Acá siempre sentís "un dolorcito", un pellizcón, aunque sea tan pequeño que pasa silencioso por tu ánimo. Acordate que uno de los rasgos más típicos de la envidia es que "se auto-esconde".

Vas a tener una tendencia a tratar de no darte cuenta de que sentiste envidia. Igual puede ser una envidia muy chica, una envidia de esas pasajeras que duran un segundo y después desaparecen sin dejar huella en tu memoria.

Si hay envidia vas a tratar de quitarle mérito a la hazaña, vas a tratar de verla más pequeña. Es muy común que te "auto-engañes" y veas a tu envidiado "peor" de lo que en verdad es, y con este "auto-engaño" sufras menos el dolor de la envidia.

Además es muy común que te auto-engañes para no darte cuenta de que sentís envidia.

3) Admiración.

Acá sentís una "satisfacción".

A lo mejor porque, por alguna extraña razón te sirve la "hazaña ajena" para aumentar tu propia Autoestima. Sentís un placer y cuanto más grandiosa sea esa hazaña tanto más aumenta tu propio placer y por eso te sentís contento hablando de tu "ídolo".
Puede ser que para aumentar tu propio disfrute te "auto-engañes" y veas a tu admirado "mejor" de lo que en realidad "es".... La admiración puede ser muy fuerte y sumergirte en una verdadera locura de idolatría.

¿A quien admirás?

¿De quien te gusta hablar? ¿Quiénes son tus ídolos? ¿Qué hazañas tienen?

¿Son personas que mucha gente admira o te buscaste alguien bastante especial para admirar? ¿Es una admiración sincera la tuya o es una "pose" (para mostrar por ejemplo "lo bueno" que sos con los ídolos que te elegís)?

¿Qué cosas lograron las personas que admirás? ¿En qué cosas te pareces a tus ídolos?

¿No admirás a nadie? ¿Nunca te voy a sorprender hablando de los méritos de nadie? ¿No hay algún político, algún personaje histórico, algún "glorioso", algún vecino del barrio, algún poeta que admires?

¿En qué te pareces a tus ídolos? ¿De qué manera tus ídolos y las hazañas que tienen sirven para darte prestigio?

¿Cuáles son tus hazañas? ¿Cuáles son las hazañas de tus ídolos?

-201-

En este momento me agarró otras de mis crisis con respecto a lo que te vengo contando.
Me estoy imaginando que te parece muy obvio... o que te parece muy aburrido. Es como si quisiera justificarme de muchos comentarios críticos que supongo que me querés hacer.
Y bueno: si te parece malo es porque todavía no entramos de lleno en el tema del "Mapa de la Autoestima" que te prometo que te va a enseñar a mirar al mundo de otra manera.

-202-

Hay muchas cosas muy comunes a todos los hombres, cosas que son parte de la naturaleza humana, y que cuando una persona se encuentra en una situación límite -cerca de la desesperación, del suicidio o de la locura- puede animarse a salir de la manada y a mirar a la vida desde afuera en un estado de "brujo de la tribu".

Yo quiero ser ese brujo de la tribu. Quiero tratar de armar algunos hechizos o algunas medicinas con estas hierbas que estoy mezclando y que las encontré en el jardín del alma como que todas las almas son parecidas y todos tenemos acceso a ese jardín.

-203-

Volvamos a lo nuestro.

La mayoría de las personas, pujan por alcanzar o realizar las grandes "hazañas comunes" (tener un sueldo alto por ejemplo) pero hay otras que tienen en su horizonte las más raras hazañas como por ejemplo la "hazaña de intentar perder" o lo que son los sueños grandiosos irrealizables. Son "los distintos". No quieren seguir el camino que siguen todos porque ya muchas veces les pasó que se quedaron últimos.

Y por eso creo que las personas que tienen la Autoestima muy baja se dejan llevar por fantasías grandiosas, tienen proyectos ambiciosos, y se desentienden de los objetivos concretos y alcanzables, de las metas racionales.

-204-

¿Te diste cuenta? Bueno, es cierto, yo estaba hablando de "ellos" con distancia, pero la verdad que formo parte de la gran manada de los "distintos" que tratan de ser "distintos" por sus problemas de Autoestima.

-205-

Me siento cerca por eso de esos hombres que filosofan en los bares y que también acostumbran soñar con proyectos que nunca llevan a la práctica.

Hablo de esos sabiondos que se creen que son los dueños de la verdad y pontifican con el dedo índice levantado las verdades indiscutibles de la vida a pesar de que no tienen ningún mérito de que agarrarse. Todos tienen un sueño grandioso, una idea delirante de grandeza, un proyecto fabuloso que nunca tratan de llevar a la práctica pero que se lleva sus angustias y sus ilusiones.

Y bien: mi proyecto que me da la vida son estos escritos y sé que nunca voy a poder investigar y estudiar lo suficiente como para darle respaldo a lo que te cuento, pero -bueno- voy a tratar de que me quede "lo mejor que pueda".

-206-

¿Alguna vez te dejaste tentar por el camino fácil de la extravagancia?

¿Alguna vez quisiste huir de la competencia feroz con la fácil salida de ser un diferente?

¿Alguna vez quisiste ser un excéntrico, un distinto, un especial, todo por miedo a que se vea que sos igual a los demás pero en una versión inferior?

¿Alguna vez sentiste que las rutas comunes de la vida no estaban construidas para vos y con esa excusa apretaste el freno y dejaste que pasen a tu costado los autos?

-207-

Los más glotones de este tipo de "caramelos" son los seres sin Autoestima y sin status que se arrastran por los rincones porque no alcanzaron las famosas "grandes hazañas comunes"

Los que alcanzaron las mieles aplaudidas -en cambio- tienen un prestigio que cuidar y no se animan a ponerlo en riesgo siguiendo el impulso de su propia originalidad.

-208-

Igual querido médico mío... a ellos tampoco te los defiendo.

Muchas veces estos gloriosos se convierten en "malcriados de la Autoestima" predecibles que sólo tratan de ser "mejores y mejores y mejores" adentro de esas mismas hazañas que ya alcanzaron..

Son así. Están demasiado cómodos con los aplausos que ya tienen y repiten todo el tiempo un mismo esquema de vida. Los ves conformistas y hasta soberbios pero ellos están refugiados en su propia mediocridad, en el pavoneo constante de "las hazañas" valoradas que pudieron lograr y que los colocan en la vereda del respeto social.

-209-

Y así se convierten en personas demasiado aburridas, demasiado rutinarias, demasiado obvias, siempre temerosas de perder el prestigio que tienen con algún fracaso y con un terrible miedo al cambio.

Pensemos por ejemplo en las chicas que tienen la hazaña de ser muy lindas, una de las hazañas más importante para quien es "mujer" y "joven", una de las hazañas que más prestigio y orgullo dan en esas latitudes del Mapa de la Autoestima.

¿No son todas iguales? ¿No son todas demasiado previsibles?

-210-

Claro que estamos hablando en líneas muy generales.

Estamos tratando de ver como la "diferente posición" de una persona enfrente a las "grandes hazañas comunes" da lugar a diferentes personalidades.

Y tenemos los dos vicios opuestos: los que buscan ser "distintos" como un modo de disfrazar su propia inferioridad, y los otros que temen toda diferencia o cambio que ponga en riesgo el prestigio que ya tienen… y que entonces se concentran en "mejorar" y en "mejorar" y en "mejorar" en sus mismos triunfos.

-211-

Nos cuesta mucho salir de la mediocridad, salir de nuestros esquemitas con que nos tiene presos nuestra Vanidad, nos cuesta mucho animarnos a creer que podemos hacer algo grandioso, animarnos a creer que podemos cambiar nuestra vida.

Estamos cómodos dentro de nuestra rutina, nuestras limitaciones, nuestra creencia de que somos uno más del montón y que nada podemos hacer para mejorar. Nos volvemos envidiosos, y criticamos con cinismo a los que tratan de hacer algo grande, algo que valga la pena, algo que pueda cambiar para siempre su vida.

¡ Como nos cuesta soñar ! ¡ Como nos cuesta creer !

Como nos cuesta dejar de ser espectadores y pasar a ser actores Salir de la comodidad de criticar la película ajena y empezar a rodar nuestra propia historia.

Estamos atados a una vida quieta, a una vida tranquila, a una vida gris por miles de convicciones que se nos instalaron dentro de nosotros y nos convencieron de que eso es todo lo que merecemos, eso es todo lo que podemos esperar.

¿No es hora de decir basta a todo eso y animarnos a vivir la vida?

Vamos que nos vamos a ayudar entre los dos.

-212-

Esa sociedad de la Vanidad es una sociedad de espectadores. Se nos reclama todo el tiempo la admiración. Se nos reclama que seamos babosas pegados a una pantalla de televisión o a la hoja de una revista o a una computadora… admirando vidas ajenas, admirando héroes de cartón, que seamos eternos espectadores y criticones y envidiosos y admiradores, eternos espectadores con la Autoestima destruida, con una vida pre-fabricada y sin sueños, sin entusiasmo.

Nos quedamos sin entusiasmo, sin sueños, con la Autoestima derribada. Y dormidos como babosas, aletargados como caracoles, y nos cuesta salir de eso, nos cuesta creer, nos cuesta tener un proyecto.

-213-

¿Eres un espectador o un actor? ¿Te cuesta creer en proyectos, te cuesta creer que podes cambiar tu destino hoy mismo?

¿Te sacaron el entusiasmo? ¿Te sacaron la Autoestima y solamente admiras a los héroes de cartón que muestran las propagandas?

¿Hay entusiasmo adentro tuyo todavía? Uno… dos… tres… probando… Entusiasmo… ¿Está ahí todavía? Uno… dos… tres probando…

¿Estás aletargado por miles de convicciones que te dicen que no se puede hacer nada, que todo siempre va a ser igual?

¿Te cuesta mucho soñar? ¿Te cuesta mucho creer?

-214-

Al final aprendí que sólo en tu corazón está "tu propio bien".

Si escuchas con atención la música de las "hazañas" y las "anti-hazañas" te vas a dar cuenta de todos los falsos consejeros que hay por todas partes. Ellos te dicen "ahí está lo que te conviene" pero en realidad es lo que les conviene a ellos.

Muchos de estos consejeros son fanáticos del "auto-elogio" y te tratan de convencer de que hagas las cosas... que ellos hicieron, porque aconsejarte es una manera que tienen de tirarse flores, de aplaudir sus decisiones, de aplaudir sus hazañas, de aplaudir su vida, de mostrarse gloriosos.

Y si estás sin Autoestima... si estás hundido, a lo mejor los escuchas y te manejan, te manejan como la corriente que lleva los pescados muertos del río.

Mi querido médico... si llegaste hasta acá mereces que tu paciente se abra un poco y te cuente un poco más...

¡Nos vamos a ayudar entre los dos! Si ves, al principio estaba sin nada de Autoestima pero con un poco de entusiasmo por construir desde la nada o construir desde el pozo... ahora estoy con mucho más entusiasmo... eso es lo importante.

Las ganas de hacer cosas, los proyectos. Eso es importante. Y creo que ahora... me puedo abrir un poco más y contarte de una larga relación en pareja que tuve muchos años atrás y que me marcó a fuego.

Me siento un poco ridículo... pero... ¿No es demasiado tarde? No me queda otra que seguir adelante...

¡Vamos que nos vamos a ayudar entre los dos !

Me acuerdo de esto: sufrí mucho, inútilmente sufrí mucho por "estúpidos miedos que tenía".

Discutí mucho, pelee muchas veces, tuve discusiones interminables, tiré cosas por el aire, grité, todo sin ningún sentido y para esconder mis miedos y hacerme "el fuerte".

¿Y de qué tenía miedos? Muchos tipos miedos, muchos miedos distintos entre sí, miedos que a veces no me dejaban pasarla bien.

¿Sabés qué? ¡Me vas a decir que trato de meter la vida en una cajita! Pero sí... le tenía miedo a las anti-hazañas.

-217-

La persona que yo había "elegido" se había convertido en una incontrolable máquina de producir anti-hazañas.

Y la quería "controlar" todo el tiempo para que no me fabrique nuevas anti-hazañas que se queden incrustadas en la historia de mi vida.

En aquellos tiempos no le llamaba de esta forma... no hablaba de "anti-hazañas"... pero ahora con este lenguaje que tenemos puedo darme cuenta de que siempre se trataba de miedo, y sobre todo de miedo a las anti-hazañas.

A lo mejor ella no me las sembraba, pero yo no podía estar seguro y el riesgo me hacía sufrir mucho.

Muchas discusiones de pareja tienen esa fuente detrás: el miedo. El miedo a que la otra persona nos deje como unos estúpidos, nos humille, nos hunda. El miedo a la anti-hazaña después de todo... el más común de todos los miedos, el miedo de la Vanidad.

El típico miedo anormal a la anti-hazaña que tiene toda Autoestima Débil.

-218-

¿Y en tu caso?

¿Que anti-hazañas te dan miedo cuando estás en pareja?

¿Te da miedo que te conozcan más y que te desprecien? ¿Te da miedo que dejen de amarte? ¿Te da miedo que dejen de extrañarte?

¿Te da miedo que conozcan tu personalidad y pierdan la atracción? ¿Te da miedo de que tu ropa haga que la otra persona no te quiera? ¿Te da miedo que tu imagen o tu físico aleje a la otra persona o que pierda el interés?

¿Te da miedo que te metan los cuernos? ¿Te da miedo que te tomen de tonto o de tonta?

¿Qué tanto serías capaz de rebajarte para escapar a esas anti-hazañas?

¿Serías capaz de cambiar tu forma de vestirte? ¿Serías capaz de disfrazar tu personalidad? ¿Serías capaz de esconder tus amigos o tu familia? ¿Serías capaz de cambiar tu estilo?

¿Sentís muchos celos cuando estás en pareja? ¿Te parece que sentir celos es una anti-hazaña? ¿La mayoría de las personas reconocen sus celos o se mienten a si mismas para no darse cuenta de lo que sienten?

¿Qué anti-hazañas se dan cuando estás en pareja? ¿No te gusta que tu pareja tenga razón en una discusión? ¿No te gusta que tu pareja tome el poder y sea quien decide las cosas?

¿No te gusta ver que te equivocaste? ¿No te gusta ver que se fija en otra persona porque no le alcanza con uno solo?

Mirando las revistas o los programas de chimentos de la televisión (me encanta la televisión), a veces me creo que la pareja es un "simple intercambio de prestigio social".

Un hombre se casa con una "modelo" que tiene mucho status por su hazaña de ser "linda" y gracias a eso todos sus conocidos lo miran distinto: lo señalan al pasar; él se casó con "la más linda".

¿No te parece que muchas veces todo pasa por ahí, por estar con alguien para que te miren?

¿Cuáles son tus hazañas?
¿De qué cosas te mandas la parte? ¿Cuáles son tus mayores vergüenzas? ¿Te parece que te pueden usar para ganar prestigio?

¿Por qué cosas crees que te pueden admirar? ¿De qué cosas te mandas la parte?

-221-

Yo creo que sí... Yo creo que aunque seas un tacho de basura lleno de anti-hazañas y te arrastres por la vida con el desprecio de toda la gente, podés igual conquistarte a cualquier mujer, por muy linda que sea.
Igual es importante tener una Autoestima "sana" y "auto-sinceridad". Y para eso necesitás mucho tiempo de estudio interior y de comprensión de tu manera de relacionarte con el mundo de las hazañas y de las anti-hazañas.
Yo creo que, aunque seas una mujer despreciada, una mujer con la antihazaña de ser "gorda y fea" (que les quita mucho status a una mujer), una fracasada (el fracaso es una anti-hazaña muy fuerte), igual podés conquistar al hombre que quieras.

Soy un optimista en este terreno misterioso del amor, pero de todas maneras podemos sospechar esto: las hazañas tienen su peso. Y muchas parejas sólo son un negocio de prestigio social que hacen sus integrantes.

-222-

Otra cosa que nos pasa mucho cuando estamos en una relación que está arruinada es que tenemos miedo a tomar la decisión.
Ya no somos felices con esa persona pero nos da un miedo terrible tomar la decisión importante de terminar. Es un cambio de vida y por eso preferimos dejar que las cosas sigan su curso, preferimos dejar que nos lleve la corriente.
Me parece que acá más que miedo a tomar la decisión, lo que se ve es que tenemos miedo a "la mala decisión" que en realidad es una anti-hazaña.

-223-

El miedo a la "anti-hazaña de la mala decisión" hace que nunca queramos tomar decisiones para no afrontar el riesgo de que sean equivocadas.

La "mala decisión" es aquella corriente de hechos a donde un día nos sumergimos y nos lleva a toda velocidad y después nos tira en una pradera de fracaso y auto-reproche.
Cuando tomamos una decisión que es equivocada no le podemos echar la culpa a nadie. ¡Fue nuestra decisión ! Me parece que estamos ante una de las anti-hazañas más potentes de todas… que desencadena un miedo gigantesco.

Muchas veces dejamos que la vida nos lleve, dejamos que otros nos digan lo que tenemos que hacer, dejamos que los consejeros se apoderen de nuestro destino… por miedo, por miedo a cargar con la responsabilidad de ser los artífices de nuestro destino.
Si nosotros nos animamos a seguir nuestra idea, nuestra creencia, nuestro impulso… a nadie le podremos echar la culpa si nos va mal y le tenemos demasiado miedo a esa situación, es el miedo de la Vanidad, el miedo de la Vanidad que teme con pánico al Monstruo del "propio error".

Cuanto más débil es una Autoestima tanto más necesita perseguir las hazañas y huir de las anti-hazañas.
Por eso las personas con Autoestimas Frágiles son antipáticas y desagradables: todo el tiempo están tratando de sobresalir, de destacarse, de distinguirse. Todo el tiempo corren detrás de la gloria, todo el tiempo quieren quedar bien paradas y se la pasan ostentando sus propias hazañas.
Cuanto más débil es una Autoestima, tanto más esclavo de la Vanidad es su portador. Y menos humilde es la persona y más desagradable.

Y el "propio error" es una de las anti-hazañas más duras.

Vivimos la vida como unos chiquitos asustados que corren por los pasillos por un Monstruo que creemos que nos persigue y ese Monstruo es la anti-hazaña.

Y entre todas las anti-hazañas un papel muy importante lo tiene la "mala decisión".

¿A quién le podemos echar la culpa de lo mal que nos fue si usamos nuestra libertad y tomamos una decisión mala? ¿A quien si no a nosotros mismos tendremos que respetar menos a la luz de los resultados de una decisión mala?

Lo que tratamos de subrayar es que la mala decisión tiene un impacto muy fuerte sobre el orgullo y sobre el prestigio social.

Mucha gente tiene miedo de tomar decisiones, mucha gente prefiere dejarse llevar por sus hábitos y por las expectativas, mucha gente tiene miedo de crecer y hacerse cargo de su propio destino.... pero todo este miedo no es más que una de las formas del miedo a la anti-hazaña que está en toda Autoestima y que es mucho más potente en las Autoestimas Frágiles.

Está lleno de personas que tratan de echarles la culpa a sus padres, o a sus hijos, o a su pareja, o a los políticos, o a su país... del estado de sus vidas.

Y eso es porque no quieren asumir que son ellos los artífices de su destino. Todos nosotros somos los mayores creadores de nuestra vida y nadie tiene la culpa de nuestras decisiones y mucho menos nuestra pareja.

Somos libres... Y eso significa algo tan terrible como que no podemos echar culpas de lo que nosotros hacemos con nuestra vida desde el día que cumplimos esa edad terrible donde cada uno de nosotros empezó a forjar su destino.

Somos libres y por eso siempre tomamos decisiones. Y no decidir... en muchas etapas de la vida... es también decidir.

Y es así: no tomamos decisiones y hacemos lo que se espera de nosotros y nos dejamos llevar por la corriente, decimos lo que se espera de nosotros, pensamos lo que se espera de nosotros y nos refugiamos en el "sentido común" para no tener que decidir nada, para perder nuestra propia personalidad y nos convertimos en autómatas.

Nos metemos adentro de grandes categorías como "yo soy un hombre de barrio" y así sabemos que tenemos que hacer lo que se ajusta a esa categoría. Nos refugiamos adentro de roles y hacemos lo que se espera de nuestro rol.

Y todo para no tomar decisiones, para no usar esa arma tan peligrosa que es la libertad. Y es que, si tomamos decisiones, nos podemos equivocar y nuestra Autoestima Frágil le tiene demasiado miedo a la anti-hazaña del propio error.

Para proteger nuestra Vanidad de los errores propios al final vamos por la vida sin decidir nada y haciendo lo que se espera de nosotros, cumpliendo con las expectativas y sin animarnos a vivir de verdad.

Hay muchos libros de superación personal que te tratan de ayudar a curar el miedo a la anti-hazaña del propio error o de la mala decisión.

Dicen cosas como *"Usted tiene el derecho de equivocarse cuantas veces quiera"*. O sino estimulan a sus lectores a una actitud más valiente ante la vida y dicen *"Es mejor siempre fracasar que no intentarlo"* o *"Usted ya tiene el "no", ahora salga a buscar el sí"*

Todo esto es bueno porque son ideas que sirven para mentalizarnos que la anti-hazaña del propio error o de la mala decisión o del fracaso… no es tan grave.

Tenemos que saber que siempre nos podemos equivocar, que siempre nos equivocamos, que todos los días tomamos decisiones erróneas y no tiene nada de malo.

Todos los días administramos nuestro destino y acertamos y nos equivocamos siempre. Somos todos principiantes en el arte de vivir.

Tenemos una gran tendencia a poner la lupa en lo malo.

Siempre estamos repasando con la mente los fragmentos de nuestra vida que hablan mal de nosotros en lugar de disfrutar y darnos ánimo con nuestras victorias.
Nos juzgamos con extrema dureza y ponemos de relieve con demasiada frecuencia las cosas que hicimos mal o nuestros errores. Y de tanto prestarle atención a las anti-hazañas nuestra Autoestima se debilita y el concepto de nosotros mismos se cae.
Tomamos demasiado en cuenta los errores: los nuestros y los ajenos.
Tenemos una tendencia a minimizar lo bueno y agrandar lo malo. Y así vamos golpeados por las sacudidas de la implacable "auto-crítica" que todo el tiempo nos resalta nuestras anti-hazañas y nos convierte en seres pasivos con miedo al destino.
Recordamos mucho más nuestros tropezones que nuestras conquistas. Y eso nos va hundiendo de a poco en el pesimismo cada vez más. Y, además, desarrollamos una manera de ver al futuro como un río de amenazas y no como una fuente de oportunidades. Toda esa mentalidad nos va estimulando el pánico a las anti-hazañas, una Autoestima Frágil, y una personalidad sumisa y conformista.
El miedo a nuestros propios errores nos hace terriblemente conformistas.
Nos refugiamos en lo que percibimos como "lo normal" y caemos en una personalidad estructurada y mediocre. El conformista acepta todo lo que le viene de afuera porque tiene miedo de buscar algo dentro de si mismo y que sea malo... mejor es disfrazarse de "lo normal" para que nadie pueda ver lo que somos.

Creo que este es el efecto más terrible del miedo a la anti-hazaña de la mala decisión: nos mata la audacia, nos destruye la osadía.
Y una persona que no toma de vez en cuando una decisión audaz está muerta, está muerta como las piedras que roza la corriente de un río o las hojas secas que lleva en su superficie. Hay que jugarse de vez en cuando y para eso tenemos que

trabajar nuestras defensas frente al terrible miedo que nos causa el "error propio".

Una persona audaz es aquella que de vez en cuando puede tomar decisiones que sacuden el curso de su destino. Y corre el riesgo de arrepentirse de una manera muy dura, porque si las decisiones audaces son equivocadas a nadie más que a si mismo el audaz podrá criticar por lo que finalmente le pasó. Por eso, para ser audaz se necesita tener Autoestima Fuerte. Se necesita tener, por lo menos, el entrenamiento emocional suficiente como para saber lidiar con el miedo de la Vanidad.

Y sí, el mazo de cartas de la vida no nos muestra el juego así nomás.

Siempre hay que decidir a ciegas y siempre hay margen para arrepentirse. Pero cuando intentamos escapar de eso y nos refugiamos en el conformismo y en la mediocridad... en realidad también nos mentimos porque a nuestra (triste) manera también estamos construyendo nuestro destino.

¿Te resulta fácil tomar decisiones? ¿Cuándo fue la última vez que tomaste una decisión capaz de cambiar toda tu vida para bien o para mal?

¿Alguna vez abandonaste un trabajo en donde no te sentías cómodo?
¿Alguna vez rompiste con una larga relación por iniciativa tuya? ¿Cuáles fueron las decisiones más importantes de tu vida? ¿Cuáles de esas decisiones fueron tuyas y cuáles fueron el fruto de los consejos o de la presión de las personas que te rodeaban?
¿Alguna vez le echaste la culpa a alguien del estado de tu vida? ¿Te parece que tu país, tu suerte, tus padres, tu pareja, tus hijos, tienen la culpa de donde estás ahora?
¿Te gusta la libertad? ¿O preferís estar siempre a la sombra de alguien que te indique el camino? ¿Te equivocas alguna vez? ¿Te resulta fácil tomar una decisión que puede ser equivocada? ¿

¿Te podrías perdonar una decisión errónea?

En las parejas que andan mal el miedo terrible a la "mala decisión" también joroba con sus maldades.

Te lo muestro.

Mariano hace rato que se dio cuenta que su relación está terminada.

Demasiados roces, demasiadas peleas, demasiados celos, cada vez que la ve a

Cecicilia se acuerda de todos esos problemas y se siente cansado. Ahora se ven menos seguido pero algunos fines de semana van a ver un video. Y para él eso es terrible: todos son discusiones, todo es desconfianza, todo significa el esfuerzo de tratar de luchar por un proyecto que ya está terminado. Cada vez que la ve recuerda esa frustración, esos problemas, esas discusiones, y se siente mal.

El hace rato que quiere terminar con esa relación. Pero no se anima. Fueron muchos años de estar juntos. No quiere cargar con el recuerdo de ser quien tomó la iniciativa de terminar. Tiene miedo de arrepentirse, tiene miedo de acordarse de eso y de sentir odio hacia su persona. No quiere ser el responsable del final.

La trata mal a Cecilia, la ignora, no le habla casi nunca, no la va a visitar, le bosteza en la cara cada vez que la ve. A lo mejor ella se da cuenta y le hace el favor de cortarle... y eso es lo que Mariano quiere. Pero no pasa y cada vez la trata peor, la humilla, le grita, le dice que es una inútil, la basura delante de sus amigos... le mete los cuernos. ¡Y ella no lo quiere dejar!

¿Y qué hace Cecilia ante todo estos mensajes obvios de que ya él quiere terminarla? También está sufriendo mucho, también lo vive como una pesadilla, también lo llegó a odiar. Pero como son muchos años de estar juntos y como tienen un proyecto de vida en común... ella es igual de miedosa y no quiere jugarse a cargar con la responsabilidad de matar esa relación.

¿Y si lo deja y después se queda sola para siempre? ¿Y si lo deja y después de muchos años se da cuenta de que él era el hombre de su vida? Tiene miedo... tiene miedo de tomar una "mala decisión" y de no perdonarse nunca a si misma eso.

Como tiene miedo de tomar una decisión...prefiere creer que lo sigue amando y que lo va a poder "cambiar". Mientras que Mariano cada día que pasa la trata peor para que ella lo deje... ella por su parte lo trata de "cambiar".

¡Dos miedosos que no se animan a tomar una decisión! Los dos sufren y Mariano cada vez la trata peor, la humilla más, la desconsidera más, la odia más... y ella por su parte cada vez lo "comprende" más, cada vez lo trata de "cambiar" más, aunque secretamente lo odia y se hace la víctima con sus amigas y sus amigas, a coro, le dicen que lo tiene que dejar.

¡Los dos tienen demasiado miedo de tomar decisiones!

-236-

No tiene importancia si esto que te di es un ejemplo biográfico, es de unos conocidos míos o salio de la imaginación. Vale igual.

Ya todo se había venido abajo y era imposible de revertir esa debacle. Y sin embargo por todos los recuerdos, por todas las experiencias, por todas las cosas que habían vivido juntos, por todos los planes que habían hecho, por todas esas ilusiones... Mariano no quería darle punto final a una situación donde la estaba pasando muy mal.

-237-

El tema de las discusiones de siempre era por el trabajo. Ella le decía que él trasmitía la imagen de un "vencido" y que por eso tenía siempre trabajos malos, trabajos que no me iban a permitir nunca tener un futuro sólido o esa familia que los dos soñaban. Y también por los celos, los celos están siempre, y son inútiles.

Más allá de los celos y de los temas del trabajo, el problema fue que se les acabó la magia. Se acabó el amor, se desapareció esa energía tan especial que antes hacía que todos los días se quieran ver, todos los días se quieran hablar, que todos los días tengan curiosidad por saber como está el otro, esa energía que es una mezcla de admiración con ternura... y en realidad es una admiración, una de las admiraciones más fuertes.

El tema es que ninguno de los dos se anima a ponerle punto final a eso. Y por eso hacen toda clase de cosas para escaparse de la decisión... que es lo que más miedo les da.

Cuando tenemos envidia sufrimos pero además torcemos nuestra manera de ver el mundo y nos volvemos locos: para dejar de sufrir desarrollamos la tendencia a subestimar y despreciar los logros de nuestro envidiado de turno... la envidia nos enloquece porque no vemos las cosas como "son" y las vemos "distintas" y todo para dejar de sufrir el dolor de la envidia.

De la misma forma, la admiración también nos enloquece pero esta vez en lugar de ver al otro "peor" de lo que "en verdad es" nuestra fantasía nos lleva a creer que es "mejor". Y esto no puede ser entendido sino como una locura, y creo que ahí esta el amor, ahí está esa chispa misteriosa.

-239-

Ahora cambiando de tema, cuando recién salís por primera vez... ¿Cómo podrías hacer para empezar a despertar la atracción, para empezar a despertar el amor?

Es tu primera salida... ¿De qué hay que hablar? ¿Qué tema de conversación conviene? ¿Qué hay que pedir para comer?

Yo prefiero algo livianito y fácil, una picada y nada más. No sea cosa que tenga problemas para masticarlo. Algo breve y después en todo caso como en casa, pero recién nos estamos conociendo, nada de pedir un plato complicado que me ocasione problemas.

¿Qué tipo de conversación hay que dar?

Lo que está prohibido y recontra-prohibido es "contar hazañas". Si tratás de impresionar a la otra persona contando las hazañas más importantes de tu vida... estás muerto. Uno puede contar alguna pequeña anti-hazaña, alguna pequeña derrota, pero siempre con humor y mostrando un aire de superación sobre el episodio o el defecto... pero nada de contar una gran anti-hazaña... porque la idea no es ir a hacer terapia, eso también está prohibido.

Sobre lo difícil que es armar una "conversación atrapante" según el interlocutor del caso, una "conversación que guste" es un tema que me encanta.

-240-

Lo mejor en las primeras salidas es lograr que la otra persona hable.

A todo el mundo le gusta hablar de si mismo. Un interlocutor inteligente sabe como darle comodidad a la otra persona para que se explaye por largo rato, para que cuente sus hazañas sobre todo.

Es que contar las hazañas es la conversación más sabrosa para quien las cuenta (y las más aburrida para quien las escucha). Un excelente conversador podría lograr que la otra persona le hable sobre alguna anti-hazaña de peso, sobre alguna gran vergüenza… y podría empezar a darle consuelo, empezar a darle apoyo y contención.

¿Y cómo hay que estar vestido? ¿Conviene estar elegante y muy producido o es mejor un estilo más informal? ¿Hay que ser caballero o eso es antiguo?

-241-

¿Qué quieren las mujeres?

Yo creo que -más o menos- lo mismo que los hombres. Lo que pasa es que ellas están en una posición diferente en el Mapa de la Autoestima. Y por eso lo que para nosotros es un triunfo a lo mejor para ellas es un fracaso.

Pensemos por ejemplo cómo está vista una mujer que la dejaron treinta novios. Es una "pobre mujer" que todos "la usaron" y da lástima, es un despojo viviente sin Autoestima y sin el respeto de la gente.

Ahora pensá en un hombre que lo dejaron treinta novias. Es un grande. La gente lo admira, es un "mujeriego". No importa que lo abandonaron, él estuvo con todas y por eso la pasó bárbaro y es un "ganador".

Estoy seguro que podrás darte cuenta de las implicancias de esa diferencia.

-242-

Lo mismo que para una mujer es una anti-hazaña para un hombre en cambio es una hazaña. Lo mismo que a una mujer le da deshonor y vergüenza, a un hombre le da prestigio y orgullo.

Por eso te digo que la característica de ser "hombre" ya te posiciona en un lugar distinto en el Mapa de la Autoestima que la característica de ser "mujer".

A partir de ahí jugamos un juego distinto los hombres y las mujeres cuando nos amamos. Pero eso no es porque somos muy distintos. Es porque las mismas cosas que para nosotros son hazañas para ellas en cambio son anti-hazañas.

Estamos en diferentes posiciones del "Mapa de la Autoestima" y esto a lo mejor es algo que nos "viene de afuera" y que no tiene nada que ver con diferencias orgánicas o biológicas. Caminamos para diferentes rumbos cuando queremos aumentar nuestro prestigio social.

-243-

¿Cómo ves las relaciones entre el hombre y la mujer?

¿Crees que somos muy diferentes o que solamente tenemos algunas diferencias en nuestra forma de vivir nuestra Vanidad?

¿Qué me podrías decir sobre las mujeres? ¿Qué miedos tienen ellas?

¿Qué me podrías decir sobre los hombres? ¿Somos todos iguales en algunas cosas?

-244-

Mi querido médico... ¡Cuánto respeto que tengo por estas cosas!

No creas que pretendo que los dioses de Eros, de Venus, y todos estas tormentas de luz estén rendidos a estos apuntes... no creas que espero tanto de un médico y de su paciente que se internaron con una canoa en los continentes mas misteriosos del alma humana ... que toda esta magia se rinde a unas acuarelas torpes....¡no creas por favor que enloquecí tanto!

Están llenas de sombras estas aguas, y de inciertas y lejanas materias que tal vez jamás se van a poder explicar....y mucho menos lo podremos explicar nosotros.

¡No lo creas! Apenas soy un amigo soñador que vas a encontrar en la mesa de un bar para hablar de estas cosas, para hablar hasta las 6 de la mañana de historias de mujeres, para hablar de amores perdidos sobre todo y de nuevos que pueden llegar como llegan las nuevas olas en una playa.

Hoy quiero caminar por el borde de una playa, escuchando canciones, mirando olas que se pueden surfear (me gusta surfear), recordando viejas historias, sonrisas de mujer que han quedo incrustadas dentro mío para siempre y que me dan fuerzas.... ¿No te pasa lo mismo? ¿No te dan fuerza las viejas y borrosas historias de amor que se encuentran en alguna esquina de la historia de tu vida?

Y respeto... respeto por los dioses del amor, que tantas veces nos sumergieron en suaves locuras... ¡tantas pinturas, tantas playas, tantas poesías, tantas cosas que nos quedan por vivir y tantos desafíos!

Adentro tuyo están todas las mujeres que pasaron por tu vida, aunque ahora ellas estén muy lejos... aunque ellas te desprecien, aunque ellas te hayan olvidado, aunque ellas estén en otras historias... en algún lugar del tiempo una mujer que estuvo a tu lado siempre va a estar y ese momento, esa semana, ese año... les pertenece a ustedes dos.

Te invito a que la admires desde este lugar del tiempo, si es tu reina... ¿qué tiene de malo? Y que te dejes envolver por estas cintas de fantasia que la elevan, que la elevan por encima del resto de todas las mujeres como si fuera única, como si ninguna otra le pudiera ni siquiera hacer la sombra... Cuando en una reunión de gente te dicen que va a venir... algo te pasa... una alegría fuerte por la posibilidad de verla. Y cuando... aparece... ¿Qué pasa? ¿No viene envuelta en cintas de luz que las otras personas no ven?

Lo hago muchas veces. Muchas veces después de mirar con intriga esta suave locura del amor romántico, muchas veces después de mirarla me dejo llevar una vez más como cuando me llevaba en las épocas más antiguas de mi historia... me dejo llevar como quien se tira en un río correntoso... y la cara de recio o de duro no me la saca nadie, porque frente a ella –cuando aparece ella... "la reina"... alguna mujer que se elevo a esa categoría por las fuerzas misteriosas de la admiración- me muestro recio o incluso me hago el duro o el caprichoso.

En muchas partes la gente dice que está muy mal idealizar, que está pasado de moda el amor platónico, que está muy mal ver a otra persona como si fuera única y como si fuera inigualable… en muchas partes los teóricos dicen "hay que ver al otro como es realmente porque eso es el verdadero amor".

¿Y qué paso con los recuerdos, con los recuerdos que la imaginación los pinta y los hace diferentes? Tu paciente reivindica todos estos cuentos de hadas y creo que, si miramos a la historia de la humanidad, encontramos que el ser humano siempre tuvo ídolos, siempre tuvo dioses, siempre se dejó envolver por estas míticas fantasías y, por ende, son parte de nosotros y no las debemos apagar en nombre de una supuesta racionalidad… la racionalidad solo puede hacer más gris nuestra vida.

… Reivindico todas estas cosas. Mientras tanto, nosotros dos, los que hablamos hasta las horas mas altas de la madrugada sobre el amor y sobre las mujeres… concluimos que está bien enloquecerse de amor y que incluso es un deber de todas las parejas mantener encendida esta llamita misteriosa que permite que ambos integrantes no se vean entre si como "realmente son".

Una película muy buena sobre todo esto es Don Juan de Marco. Te recomiendo que la alquiles.

Trata de una persona que la internan en un manicomio porque se creía Don Juan… el mismo Don Juan de Tirso de Molina. El mítico personaje Don Juan… lo interesante es que él se había sumergido en una fantasía al creerse Don Juan pero en el arte de amar la fantasía cumple un papel muy importante… los enamorados están locos…. Los enamorados se parecen a los chicos que creen en el cuento de Hansel y Gretel con la casa de la bruja hecha de paredes de caramelo y chocolate. Y Don Juan de Marco reivindica todo esto, reivindica la importancia de las leyendas, de las mentiras que se creen, y de la suave locura.

Es una gran película porque demuestra la importancia de los mitos, los mitos en las relaciones de parejas que nos elevan como si fueran alfombras voladoras, y los detalles…. Porque en uno solo de esos detalles impensados, puede tomar fuerzas desde la nada la energía de la admiración romántica y entonces entramos en una región dominada por la irrealidad y de colores muy diferentes que creo que es parte de nosotros… usar la imaginación para idolatrar y crear dioses o ídolos allí donde la realidad era opaca o gris es algo que pertenece a la naturaleza humana…. y es parte de nosotros.

-247-

Me parece importante saber algunos puntos de esta suave locura de la admiración, para poder despertarla allí donde no está o para cuidarla cuando no es posible…

¡Claro que somos ambiciosos! Creo que con el Mapa de la Autoestima algunas cosas podemos decir… ya dijimos de no dar certezas nunca.

En este momento estoy otra vez tentado de ofrecerte algunos trucos prácticos que ayudan –según creo- a despertar o a mantener esta Admiración. Pero voy a resistir esta tentación… mucho mejor es que te dediques observar con espíritu científico, con esfuerzo, que mires adentro tuyo y que te fijes en tus vínculos para desarrollar tus propios trucos… tu propio estilo, tu propio método.

Desde mi experiencia, esto se parece al boxeo. Cuando estoy enloquecido de admiración por una Mujer… cuando veo a una mujer como si fuera única… cuando la extraño todos los segundos del día… cuando necesito estar cerca de ella, cuando quiero escucharla… cuando creo que ninguna otra la podría reemplazar… cuando no reemplazaría un segundo con ella por un segundo con nadie… es inevitable que el solo riesgo de su desprecio me paralice del miedo… me deje tumbado. Y necesito su aprobación… ¡la necesito a ella como lo cuentan las letras de las canciones más lastimosas! Lo disimulo y me hago el fuerte y el recio, pero la verdad es que me tiembla la voz y, en secreto, estoy todos los minutos del día pensando en ella y extrañando momentos con ella y proyectando planes con ella, proyectando viajes, planes de vida…

Entonces no lucho contra estos sentimientos de locura romántica que están dentro mío… los saludo, me divierto con ellos… y los estudio con fascinación adentro de mi propio ánimo.

Les digo: " *¡hey! ¿Cómo andan? Otra vez por acá...*" Me doy una palmada de afecto por estar una vez más en las sogas de una mujer... ¡tantas veces antes me paso y tantas cosas ridículas hice!

Pero decía que esto es como el boxeo. Es que en el boxeo pasan cosas parecidas.

Practiqué durante una época de mi vida boxeo en el gimnasio de mi barrio. Y había un hombre en el gimnasio que me llamaba mucho la atención: era muy viejo ya, siempre estaba vestido con muchos buzos o ropas, le pegaba a la bolsa con golpes lentos, saltaba la soga de forma muy lenta y torpe, y no tenía músculos sino que estaba flácido y gordo, como pasado por la edad.

Entonces este hombre –vamos a llamarle "el viejo"- siempre que podía trataba de boxear con los más jóvenes y fuertes y entrenados. Descartaba a los principiantes, y prefería boxear con lo más avanzados y sobre todo con los más fuertes.

Boxeaba con chicos de mucha más altura que la suya. En el boxeo la altura es una ventaja porque cuanto más alta es una persona más lejos puede llegar su golpe y por eso tiene más distancia para pegar frente a un adversario que no lo alcanza. Además, boxeaba con chicos mucho más rápidos que él, y con una coordinación y habilidad mucho mayor... porque el viejo apenas podía coordinar dos golpes seguidos en su lastimosa lentitud. Esto lo veías cuando el entrenaba con la bolsa de boxeo, le pega a la bolsa con unas combinaciones de golpes muy lentas, tan lentas que daban cuenta que la edad –y tal vez el alcohol– habían hecho estragos con su motricidad.

El tema es que les pegaba a todos... el viejo pegaba y todos le tenían miedo. Hasta los más altos y fuertes, hasta los más rápidos, hasta los más musculosos... todos le tenían miedo al viejo lento y fofo. Un día le pregunté "¿Cómo haces para pegarles siempre?" y él me contesto *"Me dejo pegar... como nadie quiere que le peguen... yo me dejo pegar y así puedo pegar mucho más fuerte"*.

Pero no estaba ahí su secreto. Su secreto estaba en la técnica y en la experiencia. Había sido árbitro de boxeo, y tenía muchísimas manías, y muchísimos años de experiencia. Amaba el boxeo. Mientras que sus rivales tenían más velocidad, más altura, más fuerza, y más peso... él tenía experiencia y técnica y por eso los golpeaba... los golpeaba tanto que le tenían muchísimo miedo. Frecuentemente, nadie quería boxear con él a pesar de que decía "hacemos livianito". Todos le tenía miedo al viejo y veías hombres jóvenes, super entrenados, altos y grandotes... con un enorme miedo de tener que boxear con el viejo.

Creo que en una situación parecida se encuentra el seductor experimentado cuando está frente a frente de una Mujer que lo ha logrado enamorar de forma perdida, cuando está frente a una mujer que lo hace soñar.

Sabe que ella tiene una ventaja, una enorme ventaja emocional... ella es mucho más fuerte porque él esta rendido a sus pies de forma emocional. Ella es mucho más fuerte, más ágil, más rápida para la lucha emocional. Pero él, que ya estuvo ahí otras veces (otra veces estuvo en el ring) empieza a medirla, a conocerla, empieza a tantearla, y aunque sea muy débil frente a ella... esconde sus puntos flojos, y cuando puede le pega el golpe, el mejor golpe... el mejor golpe para que ella empiece a sentir atracción... atracción, hasta que finalmente le conecta tantos buenos golpes que logra mucho más que eso... logra tenerla enamorada.

Así es la situación en que nosotros, estudiosos de las emociones de la Admiración romántica, nos encontramos frente a una mujer que amamos.

Si ella nos preguntara: *"¿Qué buscas con todo esto?"* nosotros le contestaríamos con sinceridad: *"Busco que te vuelvas loca por mi"*

Tuve un amigo que tenía esa facultad "Enamora a las mujeres"... y eso me provocaba mucha envidia, porque eran muchas y quedaban locas por él.

Lo mejor es la edad – creo que son desde los once años hasta los quince o veinte- en la cual las mujeres caen con más fuerzas en estas suaves locuras del amor.

A veces, por algunas cosas que no se pueden explicar, en algunos grupos sociales, aparece un galán... que tiene una chica profundamente enamorada, y la chica habla de él, le pide a sus amigas que investiguen cosas suyas, le pide que lo sigan, le pide que anoten donde estuvo y todas las chicas le cuentan historias de él. Pero por casualidad, puede pasar a veces que no sea la única, y dentro de este grupo de amigas aparece otra enamorada, otra que sueña todos los días con casarse con él, otra que lo busca, otra que escribe su nombre en todas partes y que por las tardes camina cerca de su casa con la esperanza de verlo. Y... entonces existe el riesgo...el riesgo de que aparezca otra más. Y si son tres... sin son tres se produce el efecto contagio y ahí es cuando caen todas, o caen algunas o caen casi todas, ahí es cuando se derriten, cuando este galancito se eleva por encima del resto de las personas y su figura adquiere dimensiones impensadas.

Yo en el colegio conocí el caso de uno que logró eso. Eran diez chicas o quince que estaban muertas por él, pero escribían su nombre en todas partes, lo perseguían sin dejarlo descansar ni un minuto, hablaban todo el tiempo de él, de sus miradas, de sus gestos, de cómo estaba vestido, recitaban una y otra vez las cosas que él había dicho al saludarlas –cosas insignificantes– buscando al descuido signos de atención hacia ellas.

¿No es grandioso? ¿No es lindo vivir eso? No era alguien importante, no era lindo, no tenía nada especial, no se vestía de forma llamativa, no era demasiado popular entre los hombres. ¡Que diablos le habían visto! Es que cuando cae una... algo pasa y si caen tres o si caen cuatro... pueden levantarse los vientos más fuertes de la admiración y elevar al ídolo a categorías impensables.

Pensemos en el caso de un hombre fracasado, lleno de anti-hazañas, que la vida lo pasó por encima, que llega un día a una playa y camina... camina solitario por la playa con su apariencia de fracasado. Entonces se encuentra con grupos de mujeres, algunas llenas de hazañas como la belleza o como los físicos privilegiados... llenas de status, muy solicitadas por otros miles de hombres que todo el tiempo las intentan seducir.

Nuestro amigo... en términos de status social no vale nada, por su apariencia, por su vida, por las pocas cosas que tiene, incluso tiene la Autoestima deshecha y siente auto-compasión.

Pero, de repente, se encuentra entre estas mujeres una que él conoce de otra época de su vida. Hoy es una mujer muy solicitada, llena de hazañas, una mujer que todos la buscan. Y ella... recuerda, recuerda que en algún tiempo sintió admiración romántica, recuerda que en algún tiempo estuvo fuertemente enamorada, y entre los dos se aparece un túnel... y él entonces tiene una seguridad, una seguridad muy fuerte porque sabe quien es él frente a ella y ella a pesar de todos los años que pasaron, a pesar de que son personas distintas, a pesar de todo... ella tiembla y no lo puede ver "como realmente es" sino que lo ve "distinto"... con tanta magia como si estuviera flotando en el aire y como si sus defectos no existieran.

¿No es maravillosa la energía de la admiración que logra estas cosas? Así como puse este ejemplo, también corre en ejemplos de mujeres. Una mujer que alguna vez amamos, así esté destruida y rota y deshilachada y fracasada... así esté despreciada por la sociedad... y aunque nosotros nos encontremos en la cima del mundo... si la vemos pasar, si la cruzamos, algo dentro nuestro va a temblar. Podemos tratar de disimularlo con un saludo frío, pero de seguro que algo dentro nuestro va a temblar y no importa el lugar en el que nos haya puesto la vida, no importa el respeto que nos tenga la gente, no importa las cosas que hayamos logrado, no importa que estemos en la mismísima cima del mundo... algo dentro nuestro se va a mover, como si fuera una reina. ¿No es maravillosa entonces la energía de la admiración que nos enloquece de esta tierna manera?

-250-

Ahora te voy a dar un secreto que utiliza tu paciente al momento de encontrarse con una mujer que lo enloqueció... una mujer que admira... una mujer que es una reina. Una mujer que, desde luego, lo pone mal o nervioso.

Me conecto con el recuerdo de mujeres que estuvieron enamoradas... mujeres que estuvieron locas, mujeres que me tuvieron como si fuera único, especial, superior a todo el resto de la humanidad. Me conecto con esos recuerdos, me conecto con la forma en que las trataba, me conecto con ellas, con su estilo, con sus proyectos… Me conecto con el recuerdo de ellas como si fueran mis diosas, como si ellas me ayudaran y me dieran fuerzas, me conecto con todo lo importante que fui para ellas.

Esto de "conexión" parece un cuento del estilo telepatía. Pero no quiero decir eso… digo tratar de recordar esos momentos, simplemente con recordarlas. Concentrarse en ellas, recordar como fueron esos momentos, el ruido que se escuchaba, como éramos nosotros, cómo nos trataban. Y de golpe decimos… ¡ojo que soy importante! Pero no quiero que bajemos el nivel de lo que estamos hablando con tácticas de autoayuda, y mejor mantengamos el respeto por esta energía emocional tan maravillosa que es la admiración. Estoy seguro que con los pilares de lo que estamos viendo sabrás ver buenos consejos o ideas para aprender a despertar o lidiar con esta energía tan fuerte y potente que es la admiración.

Un tema muy importante para mejorar en este campo es "observar".

Hay que observarlas a ellas y observarnos a nosotros mismos, conocer nuestras propias emociones. Entre estas emociones, te rescato sobre todo el tema del "desprecio" como anti-hazaña y la aceptación como hazaña.

Todos queremos ser aceptados. A todos nos duele el desprecio… pero hay algunos que son fuertes y apenas sienten el golpe del desprecio y hay otros que son débiles y se derrumban de sólo imaginarse que los desprecia la gente. Hay algunos que no pueden tolerar el riesgo de ser despreciados y siempre están con cuidado de hacer lo mismo que hace el grupo o de seguir a la masa y de no diferenciarse ni un poquito de los demás. Al mismo tiempo del miedo al desprecio (anti-hazaña), encontramos también el tema de la necesidad de la aprobación (la aprobación como hazaña). Entonces muchas veces vemos a quienes andan buscando la aprobación de otros, andan sedientos de esta aprobación, andan necesitados de escuchar palabras de aprobación.

No te doy recetas mágicas. Si aprendes a observar, vas a encontrar tus propias recetas. Pero esto requiere mucho ejercicio de parte tuya y, sobre todas las cosas, esto exige un gran esfuerzo y una gran constancia.

Una de las cosas más importantes es medir el impacto que te causa el desprecio de una persona. Ya lo sé... ya lo sé... no te importa el desprecio de una persona. ¿Quién lo admite? ¿Quién admite, sobre todo delante de si mismo, que le importa el desprecio de la gente? Estamos como con el tema de la envidia: este tipo de sentimientos que son mal vistos se auto-esconden y, por lo tanto, lo más usual es que no los podamos ver cuando miramos hacia adentro de nosotros.

Por eso... no cualquier aprendiz de artes marciales se convierte en un ninja de la noche a la mañana. No cualquiera que toma una clase de uso de la espada, se convierte en un Samurai. Este tipo de disciplinas requieren entrenamiento, constancia, y virtudes espirituales importantes como la humildad, la entrega, la valentía. De la misma forma, el entrenamiento emocional no se adquiere de la noche a la mañana.

Pero te invito a que realices el esfuerzo y a que trates de verlo. La idea es tratar de medir o graduar el impacto que te causa el desprecio de una persona, y realizar otro tanto con lo que te produce su reconocimiento y estima. No pelear ni enojarse con estos sentimientos sino aprender a "verlos".

¿Te duele el desprecio de alguien?

¿Es lo mismo el desprecio de todas las personas o hay algunas que, si te desprecian, eso te duele más que otras?

¿Te gusta el reconocimiento de una persona? ¿Te atrae el reconocimiento de la gente?

¿Son iguales todos los aplausos o hay algunos que, si te aplauden, eso te importa mucho más que otros?

En el caso de tu paciente... estuve en los últimos meses prestándole la debida atención a estas cosas.

Me ayudó muchísimo a "conocerme a mi" y a "conocer al otro". Para despertar la admiración, para mantenerla viva, primero de todo es importante que nos estudiemos a nosotros mismos, que nos conozcamos un poco más. Lo que comprobé es que dentro mío, aunque no me guste admitirlo, esta latente la necesidad de ser aceptado o reconocido... pero –lamentablemente- no me resulta indiferente quien me reconoce y quien no, sino que hay personas cuyo aplauso lo busco más que el de otras.

Por esto, a veces me encuentro hablando con alguien y no me interesa en lo más mínimo si -a resultado de lo que digo- esa persona me reconoce un poco menos o me desprecia. Pero otras veces, en cambio, me encuentro frente a una persona que admiro mucho –como una Mujer- y la triste verdad es que adentro de mi fluye una corriente de emociones que dice *"que me acepte"*, *"que me acepte"*, *"que me acepte"*... y eso pasa cuando una mujer consigue enamorarme... No creo que ella se de cuenta, porque hago muchas cosas para esconderlo. Pero soy muy enamoradizo y cuando una mujer me engancha... eso pasa... ¡No se puede evitar y lo odio!

Claro que admitirte estas cosas no me gusta porque no hablan bien. Pero la Autoestima Fuerte no es aquella que es indiferente al desprecio de toda la gente sino aquella que tiene mayor inmunidad o fortaleza para resistir estos golpes. Y el propósito del Mapa de la Autoestima no es lograr una Autoestima Fuerte –que depende de cosas tuyas, logros personales, actitud y miles de cosas- sino aprender a conocernos a nosotros mismos para que las emociones jueguen a nuestro favor.

Lo interesante si observas bien esto –como lo estuve haciendo todo este tiempo- es que, a veces, es la otra persona la que está esta realizando un enorme esfuerzo para lograr nuestra aceptación. A veces el otro es quien hace morisquetas y tiene un enorme miedo de que lo despreciemos.

Te invito a que realices estos ejercicios de observación. Es importante que mires alrededor tuyo con atención, sinceridad y paciencia. De lo que yo pude ver, la regla general es que me importa más conseguir el aprecio de aquellas personas que respeto –que en general son las que tienen las hazañas, y que muchas veces tienen status social- que conseguir el aprecio de aquellas otras que no valoro mucho –que muchas veces son las que tienen las anti-hazañas-

Por supuesto: si admiro a una persona, sobredimensiono su figura, y me importa mucho más su aprecio sin importar si tiene o no tiene las hazañas. Además, como veremos más adelante, el Mapa de la Autoestima no es igual para todos. Algunos consideramos una hazaña lo que para otros es un quemo. A mí me genera desprecio la persona que roba, pero en algunos ambientes los ladrones son respetados y gozan de mucho status por hazañas tales como entrar armados a un colectivo lleno de gente. Lo que quiero decir es que, como no todos tenemos un idéntico Mapa de la Autoestima, entonces una persona puede ser despreciada por unos y admirada por los otros. Más adelante, cuando estudiemos la formación de la personalidad, profundizaremos en nuestras diferencias de acuerdo al diferente Mapa de la Autoestima que cada uno de nosotros tiene...

Es importante por ahora observar. Conocernos a nosotros mismos en distintas situaciones, sobre todas las cosas en diferentes situaciones de relación. ¿Cómo nos sentimos? ¿Qué emociones fluyen dentro nuestro? ¿Nos importa el desprecio de la otra persona? ¿Nos importa su aplauso?

En general y, para hablar de forma muy brusca, esto es como una pirámide de status social en donde en la punta se encuentran los que tienen las hazañas y son admirados y respetados… y en la base aquellos otros que tienen las anti-hazañas y son despreciados y ninguneados.

Aunque sea duro, es importante ver que muchas veces nosotros necesitamos la aceptación de personas que tienen hazañas que nosotros no tenemos y, por esas mismas hazañas justamente, esas personas nos desprecian y andan por la vida con una enorme soberbia sostenida de esas hazañas.

No te lo voy a esconder, después de muchos años de admirar la energía mágica de la admiración también tengo algunos trucos. Pero es preferible que desarrolles los tuyos (aunque más adelante tal vez me animo a proponerte algunos) y para eso es indispensable que empieces a observar, observarte a ti mismo y observar a tu alrededor... y, entre las tareas para el hogar que te doy, te propongo que estudies mucho el impacto del desprecio, la graduación del impacto del desprecio en las distintas vínculos sociales... sin olvidar el tema de la adicción que puede generar el reconocimiento, el reconocimiento como hazaña y la extraña habilidad que tienen los seductores para saber aplicar estos truquitos...y despertar en el otro la admiración.

-256-

Lo que es importante es que empieces a observar, a observar lo que te cuento. Una de esas cosas importantes es la anti-hazaña del desprecio... fijate cuando el desprecio de una persona te duele.

¿Te afectan igual todos los desprecios? ¿Es lo mismo que te desprecie una persona que respetas mucho a que te desprecie una persona que no consideras?

¿Qué anti-hazañas tienen aquellos que desprecias?

-257-

Otra de los ejercicios que te recomiendo es prestarle mucha atención al escenario inverso: es decir, cuando una persona necesita nuestro aplauso o incluso necesita que nos fijemos en ella, necesita que nos acordemos de que "existe".

Estate atento... atento... es importante que empieces a fijarte en esto, aunque se trate de personas que no te interesan.

¿Qué hacen? ¿Cómo te hablan? ¿De qué cosas te hablan?

¿Qué conductas realizan cuando tratan de conseguir tu aceptación? ¿Qué deberían hacer para interesarte? ¿En qué se equivocan?

Hay personas que tienen desarrollada una facultad, una extraña facultad para seducir. Hay mujeres que algo hacen que le mueven el piso a muchísimos hombres. Hay hombres que se manejan de una manejan de una forma que les trae resultados que la enorme mayoría de los hombres no tenemos.

Por supuesto: están los hombres repletos de hazañas, y con tantas hazañas ellas vienen como un imán. Tienen exclusividad porque se diferencian del resto por sus hazañas y son codiciados. Por sus hazañas todas saben que la que lo consigue atrapar empieza a tener más consideración social. Ella se convierte en *"la mujer de..."*.

Me lo dijo una vez una mujer que se había puesto de novia con un amigo mío muy prestigioso dentro de un grupo donde yo me movía: *"Desde que estoy con él... soy famosa"* Lo dijo con orgullo y con sincera admiración por el supuesto efecto que había causado en este grupo de gente que ella lo haya conseguido atrapar... ella se había hecho "famosa" en sentido figurado ya que ahora, gracias a su relación, todos nos habíamos fijado en ella, todos nos habíamos visto obligados a considerarla más.

Entonces... cuando hablo de seductores expertos no me refiero a los que están llenos de hazañas y todas se les pegan para aumentar su status social y para que las amigas se vean obligadas a considerarlas más. Me refiero a los que, aún en las situaciones más desventajosas, aún sin tener nada en especial que los destaque, hacen "algo" que permite que de a poco empiecen a soplar leves brisas de admiración y atracción emocional en las mujeres... leves brisas que luego se convierten en vientos y luego en vientos huracanados.

Una táctica que ví que emplean estos seductores expertos es diferir la recompensa. Provocan la ilusión de un gran premio de mucha satisfacción emocional, una gran hazaña puede llegar a ser... y después, a último momento, se lo quitan. Lo postergan a voluntad, lo retardan un poco… tal y cual un anzuelo que se mueve justo al momento en que el pez lo va a morder.

Y también otra cosa que ellos hacen es mostrarse como si fueran… un desafío. Hablan de esta forma a veces en broma, creo que estos chistes del estilo "me estas queriendo seducir y me di cuenta" por más que sean bromas… llegan hondo, se comunican con una parte más profunda y provocan un efecto. Es como si ellos dieran a entender que es ella quien los está buscando y quien lo está intentando atrapar… como dando a entender que la gran hazaña de este juego son sus sentimientos. Ella es la que tiene que preocuparse de despertar sus sentimientos… y esto se desprende de sus gestos, de su manera de hablar, de su manera de tratarlas, y con esta comunicación llega el mensaje de que si él llega a sentir cosas… entonces esto significa una gran hazaña para ella.

-259-

Lo que es importante es que empieces a observar, a observar lo que te cuento. Una de esas cosas importantes es la anti-hazaña del desprecio… fijate cuando el desprecio de una persona te duele.

¿Te afectan igual todos los desprecios? ¿Es lo mismo que te desprecie una persona que respetas mucho a que te desprecie una persona que no consideras?

¿Cómo reaccionas frente al desprecio? ¿Si avanzas hacia un rumbo y sentís un gesto de desprecio, das una curva o seguís?

-260-

Te dejo las conclusiones sobre los efectos que tiene sobre nuestro plan de mantener o despertar la Admiración en alguien los síntomas de la dependencia emocional, el demostrar el impacto de una emoción de desprecio, la debilidad y la inconsistencia…

Igual me gustaría decirle a ustedes mujeres…. ¡Dejen de tener miedo de que las vamos a dejar! ¡No nos pidan perdón por todo! ¡No se adapten a todos nuestros caprichitos! Hay que grabarse a fuego esta palabra: "dignidad". Aunque tengas miedo de que yo te deje, no permitas ni un gesto mínimo de maltrato porque si lo haces te voy a perder el respeto... cuando se pierde el respeto no hay posibilidad para la Admiración.

Un papel importante en los vínculos lo juegan las distintas hazañas involucradas.

Para las mujeres, la gran hazaña es mantener una relación con un hombre que merezca la pena. Para los hombres, la gran hazaña es llevársela a la cama. Los hombres no entendemos por qué ellas pierden el interés antes del sexo, y las mujeres no entienden por qué nosotros perdemos el interés después del sexo... y las olvidamos rápidamente después de que nos dieron eso que buscábamos, y tal vez lo buscábamos como quien busca una copa que quiere colocar en el living de su casa. Hay algunos que lo tienen como un agujero más en su cinturón, o incluso hay algunos que las cuentan o las anotan.

Una de las cosas que hacen es tener sexo obligadas, cuando no quieren... solamente para dejarnos contentos. La mujer encandilada de amor hace miles de cosas, miles de cosas sin sentido para dejarnos contentos. Recién empezamos a salir y a todo dicen que "si" por miedo a que las dejemos de llamar. ¡Tienen miedo de que las dejemos de llamar! ¿Creen que eso no se nota?

Hay dos clases de mujeres: las que tienen una vida, y las que a buscan un hombre para llenar su vida. Las primeras demuestran más Autoestima. Las segundas a veces se sumergen en esto de preguntarte todo el día si las querés, en esto de pedirte perdón por cosas insignificantes, en esto de tener mucho miedo de cometer un error... un error que te lleve a dejar de considerarlas. Todas estas cosas, aunque estén muy locas de amor, aunque estén todos los segundos del día pensando en alguien, todas estas cosas las tendrían que disimular y dedicarse con ciencia y método a tratar de desencadenar la Admiración en nosotros.

Me quiero detener un poco en lo principal de la mentalidad masculina... a ver si me das la razón.

Viene de ese mandamiento bíblico que dice *"no desearás a la mujer de tu prójimo"*. ¿Por qué esa idea de propiedad? La mujer se ve como un auto "tuyo" y entonces si lo chocás es porque lo "manejaste mal".

Por ese mandamiento los hombres estamos hace siglos bajo las garras de las mujeres. Ellas siempre son inocentes, ellas no tienen voluntad, ellas son "seducidas", ellas son "el premio". Y encima te lo dicen, te dicen frases como "me vas a perder".

Entonces uno cuando está en pareja puede sufrir un montón. Los celos son terribles. Además el hombre siempre es el autor de todo lo que pasa, si rompe la pareja "él" la rompió y si la mujer lo abandona es porque "él" no la supo mantener enamorada, "él la perdió". El hombre es el "sujeto" de todos los "verbos" de una pareja, él siempre será el culpable de todo lo que suceda.

Hay cada uno que se fija hasta en la ropa de su mujer.

Saltan hasta el techo si un día ella se pinta las uñas, le pegan si ella se pinta los labios, revisan los cajones y le rompen con una tijera las polleras que son demasiado cortas, la insultan si ella sale a tomar algo con las amigas.

Y al final para estar así uno dice... ¿Por qué no terminas la relación y volvés a la tranquilidad?

Las mujeres más lindas son las que vuelven más celosos a los hombres. Hay cada uno que está con una de estas divinas en pareja pero para que lo miren los amigos y la lleva a lugares conocidos y todos lo miran y dicen "que bien la mujer que se conquistó, es un ganador" y él se siente todo orgulloso de arrancar esos comentarios. Pero un día esa misma mujer que tanto contribuía a su prestigio social y a su Autoestima se encuentra un amante. Y entonces él de genio pasa a ser un estúpido y -como lo sabe, como sabe de su transformación- se vuelve loco de la furia.

Y si eso no sucedió pero él lo sospecha, entonces la sospecha se lleva sus horas, sus días, sus semanas, sus meses, la sospecha se convierte en una obsesión y en un infierno.

-264-

Cuantas veces buscamos mujeres para presumir, buscamos una persona que nos sirva para que la gente nos respete más, buscamos un adorno con quien completar nuestros proyectos de vida con un elemento decorativo.
Y buscamos personas que no nos convienen, que no son para nosotros, que no tenemos nada en común... y sólo es para pavonearnos, para mostrarnos en lugares públicos con una mujer linda y joven al costado, con una mujer que haga mejorar la opinión que todos tienen de nosotros. Como buscamos un auto para que los demás nos aplaudan, también buscamos una mujer linda y joven para que nos admiren y nos respeten.

-265-

Ahora también están estas mujeres que -después de cierta etapa de su vidas- les gusta buscarse un hombre mucho más joven y mostrarse en lugares conocidos.

Ellas quieren ser las reinas de la fiesta. Te usan como un elemento más que muestre su gran superioridad con respecto a las otras mujeres. Y entre si... ellas se envidian y, como se envidian muchísimo, es muy común que utilicen a las parejas como una manera de competir y de odiarse.

-266-

Cambiaron mucho las parejas porque cambio el Mapa de la Autoestima y cambiaron las hazañas.

Esto trajo envidia. Hoy tu pareja te envidia porque trata de lograr las mismas hazañas de donde se sostiene tu orgullo y tu prestigio. Si tu vida social es muy buena y te invitan a todos lados y estás lleno de amigos... tu mujer te envidia porque ella quisiera tener también muchas amigas. Y como la envidia es un sentimiento que se esconde a si mismo, tu mujer no sabe que te tiene envidia, se auto-engaña, y cree que en realidad ella cree que tus amigos son unos tarados, unos aburridos. El envidioso es muy difícil que se de cuenta de que tiene envidia. El envidioso cree que la bronca que siente obedece a otros motivos más elegantes que la envidia.

Ahora que las mujeres entraron al mundo laboral y quieren también ser "exitosas", y tienen miedo también de ser "fracasadas".... ellas son muy envidiosas con lo que ganan sus parejas. Y, por otra parte, los hombres también a veces envidiamos los triunfos de nuestra pareja porque –justamente- no los podemos admirar. Esos mismos triunfos son los necesitamos para mejorar nuestro Ego.

Esta falta de roles claros entre el hombre y la mujer... estimula mucho la envidia, estimula mucho la competencia y rompe con el romanticismo, rompe con la admiración. Hoy las parejas se aman menos que antes. Hoy hay menos sentimientos, hay menos pasión.

-267-

¿Por qué cosas sentís que tu pareja te admira?

¿Qué cosas le admiras a tu pareja? ¿Quedó algo de la chispa de locura de los primeros meses o ahora todo es más monótono?

¿Hay un poco de la suave y deliciosa enfermedad mental de la admiración entre ustedes dos? ¿No la idealizas en algunas cosas? ¿No la ves como una persona especial, que tiene cosas que no tiene nadie?

¿Qué cosas tu pareja te admira?

¿Por qué hazañas sentís que ustedes dos compiten? ¿Qué cosas le envidias? ¿No apareció la envidia entre ustedes? ¿No compiten demasiado?

-268-

Bueno, pero para cerrar un poco el capítulo de la relación te cuento que esta mujer al final... me dejó.

Me dijo:

-No tenés proyectos en la vida, no tenés aspiraciones.

Me dijo:
-Somos muy distintos.

Me dijo:
-Parecés un viejo de ochenta años.

Me dijo:
-Yo quiero estar al lado de alguien que haya vivido muchas cosas... alguien que tenga más experiencia... alguien que me diga lo que "hay que hacer" y lo que "no hay que hacer".... Alguien que sea el Hombre que sale a defender a su familia.... que pelea por los suyos... a vos te veo todo débil, todo tranquilo....

Me dijo:
-Al lado tuyo no me siento protegida.

Y me dijo algunas cosas más que no recuerdo pero me dejó. (¿Por qué será que cuando a uno lo dejan encima lo insultan?)

-269-

Es muy común en las mujeres que cuando te abandonan... te humillan un poco o te tratan mal... te tratan de castigar cargándote con la responsabilidad de la decisión que ellas toman.

Los hombres también lo hacemos... pero menos. Y esto es porque nosotros vivimos la ruptura de una manera distinta.

Vuelvo a mi ejemplo: a un hombre que lo dejaron diez novias todos lo aplauden, a una mujer que la dejaron diez novios todos le tienen lástima. Es distinta la manera que tenemos de vivir la ruptura y ellas lo ven como un fracaso personal muy dramático y por eso necesitan a quien echarle la culpa.

-270-

Vamos a un ejemplo de nuevo.

Jimena estuvo saliendo muchos años con Ignacio. Ella es una de esas mujeres que todo le tiene que salir perfecto, el trabajo perfecto, los estudios perfecto, la pareja perfecto. Y por eso ella estaba muy orgullosa de Ignacio. Estaba muy orgullosa de la pareja que formaban, y le hablaba mucho a sus amigas de su Ignacio, de lo terrible que era Ignacio, de las cosas que hacía Ignacio, le hablaba a todo el mundo de este hombre.

Decía que lo extrañaba cada vez que no lo veía y que entre ellos dos había mucha "química". Ella se mandaba la parte de tener una pareja que funcionaba... como también se mandaba la parte de su trabajo, de sus estudios, de su familia, de sus ingresos, de su clase social, de casi toda su vida.

Un día Jimena se encontró con Ezequiel. Un compañero de trabajo muy simpático, y con algunas hazañas como la altura, la rudeza, la inteligencia, la autoridad, el buen humor... que le hicieron acordar a su padre. Entonces entró en un período de confusión... A partir de entonces, todos los días, al hablar con Ignacio lo empezó de una manera distinta.

¡Es que ella estaba enojada! Ahora su trabajo estaba diez puntos, sus estudios estaban diez puntos... pero su pareja era un cuatro. Algo andaba mal en su vida y era su pareja... porque estaba al costado de un hombre que ella no estaba segura de amar. Ella estaba fracasando en ese rubro de la vida... a diferencia de otras amigas suyas que si tenían un hombre que realmente querían, que realmente amaban.

¡Y la culpa era de este inútil y aburrido de Ignacio que no se hacía querer!

¡El muy desgraciado era tan torpe y se vestía tan mal y tenía una personalidad tan opaca... que había logrado que ella no lo ame más! Jimena estaba enojadísima.

Entonces lo empezó a basurear, lo empezó a tratar como un bebito, le empezó a pedir que "cambie". Un día cuando estaban tomando un café ella con mucha seriedad le dijo:
-Yo quiero que me enamores... que me conquistes... que me hagas sentir cosas.

Ignacio en ese momento ya había aceptado cambiar su ropa y compró una ropa más elegante y de la misma marca que le recomendó Jimena. Ahora estaba cambiando un poco su estilo, su personalidad... se había convertido en alguien más "rudo"... como Jimena le había indicado que tenían que ser los hombres. Y desde ese día... trató de cumplir con esta nueva instrucción. Le compró flores, le escribió cartas... (¿Cómo es esto de seducir? ¿es lo que se ve en las películas que hacen los galanes?), le compró regalos, la sorprendió con cenas con velas... y con cada cosa nueva que hacía encontraba de parte de Jimena una mueca de cruel desprecio. Un desprecio que se hacía notar para que él sepa que ella lo despreciaba.

Cuando Jimena lo dejó lo hizo sentir un estúpido. Y tiró un último misil sobre la Autoestima de Ignacio que ya estaba tambaleando. Después de que lo abandonaron cayó en un pozo tan profundo... que no podía hacer otra cosa que pensar en las cosas que habían vivido, y tramar estrategias para "recuperarla" y para "conquistarla".

Le pidió perdón mil veces, le dijo "yo puedo cambiar", y lo único que encontró del otro lado fue aburrimiento. Y con cada nuevo rechazo... él se odiaba más a si mismo y la única forma que tenía de "perdonarse" la anti-hazaña del abandono... era obteniendo la hazaña resucitar los sentimientos de respeto, amor, admiración que ella alguna vez le había profesado. Y era un círculo vicioso: esta pegajosa dependencia en lugar de despertar admiración solamente le traía más rechazo de parte de la furiosa Jimena que lo odiaba por ser tan débil.

¿Nunca te viste sumergido en una situación tan triste como esta?

¿Nunca dejaste que el odio de quien estaba al lado tuyo te destruya la personalidad? ¿Nunca te pasó que alguien jugó con todo lo que sos ? ¿Nunca te traicionaste para cumplir con las instrucciones y los consejos de alguien que ya no te quería?

Ahora que lo ves desde afuera: ¿Te parece que sirve este tipo de receta?

-272-

Querido médico: hoy estoy en consejero sentimental, pero no me quiero acordar de todas las pavadas que hice cuando me abandonaron.
Es que veníamos de mucho tiempo de estar juntos. Habíamos vivido muchas cosas. Yo me imaginaba todo un plan de vida con ella. Me imaginaba el nombre que le iba a poner a mis hijos. Me imaginaba encontrarla por las noches cuando vuelvo de mi trabajo y comer algo juntos en la mesa del living. Me imaginaba los dos en la playa llevando de la mano a nuestros hijos al mar. Me imaginaba enfrentando juntos nuestras crisis, me imaginaba miles de etapas de la vida que las íbamos a enfrentar de a dos.
Yo la admiraba, admiraba su estilo. Ella tenía las cosas que sentí que siempre me estuvieron negadas. Y la admiración - a diferencia del respeto- siempre tiene una pequeña dosis de ternura y hasta de lástima… en algunas cosas era tan ingenua… todo el tiempo pensaba en ella.

-273-

Además, cuando estás en el pozo todo te parece mal.

Tus errores los exageras, y tus aciertos los minimizas, la vida pierde su gusto, la vida pierde sabor. Sentía que mi trabajo era malo, sentía que no le podía gustar a nadie, sentía que por eso me habían abandonado, sentía que toda la vida que yo me había armado se había destruido como un castillo de cartas.

Empecé a nadar tres veces por semana para distraerme y volví a practicar boxeo. Me iba a algunos bares chiquitos y tomaba vasos de whisky escuchando música. Eso me hacía mucho bien: ir a un bar para estar lejos de mi casa, lejos de los objetos cotidianos, y disfrutar de un trago en un bar me ayudaba mucho.

Pero igual la única obsesión que tenía en mis pensamientos era volver con ella.

-274-

Me intrigan mucho las fuerzas de "la seducción" que a veces se despiertan y a veces mueren dentro de un vínculo entre un hombre y una mujer.

Me intriga sobre todo el aburrimiento. Dicen que el aburrimiento llega cuando se va el misterio... puede ser que tengan razón. Pero yo creo que el punto más oscuro llega cuando desaparece la suave y exquisita enfermedad mental de la admiración.

¿Qué es lo que desencadena estas misteriosas corrientes?

¿Qué es lo que las apaga? ¿Cómo podemos entenderlas un poco mejor para no cometer los errores típicos?

Me interesa mucho el tema de si -tal vez- hay una serie de conductas que estimulan esta atracción... y hay otras que la apagan. ¿Nunca pensaste en esto? Ya podemos discutir por años de esto... pero ves que hay mujeres que tienen "algo" que hace que todos los hombres caigan rendidos a sus pies.

Tienen una facultad que logra retener a los hombres más ciclotímicos... que cuando las conocen no las pueden dejar, no pueden fijarse en otras. ¿Qué secreto ellas tienen?

¡Ya vamos a volver sobre este tema!

Y también están los seductores... que manejan un arte y con ese arte parece que saben tejer y destejer los hilos emocionales de la atracción. Son los ganadores... me pasé la vida mirándolos con curiosidad y tratando de buscar sus patrones en común.

Si se acaba la admiración... dejamos esa milagrosa y sana locura y, aunque nuestra pareja tenga mucho "misterio", igual nos cansa. Los enamorados están locos y eso es lo bueno que tienen... cuando pasan los años algunos encuentran la manera de conservar esa manera insana de verse mutuamente... y otros simplemente se aburren.

Te invito que le prestes atención a "la dependencia de la Autoestima a los sentimientos de alguien".

Puede ser fuerte... puede ser media o puede ser chiquita.

Aparece cuando un día nos decimos "Si esta persona me respeta... entonces yo me voy a perdonar todos mis errores y voy a respetarme".

O sino por ahí nos decimos: "Si logro seducir a x... entonces merezco mi aplauso". Y cuando pensamos de esta forma en realidad ya hemos sido conquistados por esa persona que puede hacer con nosotros lo que quiera.

Sus sentimientos son nuestra hazaña... sus sentimientos son un motivo de orgullo para nosotros, sus sentimientos son la copa de un torneo que estamos jugando.

Y creo que hay personas (y sobre todo mujeres experimentadas) que tienen un sofisticado conocimiento de todos estos juegos. Y generan esta dependencia, la dependencia ayuda a despertar las fuerzas de la admiración... y con la admiración uno idealiza y puede entrar en una locura muy fuerte.

A veces es útil... los dos están loquísimos, los se admiran, los dos se aman, los dos ven la realidad de diferente manera y viven su pequeña locura de a dos.

Cuanto más admiración sentís por tu pareja... tanto más orgullo te merece la hazaña de lograr el afecto, el respeto, y un lugar en el corazón de esa persona. Estás muy orgulloso de que lograste conquistar a un "ser especial"... y por eso –y para sentirte más orgulloso aún- torces tu percepción de lo real y lo ves más y más y más superior al resto de los mortales.

Y después le pedís pruebas de afecto, pruebas de amor, que a tus ojos son hazañas tuyas, hazañas personales, hazañas que demuestran lo mucho que le importas a esa persona... estás orgulloso justamente de eso. Le pedís que te demuestre que todo el tiempo te quiere ver, que puede dejar de lado todos sus compromisos para estar a tu lado, que te demuestre que no hay nada más importante en el mundo que tu persona... y cada una de esas pruebas que le exigís son hazañas tuyas que disfrutas... son todos caramelos que le das a tu Ego borracho.

-276-

¿Nunca mi médico cayó en las redes de la dependencia emocional?

¿Alguna vez convertiste a los sentimientos de una persona en tu hazaña principal? ¿Alguna vez te propusiste ser el dueño –o la dueña- de los sentimientos de alguien y toda tu imaginación y tus pensamientos se pusieron a trabajar para eso?

¿Nunca te hiciste adicto a la frase "te extraño"? ¿Nunca te volviste un loco sediento de la frase "sos especial para mi"?

¿Nunca te pasó que alguien te bajó la dosis de esas frases y demostraciones de afecto –sea porque te dejó o porque te empezó a dar menos bolilla- y entraste directamente en una locura?

¿Nunca tu Autoestima borracha y enferma convirtió a los sentimientos de aprecio, respeto o atracción de una persona en las copas de un torneo que todo el tiempo debías ganar y ganar y ganar?

¿Nunca te mandaste la parte de ser el dueño de los sentimientos de alguien?

-277-

Fijate sino me das la razón.

Muchas personas tienen esto que te decía: "entrenamiento emocional".

Aprendieron el gran juego de las "hazañas" y de las "anti-hazañas" y de la "Autoestima", lo estudiaron por muchos años, se estudiaron a ellas mismas frente a eso, se "conocieron" más a sí mismas, aprendieron a "dominarse" y están más preparadas para jugar a las cartas.

Y entre estas hay algunas resentidas -o que tuvieron una "infancia difícil" o que son unas simples malas personas- y disfrutan cuando te "convierten" en un estúpido. Verte comportar como un tonto es el objetivo de una especie de deporte que ellas practican.

¿No conociste nadie que tenga entrenamiento emocional? ¿Cómo era?

¿Alguna vez caíste en las garras de una dependencia extrema a los sentimientos de alguien? ¿Cómo te desenvolviste en esa situación?

¿Hiciste algún esfuerzo por no mostrar tu vulnerabilidad emocional?

¿Cómo pudiste llevar esa transitoria enfermedad mental?

…Yo caí por unos meses en el rebajamiento absoluto y total. Si yo lograba que se volviese a enamorar de mí, yo me volvería a sentir bien.

La cosa es que tu paciente era un drogadicto.

Un zombi que caminaba por la vida con la cabeza caída y el pensamiento fijo con una idea: "¿Cómo puedo hacer para recuperarla?" "¿Cómo puedo hacer para volver a escuchar las palabras te extraño dichas con su voz? ¿Qué tengo que hacer para pasar esta dura prueba que me puso la vida y que mi plan de formar una familia con ella se haga posible otra vez?"

Los días de semana, con el torrente de problemitas del trabajo, más o menos los aguantaba. Pero cuando llegaba el viernes… aparecía un vacío, un vacío tan grande que era espantoso. Te digo que sentía miedo de que llegue el viernes.

Y todo el tiempo me maquinaba "estrategias". Les pedía consejos a mis hermanas y mis hermanas me decían que "luche por ella" y eso hacía que todo sea cada vez peor... Le pedí perdón de cosas que no hice, unas payasadas impresentables de todo tipo.

Hice tantos papelones, me rebajé tanto, di tanta lástima, mi nombre terminó rodando en las conversaciones de tantas víboras, mi dignidad la aplasté de una manera tan asquerosa... que ni siquiera me quiero acordar. Me prendí fuego tantas veces, me tire tanta tierra.

Mi Autoestima había desarrollado una fuerte adicción al respeto de ella... al afecto de ella... a la admiración de ella... y cuando ya no la tuve... me volví loco.

-280-

Me parecía a... ¿Te fijaste en esas mujeres que se valoran a sí mismas sólo si se ven "flacas"?

Te hablo de esas mujeres que creen que sólo si son "flacas" pueden tener orgullo de si mismas y prestigio social, y como tienen (o creen tener) en cambio la anti-hazaña de ser "gordas" se desprecian y sufren un montón.

Bueno, me pasaba lo mismo pero en lugar de los kilos estaban los sentimientos de ella: si yo "lograba" volver a tenerla a mi lado o sino lo lograba.

Yo era muy incauto entonces así que... ¡hay que dejarse de jorobar! No me mires con tanto desprecio, todo el mundo se equivoca. Además, ahora sigo intrigado, sorprendido, asombrado, por las fuerzas de la admiración.

-281-

¿Alguna vez te pasó de ser adicto a los sentimientos de alguien?

¿Alguna vez los sentimientos -o el respeto o la admiración- de una persona fueron una hazaña que la pedías en píldoras para recuperar tu Autoestima caída?

¿Alguna vez te la pasaste elucubrando planes para tener los sentimientos de alguien como quien busca una presa?

-282-

¿Te convertiste en un típico blando que hace todo lo que le piden, que dice a todo que si, que sonríe a todo lo que le hacen?

¿Te convertiste en un típico maleable a los caprichitos ajenos? ¿Alguna vez usaste la frase *"¿ me querés?"*

¿Alguna vez fuiste un esclavo que solamente buscaba un sentimiento de una persona y le pedías perdón, y le prometías que ibas a cambiar, y le decías a todo que si, y cambiabas tu forma de vestir, y cambiabas tu personalidad... y todo para gustarle?

-283-

Esto de la Anorexia me sirve para que hablemos un poco sobre el Mapa de la Autoestima.

Perdoname si soy reiterativo, pero cuando hablamos de Mapa de la Autoestima hablamos del registro general que todos tenemos para identificar a las hazañas y a las anti-hazañas.

¿Por qué la enfermedad de la "anorexia" les pasa más a las mujeres que a los hombres? ¿Por qué les pasa más a las chicas que a las adultas?

-284-

Si uno tiene la característica de ser "mujer" ya se coloca en una posición distinta frente al Mapa de la Autoestima que si uno tiene la característica de ser "hombre". Y si uno tiene la característica de ser "joven" también se coloca en una posición distinta que si no la tiene.

Mientras vas cambiando "de edad" vas cambiando "de lugar en el Mapa de la Autoestima" como el sol que se mueve en el cielo mientras avanza el día. La crisis viene cada vez que pasás una década de tu vida porque las mismas hazañas que antes sostenían tu orgullo y tu prestigio, ahora que cambiaste de edad no tienen el mismo poder.

Así no sólo el "género sexual" mueve la posición en el Mapa de la Autoestima, sino también la "edad", y también muchas otras cosas que no viene al caso.

Pero como te contaba, "la imagen" lo es todo para una persona que "es mujer" y "es joven" y por eso este tipo de anti-hazañas pegan más fuerte en esos rincones del Mapa de la Autoestima (después a otras edades se ven otras, pero no las vamos a mencionar porque nos vamos a deprimir)

Para una persona que "es mujer" y que "es joven" ser "gorda" tiene un potencial muy grande para destruir su orgullo y su prestigio social. Un hombre "gordo" no es tan despreciado como una mujer "gorda". Una mujer gorda no es tan despreciada como una adolescente gorda.

Pero prestame mucha atención ahora: esto no quita que los que no tenemos estas dos características no suframos también nuestras propias Anorexias, nuestras propias "locuras", hechas a la medida de lo que –según nuestra particular posición en el Mapa de la Autoestima- nos brinda o nos quita el orgullo y el status.

La nieta de un hombre que le trabajo la casa tiene este problema.

Para mí es fundamental tener una buena relación con mis clientes (les regalo cajas de vinos a fin de año, les cuento de mí, todo lo que te puedas imaginar) y algunos son un poco "cerrados" y no me dejan tener una conversación fluida, pero hay otros que son de los míos: les gusta conversar.

Este hombre tiene un departamento muy moderno y muy bueno que le regaló el marido de la hija. Apenas cobra una pequeña jubilación, pero con el negocio de los alquileres para publicidad (que me debe, perdón que me jacte de mi hazaña) está cómodo y cada tanto se va a la provincia con su familia y sus conocidos de toda la vida.

Me parece un buen hombre, es muy tranquilo, le gusta el whisky escocés, le encanta hablar de su vida con descripciones largas de los paisajes de las cosas que te cuenta. Te habla del campo, te habla de los bichos peligrosos del monte, de la niebla, de las leyendas, de los "verdaderos gauchos", te habla de sus experiencias.

También le gusta hablar de sus hijos y de sus nietos y critica mucho a los personajes de la farándula porque ve mucha televisión y sabe mucho de los programas de chismes.

-286-

La cosa es que una de sus nietas tiene "bulimia" que es una enfermedad muy parecida a la "anorexia". La persona que tiene "anorexia" no come nada y la que tiene "bulimia" come pero vomita: las dos lo único que quieren es bajar de peso sea como sea.
Una vez la tuvieron que internar porque casi se muere por culpa de esta enfermedad. Ella quedó tan flaca que parecía que se iba a morir. La llevaron a un centro especial carísimo y estuvo a muy poco de perder la vida.

Te estoy escuchando:

-Una mujer linda... sin problemas económicos...joven....que tiene miles de oportunidades por delante... ¿Qué necesidad?

Y te pasa lo mismo que a mí. No lo entendemos, nos parece ridículo, nos encojemos de hombros, nos da bronca. Pero es porque ocupamos otro "lugar" en el gran Mapa de la Autoestima.

Si estuviéramos en el especial rincón en donde ella se encuentra podríamos comprender mejor sus sentimientos. Ella necesita más que nada en el mundo ser "flaca" para poder valorarse a sí misma. Y como nuestro orgullo y nuestro status dependen de "otras" hazañas, nos parece que tiene una enfermedad tonta.

-287-

Yo por ejemplo no necesito ser "flaco" para estar "orgulloso" de mí y para que la gente me respete pero... necesito otras cosas. ¿Te das cuenta a dónde voy?

Busco otros alimentos en mi dieta emocional, mi Ego es adicto a otras sustancias.

Me indigno cuando me entero de esas mujeres que se quitan la salud con tal de verse "flacas" y que se arruinan la vida sufriendo todos los días por eso… Pero: ¿Cuánto sufro yo por no ser "exitoso"? ¿Cuánto me imagino que me desprecia la gente por no ser "exitoso"?

-288-

Y es que para quien tiene la característica de ser "hombre" y de tener mi edad, el ser "exitoso" es una hazaña tan importante como lo es para estas chicas el ser "flacas".

Un hombre de mi edad exitoso es respetado y eso le da Autoestima y una adolescente "flaca" y "linda" también es respetada. Lo único que te quiero mostrar es que cada rinconcito del Mapa de la Autoestima te pone en riesgo de sufrir una Anorexia peculiar porque hay millones de anorexias distintas. Y la Anorexia del Éxito es tan importante y tan común como la Anorexia de los quilos, pero ataca a personas con un perfil distinto.

Hay millones de adolescentes torturadas porque se ven "gordas" y ya son más flacas que un palo de escoba… pero no son más que los hombres adultos que sufren porque se ven "fracasados" a pesar de que ya alcanzaron un tremendo éxito en sus vidas.

A esto te lo defiendo a muerte: la Anorexia del éxito tiene los mismos síntomas que la Anorexia de los quilos (angustia, falta de Autoestima, dolor, locura, falta de sabor en la vida) y es igual de común, o a lo mejor es más común.

-289-

Sería muy bueno que hombres y mujeres aprendamos a pelear contra nuestros sentimientos de auto-compasión. Sería muy bueno que nos despeguemos de estos "ideales" que ponen los medios y que nos hacen perder el sentido de lo que es una vida normal.

Tenemos problemas de baja Autoestima y nos juzgamos con demasiada dureza. Nos ponemos metas irracionales y después nos castigamos porque sentimos que no las podemos alcanzar.

Somos demasiado exigentes con nosotros mismos y vamos corriendo detrás de hazañas excepcionales. Lo que pasa es que los medios de comunicación nos convencen de que eso es "lo normal" y que los raros somos nosotros.

Y es injusta la manera en que nos juzgamos a nosotros mismos: poniendo demasiado acento en nuestros errores y sin prestarle la debida atención a nuestros méritos.

-290-

Estamos en una Economía de la Vanidad donde es un negocio levantar la admiración masiva de las multitudes y hay algunos personajotes que se dedican a realizar las hazañas y a tener una vida excepcional... todo eso nos aplasta, nos hace creer que somos insignificantes porque la presencia que tienen los profesionales de la admiración en nuestra existencia -invadida por los medios de comunicación- es tan grande, es tan fuerte, tan ruidosa... que nos parecen más reales que las personas comunes que nos rodean.

Hay que aprender a disfrutar de nuestras pequeñas victorias... o de nuestras grandes victorias. Y lo más importante de todo es asumir que vivimos en un hábitat muy tóxico para nuestra Autoestima y por eso hay que estar alerta. Y no debemos bajar los brazos frente a estas enfermedades colectivas.

-291-

Estoy convencido de que está todo el mundo un poco loco, un poco deprimido, un poco frustrado... y que en el camino de tanta locura por la Vanidad nos perdemos la oportunidad de disfrutar de la vida, de disfrutar de los afectos, de disfrutar de la belleza que hay en muchas cosas que no vemos por culpa de lo deprimidos que estamos.

Y nuestra vara de comparación pueden ser estos seres extraños de vida anormal que aparecen en las revistas y en los canales de cable y que conocemos más que a nuestros amigos. Así nos vamos volviendo locos, nos vamos llenando de angustia, y de miedo, nos vamos convirtiendo en seres sin Autoestima que tienen miedo de vivir la vida.

Esta sociedad de la Vanidad nos aplasta, nos convierte en autómatas, nos hace renunciar a nuestra libertad, nos hace tenerle miedo a nuestras decisiones, nos hace juzgar con dureza nuestros errores, nos hace minimizar nuestros aciertos.

-293-

¿Y cómo se siente mi médico con todas estas cosas?

¿Nunca te volteó contra la cama desarreglada de la depresión este mundo mediático y competitivo? ¿Nunca sentiste que por no tener una hazaña –llámese hiper flacura o el super éxito- ... no valías nada?

¿No se te confunde lo que es una vida normal de lo que es una vida de hazañas por los reportajes, las biografías, los canales de radio, las páginas de Internet? ¿Nunca sentiste que los personajes públicos llenos de hazañas son "lo normal" y en cambio tu vida no merece consideración?

¿Nunca destruyó tu Autoestima este clima tóxico de la Vanidad en donde por todas partes hay gente que trata de "gustar" como si fuera lo único que cuenta en la vida?

-294-

Conocí a un hombre que su gran hazaña era el auto.

Lo había comprado con el dinero de su trabajo y era un auto "caro" así que cada vez que lo veía se sentía feliz. Y todos lo veían así que le ayudaba también en su su status social.

Un día lo chocó y lo rompió todo. Y como no tenía dinero para comprarse otro igual se hundió. Y decía "un tipo de mi edad tiene que tener auto, no puede andar en colectivo".

O sea que, como él mismo lo decía, esas dos características suyas –el ser "hombre" y el tener "esa edad"- lo colocaban en un rincón del Mapa de la Autoestima en el cual la hazaña de "tener un buen auto" era indispensable para su Autoestima y su status.

Y antes lo tenía y de golpe lo perdió así que el dolor se le hizo insoportable. No tener auto para él era una situación tan dolorosa como lo es para muchas personas que tienen la característica de ser "mujer" y de ser "joven" la situación de ser "gordas".

-295-

El desaliento es mucho más común de lo que se cree.
Se esconde porque la alegría (superficial, ostentosa, falsa) es nuestra obligación, la "seguridad" es lo que se espera de nosotros, la "excelencia" es nuestra cárcel. La depresión espanta a los clientes, pone de mal humor a los jefes, ahuyenta a los amigos, desenamora a las mujeres... nos hunde... la depresión es un quemo.
No somos sinceros. Nos mentimos. Y nadie puede admitir que está caído, que se siente tentado de bajar los brazos, que no se siente tan fuerte como es su obligación. Nos auto-engañamos con ropa de marca y tecnología cara para no darnos cuenta de que estamos deprimidos.
Vemos miles de horas de televisión y jugamos a creer que somos "parecidos" a cualquiera de los profesionales de la admiración que nos muestra la pantalla... y todo para olvidarnos. Y después tan presionados estamos por estos ideales de plástico que le tenemos miedo a la vida, perdemos la audacia, nos hacemos conformistas, tenemos miedo de tomar decisiones, nos cuesta creer, nos cuesta creer que podemos tener proyectos.

-296-

Al principio llegó la imprenta, después la radio, después el cine, después la televisión, después los canales de cable, después la Internet... y ahora que tenemos tantos mensajes de todos lados llegó la era de la Anorexia.
La Anorexia es la enfermedad más común de nuestros días.
En un día común vemos más horas a una "modelo" de físico "anormal" que las horas que vemos a una mujer común y corriente. Fijate el tiempo que ves televisión donde aparecen mujeres de curvas anormales, fijate el tiempo que ves carteles de propaganda en la calle, fotos en las revistas... páginas de Internet, almanaques, propagandas en las paradas de los colectivos, en la ruta, en los aeropuertos... estamos más acostumbrados a ver "modelos" que a ver mujeres normales.
Y si te exagero... es un 50% y 50%.

No sé tanto de la vida de personas "normales" como lo que sé de la vida de los "personajes famosos" o de los profesionales de la admiración.

Te puedo contar más de la vida de algunos tenistas y de algunos boxeadores que lo que sé de la vida de mi familia.

-297-

En las fiestas de navidad y año nuevo solamente se hacen chistes, se hablan de cosas superficiales, se hacen regalos, en los cumpleaños son todos comentarios de cortesía, en las reuniones sociales se cuentan chistes y anécdotas... con la gente normal hablas de cosas muy vacías. En cambio con los famosos lográs una comunicación mucho más íntima, una comunicación más auténtica.
En todos los canales de televisión, en todas las revistas, en todos los diarios... está "el reportaje"... y las preguntas de los reportajes son mucho más intimistas y más profundas que los temas de conversación que uno toca con la gente más "normal".
Mi mundo se fue llenando de todas estas personas que nunca me conocieron o que ni siquiera existen y que por la cercanía que da la televisión –el cable, la Internet, la radio, las revistas- los tengo como "mis amigos" o mejor dicho "mis vecinos".
La sensación es que salís de tu casa y le tocás el timbre a un tenista que ganó el Roland Garros que vive en la otra puerta o lo invitás a tomar el té... es tanta la cercanía que se siente.
Yo entiendo a las chicas que tienen un físico sano y se ven gordas... es que yo también las veo gordas... porque las miro con la vara que me da la televisión y los otros medios masivos y lo único que te muestran son mujeres de curvas anormales... entonces a ellas las veo gordas porque mi sentido de la normalidad está torcido.

-298-

Pero como te decía, la Anorexia de los quilos es solamente la punta del problema.
Cada sector de la población tiene su "propia Anorexia" que se crea con las anti-hazañas que más cerca tienen de acuerdo a su propio lugar en el "m.a".

A tu paciente le parece que la más común de todas es por supuesto la "Anorexia del Éxito".

Así como te encontrás con chicas flacas y lindas y sanas que hacen dieta porque se ven "gordas" también podés ver muchos hombres y mujeres que tienen una vida admirable -de mucha lucha, de mucho esfuerzo y méritos-, muchos hombres y mujeres muy respetados y "exitosos", que sin embargo sufren en silencio porque a todo eso no lo pueden valorar y en secreto se sienten "fracasados".

Ellos también están enfermos –como están enfermas las chicas que se meten el dedo en la garganta para vomitar- pero sus síntomas son otros: no se toman vacaciones, no se toman feriados, tienen adicción a su perfeccionamiento, no dejan de trabajar cuando están enfermos, no saben "perder el tiempo", no pueden detenerse de estudiar para encumbrarse, todo el tiempo piensan en su cuenta bancaria, tienen baja Autoestima, se sienten tontos… y los ves tan sonrientes en su acelere que no te das cuenta de que también están enfermos.

Quienes sufren la Anorexia del Éxito… están locos.

No pueden ver que tienen muchas cosas para "auto-felicitarse" porque se sienten "fracasados" y necesitan muchas cosas para cambiar de opinión… necesitan ganar más, necesitan cambiar de casa, necesitan entrar a un club, necesitan tener tal cosa…necesitan ser aceptados por tal grupo… no pueden relajarse como esas chicas tan enfermas que se les cierra el estómago en su obsesión por la flacura… no pueden relajarse nunca y están locos porque no se ven "como son" sino que se ven "peor". Igual que esas chicas que están flaquísimas pero necesitan adelgazar porque su locura las hace verse "gordas".

La obsesión por el "éxito" o por "ser el mejor" es una forma de Anorexia también y hace que muchas personas pierdan en el camino lo más preciado que tienen: la oportunidad de ser felices.

Esta sociedad que vende Vanidad todo el tiempo… impone estos ídolos de cartón que son las personas que lograron las grandes hazañas.

Y los medios de comunicación -y el reportaje íntimo sobre todo-, logran hacernos vivir en una falsa realidad donde estos personajotes son más reales y más comunes que las personas que nos rodean en la vida cotidiana, son más comunes que nosotros mismos

Gracias a la cercanía que brinda la televisión perdemos la idea de que son personas excepcionales y habitamos una especie de realidad ficticia donde ellos son "lo normal". Y por eso nos enfermamos, escondemos nuestra enfermedad y vivimos al costado de muchas otras personas que también se enfermaron de Anorexia, de depresión, de frustración, de tristeza, de desánimo, y que esconden estos sentimientos con falsas sonrisas.

-301-

Ellos son "nuestros vecinos"… salís de tu casa a pedirle pasta de dientes al que vive en el departamento de al lado y al tocar el timbre te atiende algún actor famoso que se ganó tres Óscar o te atiende un "empresario ídolo" o te atiende un super deportista… esa es la sensación de la realidad que tenemos… vivimos dentro de una realidad ficticia creada por los medios de comunicación.

Esa es la percepción: ellos son nuestros vecinos.

-302-

¿A quien conocés más… a "nuestros vecinos"… o a la gente de carne y hueso que te rodea? ¿De quienes sabés más cosas de su vida? ¿A quienes les prestaste más atención?

Ya sé que conocés a tus amigos, que sabés algo de su vida personal, de sus miedos, de sus ideas, de sus divorcios, de sus padres…

¿Pero te enteraste de tantas cosas, con tantos detalles, de su vida personal, de su vida íntima, de sus opiniones sobre las preguntas más hondas de la existencia humana, de su infancia…como todo lo que sabés de algún personaje histórico, de algún deportista, de algún músico que admirás?

-303-

En algún lugar de tu memoria hay un rubro que se llama *"conocimiento sobre la vida de otras personas"*... ¿Me seguís? Y seguro que ahí contás los divorcios, los casamientos, los hijos, los cuernos, las enfermedades, los trabajos, las ilusiones, las ideas, los sueños... de algún amigo tuyo o de algún familiar...pero en cuanto a la "cantidad de cosas que sabés sobre la vida de otras personas"... decime la verdad...

¿Creés que hay más cosas de tus familiares y amigos o de "nuestros vecinos"?

-304-

Yo por ejemplo me puedo quedar una hora frente a la televisión viendo "un reportaje" que le hacen a un boxeador.
En el reportaje él habla todo el tiempo de "él mismo"... de sus padres, de su infancia, de sus angustias, de sus creencias, de sus anécdotas, de su trabajo, de sus mujeres, de sus odios, de sus sueños... y yo lo escucho interesadísimo.
Si un amigo mío me hablara tanto de él, por tanto tiempo, me hablara con tantos detalles de su vida ... me parecería un plomo y al poco rato lo dejaría de escuchar.
Bueno... a lo mejor te estoy exagerando... para hablar de la vida en viejos bares de mala muerte puedo estar horas y horas. Y sobre todo para hablar de historias de amor o historias con mujeres... pero creo que la idea es esa.

-305-

Como nuestra Economía de la Vanidad encontró en las chicas con complejo de "gordas" un buen nicho para vender toda clase de cosas innecesarias, también se hace lo mismo con esta multitud de gentes que sufren la Anorexia del Éxito y sienten el complejo de ser "fracasados" o "perdedores".

El mensaje es el siguiente: "Si me comprás tal producto entonces ya no sos un fracasado". Y nuestra masa de anoréxicos, como un manso rebaño de corderos, va detrás de estos brillos, de estos gastos exóticos, de estos "lujos", que les permiten demostrarle a sus amigos que ellos "también son exitosos" y sobre todo demostrárselo a si mismos.

Las puertas del cielo de los "triunfadores" tienen llaves que la Economía de la Vanidad te vende carísimas pero las pagás y todo el mundo puede ver "lo bien que te fue" y lo "triunfador que sos".

-306-

¿Cómo eran tus padres con respecto a "tu éxito"?

¿Te impusieron algún exagerado "plan de vida" para que sigas una ruta demasiado exótica que después no pudiste terminar? ¿Trataron de que logres justamente lo que ellos no pudieron lograr? ¿Te usaron para mantener viva "una ilusión de gloria" y sentirse a tu costa menos "fracasados"? ¿Te presionaron con la idea de que tenías algún talento o don especial que debías aprovechar?

Más tarde te voy a seguir hablando de la influencia de tus padres en tu vida...

-307-

Después de "la Anorexia del Éxito" en segunda línea de "enfermos" de Anorexia, viene sí la "Anorexia de la flacura", que es lo que todos conocemos como Anorexia.
Es la segunda más común.
No estamos acostumbrados a ver muchos cuerpos de mujeres desnudas y la idea de lo que es un "cuerpo de mujer" está hecha por las únicas mujeres que vemos todo el tiempo en los afiches, en las revistas, en los programas de televisión, en las propagandas... o sea, el cuerpo de las modelos.
Uno mismo tiene la vista acostumbrada a ver una sola mujer normal desnuda (o dos... o tres... tampoco me mientas) pero a los cuerpos desnudos o en ropa interior de las modelos uno los ve todo el tiempo... están en los aeropuertos... están en las revistas... están en todos lados. Entonces el "sentido de la normalidad" de lo que es un cuerpo de mujer no queda más remedio que todos lo tengamos torcido.
Las mujeres normales se visten más, se tapan más y en el único lugar a donde se muestran es en la playa. Pero ahí también las mujeres que se sienten "viejas" huyen de las playas donde están las "jóvenes" para no sentirse mal y las que se sienten "gordas" se tapan con largas remeras para que nadie las vea. O

sea que entre que se escapan y se esconden, al final lo que ves en una playa tampoco es muy normal. Y como a la playa vas una vez por año, y en cambio ves televisión todos los días de la vida, es clarísimo que tu sentido estético de lo que es "un cuerpo normal de mujer" está doblado.

-308-

Igual no es cierto que "la sociedad machista" es la que empuja a las mujeres a tener el cuerpo de las modelos. Es un sector del mercado de las mujeres que admiran a las mujeres flacas, jóvenes y lindas y por eso a las marcas de ropa femenina les sirve contratar modelos... y por eso tantas modelos pueden fundar una casa de ropa y hacerse millonarias.

Si en una tapa de revista hay una super-modelo con una frase de ella sobre su divorcio... la revista vende un montón... un negocio editorial muy bueno. Y todas las que compran esa revista... son mujeres, mujeres que les interesa la vida íntima de "la modelo"... que les interesa conocer las opiniones de la modelo... porque en el fondo la admiran.

La industria de las modelos se sostiene sobre la admiración que les tienen las grandes multitudes de mujeres que compran el sueño de ser iguales a ellas... de parecerse a ellas... de ser tan glamorosas como ellas. Los hombres no compran las ropas que las modelos promocionan ni las revistas donde les hacen reportajes... entonces es una industria que vive de las mujeres... y son las mujeres las que usan la hazaña de la belleza como una manera de competir. Y son ellas las que fomentaron con su competencia esta locura actual por el cuerpo "flaco", "joven", y "lindo"... en la mujer que a nosotros –en realidad- no nos gusta cuando es enfermo.

-309-

Vamos a un ejemplo.

Ana es una mujer joven, que estudió una carrera universitaria, que le encanta el baile, y que tiene la aspiración de tener una trayectoria profesional importante. Gana un sueldo alto y todo el tiempo que puede se informa sobre los cursos de perfeccionamiento para poder mejorar y salir adelante en la vida.

Ella desprecia con toda su alma la anti-hazaña del fracaso. No hay nada peor que tener "actitud de perdedor" a sus ojos.

Tuvo un novio que cuando ella iba a la facultad le decía "¿para qué vas a ir?", cuando ella estudiaba le decía "no estudies", y era un chico que no estudiaba nada y que contaba las horas del reloj en su trabajo para que llegue el viernes. Ella lo despreció mucho: tenía "actitud de perdedor" y odiaba la gente así, la gente que no se esfuerza para salir adelante. A Ana todo lo que es moda, mundo de las modelos top, y series de televisión le parece una frivolidad para las masas.

Sin embargo, en su trabajo debe convivir con Martina.

Martina es una compañera de trabajo que va cinco veces por semana al gimnasio, que se gasta todo el sueldo en ropa de marca, que se manda la parte de los hombres con plata que salen con ella, y que también se manda la parte de que ella es linda. Martina cuando están en la hora del almuerzo le dice a Ana "¿No te parece que sería mejor si no comés pan, que te puede hacer subir de peso?". Otra cosa que hace Martina es criticarle el cuerpo... le dice "Yo creo que te haría mucho bien endurecer esas piernas porque te haría mucho bien a la Autoestima".

Martina nunca le dice estas cosas cuando las dos están solas. Lo hace cuando hay gente escuchando y parece que siente una especie de placer cuando las dice.

Martina también critica a Isabel, y a la jefa, y siempre lo hace con el tema de la imagen que para ella es una obsesión. Se fija mucho en los detalles y cuando encuentra un defecto le brillan los ojos y se lo dice con una especie de satisfacción.

Le encanta el tema del peso y siempre habla de peso, de dietas, y de si alguien engordó o se le nota la pancita, y ella es flaquísima. Martina es la más flaca de la oficina y a ella le encanta serlo y disfruta cada vez que ve las pancitas de sus compañeras.

Martina se compra todas las revistas de moda, se compra todas las revistas donde hay modelos, imita el vocabulario que ellas usan para hablar, imita la vida personal de algunas modelos famosas que ella admira, se compra toda la ropa que puede, mira los programas de televisión a donde hay modelos o actrices famosas y después las imita.

Ana cree que las modelos flacas imponen una dictadura del peso y la culpa es de la sociedad machista. Pero si supiera la cantidad de plata que se gasta su compañera de trabajo en la industria de las modelos... seguro que cambiaría de opinión. Lo que pasa que para Ana la hazaña primordial es el éxito y por eso le cuesta entender a su compañera de trabajo que —en cambio- disfruta cuando se pavonea de ser "más flaca" que todas las otras mujeres de la oficina.

Pero después de "Anorexia del Éxito" (la más común) y de la "Anorexia de la Flacura" (la segunda en cantidad de casos), nos encontramos con la "Anorexia de la Juventud" que viene peleando cabeza a cabeza su posición con las otras dos.

Como ya te dije en otra parte... pasar de cierta edad es un quemo porque ahí la gente superficial te cambia el nombre y te llama directamente por el nombre de tu nueva y despreciada anti-hazaña: "viejo". Ya no sos Pedro, con tal historia, con tal familia, con tal personalidad... ahora sos "un viejo".

Se da muchísima discriminación de los viejos con los viejos. Muchas personas que se sienten "viejas" se alejan con asco de los que ven como más "viejos" que ellos. Estos discriminadores de viejos se tratan de juntar con los chicos, se visten como los adolescentes, hablan como ellos, se jactan de sus amigos "jóvenes", y todo el tiempo critican a los viejos y las cosas que los viejos hacen.

Además se buscan parejas más jóvenes y abandonan a su pareja actual si la ven "vieja" como se ven "viejos" ellos mismos. Dejan de escuchar la música que consideran "de viejo" y tiran la ropa que no usan "los jóvenes" y tratan de ir de vacaciones a los lugares de "los jóvenes".

Pero es que pasa lo mismo con "los viejos" que con los portadores de las otras anti-hazañas pesadas de nuestra época.

Fijate que, en esta mentalidad que nos invadió, se discrimina mucho a "los hombres fracasados", "las chicas gordas" y a "los viejos". Se discrimina a los que cargan con la anti-hazaña más pesada que les toca según su propio rincón del "m.a".

Además, como en los medios de comunicación sólo aparecen adolescentes, mucha gente tiene el secreto temor de "ser un viejo". Imaginate que locos que están... ¡toda la gente está loca!

-313-

Entonces tenemos las tres grandes Anorexias de nuestro mundo loco, las tres grandes enfermedades colectivas que nos contagiamos sin darnos cuenta por esta Economía de la Vanidad que fabrica nuestra admiración masiva como una manera de producir nuevos negocios.

-314-

¿No tendrá mi médico también alguna Anorexia?

¿No estarás en las garras de un espejismo negro que te hace ver una fantasía con respecto a alguna gran vergüenza que sentís o alguna gran derrota?

¿No estarás tan enfermo de la cabeza como esas chicas que se ven gordas cuando están más flacas que un alambre? ¿No tendrás tu propia anorexia hecha a la medida de lo que tu especial posición en el Mapa de la Autoestima te demanda para que sientas orgullo y tengas prestigio social?

¿Y si estás enfermo también? ¿Y si sufrís por algo que no es real? ¿Y si la forma en que te ves está doblada por los espejos torcidos de la locura?...

Tratá de mirarlo con sinceridad... ¿Cuáles son tus vergüenzas personales?

¿Por qué cosas tuyas te imaginás que a lo mejor la gente no te respeta tanto? ¿Por qué desméritos te imaginás que te puede ser difícil ser aceptado en algunos ambientes?

¿En qué derrotas tuyas pensás que se fija una pareja que te abandona?

-315-

La mirada de "los demás" es sólo un ejercicio para conocer lo más importante: tu propia mirada.

¿Con qué insultos te criticás cuando te sentís mal? ¿Qué te decís cuando ya no te aguantás más?

¿No será una fantasía oscura la idea que tenés sobre tus propias vergüenzas?

¿No será todo exagerado?

¿No estarás un poco loco con todo esto?

-316-

Voy caminando por la calle y veo que la gente no camina, la gente corre.

Veo hombres corriendo con la cara mojada del sudor, corren desesperados y te empujan al pasar.

Y corren detrás de las hazañas que nunca alcanzan y así se les va pasando la vida. Corren con una envidia tremenda a los que tienen eso que ellos nunca pueden lograr a pesar de que los medios les muestran que es facilísimo, al alcance de la mano, tan fácil que sólo un estúpido no podría conseguirlo.

-317-

Ellos lo creen, y muy en el fondo se sienten unos estúpidos, aunque jamás lo admitirían. Y nuestros empresarios de la Vanidad les venden la oportunidad de no ser "mediocres" y de ser "superiores" y ellos se gastan todos sus ahorros y todo su esfuerzo y todo su trabajo en pagar esas ilusiones de colores que tan caras les cuestan.

Y no sirve de nada porque, aunque algunos persiguen "sueños" (esos aún están vivos) la gran mayoría llega un momento de su vida en el que sólo está "escapando".

… Ya no tienen sueños, ya no tienen proyectos. Sólo están huyendo de las grandes anti-hazañas de nuestra época como la soledad, el fracaso, la fealdad, la vejez, la gordura, etc.

-318-

El resultado: un mundo muy competitivo y de mucha envidia. Una envidia terrible donde el éxito se paga caro, el éxito trae todo tipo de consecuencias de los envidiosos.

Es que siempre se envidian las hazañas y la hazaña más importante de hoy es el éxito… o sea que es la que más envidia genera, una envidia terrible, implacable, poderosa.

Un mundo donde todos están corriendo a toda velocidad sin llegar a ninguna parte y sufren en secreto por las terribles angustias que tienen. Y se comparan unos con otros, se miran sobre el hombro, se consuelan de sus derrotas con las derrotas ajenas.

Una sociedad que es producto de la Economía de la Vanidad y que podría ser llamada "La Sociedad de la Anorexia", donde todos quieren ser lo que no son y además todos están engañados y envueltos en una locura… una locura tremenda… estamos todos locos y no nos damos cuenta de eso.

-319-

No vemos la realidad y vivimos en una nube alejada de todo lo que es cierto, vivimos adentro de una película y sacrificamos nuestra vida… nuestra felicidad… nuestros mejores momentos…
No queremos admitir que tenemos la Autoestima deshecha, el entusiasmo destruido, los sueños rotos… nos compramos ropa de marca para olvidarnos de eso. Y no vemos que lo que nos pasa es muchísimo más común de lo que creemos.
Está a nuestro alrededor, aflora por todas partes y la gente lo esconde con sonrisas huecas. Estamos todos locos.

¿No hay que decir basta? ¿No hay que tomar las riendas de nuestra vida y liberarnos de todo esto? ¡Vamos que nos vamos a ayudar entre los dos!

-320-

¿Qué creés?

El hombre de hoy parece atrapado en una locura donde sólo busca "mirarse a si mismo" y "admirarse", y después "admirarse un poco más", y después "admirarse todavía un poco más" y así hasta el infinito.

Como te darás cuenta, tu paciente plagia en parte las palabras que Al Pacino le hace decir al Diablo en esa magistral película que todos vimos: el abogado del Diablo.

Y bueno, no te olvides que al final de la película, la boca de Al Pacino dice *"Vanidad... mi pecado favorito"*.

-321-

Me gustó la imagen que usa el Diablo en esa película para hablar del Ego: "la droga natural".

Al Pacino le da voz y empieza a describir a "los íconos del mundo moderno" con una mirada que es exacta.

Habla de los altos edificios, las riquezas infinitas de algunos hombres, habla de los grandes avances en la tecnología y en la ciencia, de todas esas cosas fabulosas, como espejitos de colores, como débiles pretextos que tienen los hombres para acariciarse el Ego. Habla de todas las monumentales cosas del mundo como "excusas" que se inventaron los hombres y las mujeres de nuestro tiempo para pasearse de acá para allá con unos Egos monumentales sostenidos arriba de todas estas cosas. O sea que los edificios mismos no son más que hazañas.

El Ego, "la droga natural".

-322-

Me encantó esa idea. Como el adicto a la cocaína se ilusiona por ese polvillo blanco, el adicto al Ego en cambio se desvive por las hazañas que lo alimentan y que lo hacen más y más grande.

Lo peor es que es una carrera que nunca se termina porque siempre querés más... aunque te parece que cuando alcanzas las hazañas ahí vas a poder descansar y ser feliz... en ese momento llega otro horizonte de hazañas y tu Ego te sigue reclamando más y más y más y mas.

Fijate esas grandes estrellas que lograron todo en la vida... están destruidas, ya no sienten deseo, ya no tienen aspiraciones... y se drogan con toda clase de porquerías.

El adicto al Ego no puede mirarse al espejo y decir *"Me admiro más"* y después *"Me admiro un poco más"* y después *"Me admiro todavía un poco más"* porque para poder aumentar su auto-admiración necesita de las hazañas, necesita poseer esos edificios inmensos, o amasar esas fortunas inimaginables de las que hablaban los labios del magistral actor.

Muchos se han quitado la vida por culpa de su adicción al Ego y no me extraña que -como las otras drogas- cuanto más se lo consume, más fuerte y más vibrante se hace la necesidad de seguir consumiéndolo.

Mirá esas personas que alcanzaron unas hazañas impresionantes que les permiten tener unos Egos gigantescos y que uno -encandilado por el influjo de esas hazañas- así las respeta cuando se las cruza por la vida. Mirá esas personas que están llenas de impresionantes hazañas, que uno cuando se las cruza desea su reconocimiento muchas veces, y en tanto ellos te desprecian en silencio. Mirá lo que sienten cuando lo pierden todo, cuando ya no las tienen.

Mirá esas personas que a lo largo de la vida amasaron mucho poder o mucho dinero cuando -de un día para el otro- por un golpe del azar o porque cayeron mal los dados, lo pierden todo -absolutamente todo- y no tienen nada del poder o del dinero o del respeto que habían alcanzado.

Te hablo por ejemplo de la mujer linda, la super-modelo o quizá la actriz famosa, o quizá la linda del barrio. Pensá en ella cuando un día el tiempo se le pasa y se marchita y ella misma asiste al lento espectáculo de su deterioro, y ve como la va abandonando de a poco esa belleza... esa "hazaña de la belleza" que tanto status y orgullo le había traído.

-324-

A lo mejor creemos que el Monstruo del Ego es más duro para los que sentimos que estamos en el pozo y no tenemos las hazañas. Pero si te fijás bien, también los que están en la "Cima Del Mundo" sufren su golpe durísimo y la pasan mal cuando pierden las hazañas o cuando sufren por el miedo de perderlas.

O sea que para nosotros y para ellos... para todo el mundo... lo mejor es aprender a controlar la Vanidad... aprender a pasarla bien.

-325-

Lo bueno es aprender a pasarla bien... aprender a disfrutar.

Aprender a decirnos cariñosamente *"Dejá de perder el tiempo con esa hazaña"* cada vez que un plan grandioso nos llena de fiebre o a decirnos *"Deja de asustarte con esa anti-hazaña"* cuando sufrimos por el miedo de una gran derrota que la sentimos cercana.

Hay que aprender a conocer nuestro Ego terrible y a disfrutar de la vida igual porque sino uno puede terminar muy mal... fijate por ejemplo la cantidad de suicidios que hay por culpa del Ego. Hay que tener cuidado y la mejor manera es empezar a prestarle atención a las hazañas y a las anti-hazañas y al influjo que tienen en nuestra vida y en nuestras emociones.

Prestale atención a estos bichitos. Hacele caso a tu amigo que un día se compro unas acuarelas y se puso a filosofar al viento.

-326-

...¿Estás ahí?

...Me aburrí.

Esta es la segunda oración después de mucho tiempo....
Pasó un poco más de un año desde que abandoné todo. Dejé de creer en "nuestro proyecto" y pensé que no me llevaba a ninguna parte ... dejé de creer, se perdió la magia.

Me desanimé y me dio pena todo lo que te contaba, el desaliento me derrotó. Me esforcé... pero fallé una vez más y tropecé y caí por el pozo de una fuerte desesperanza.

Todo me pareció una pavada... hasta me dio vergüenza... como me da mucha vergüenza mi vida... mi existencia... mi propia persona. Todo me dio pena y vergüenza, rodé por la montaña cuesta abajo envuelto en la convicción de que esto no lleva a ninguna parte... caí una vez más en el desánimo como otras veces me pasó antes.

Me desanimo mucho... me desanimo muy seguido.

Y cuando la falta de Autoestima se me hizo más profunda todo lo que te contaba me pareció una tontería, una cosa ridícula y sin ningún sentido ni vuelo y además sentí un gran vacío espiritual... y la sensación de que todo es inútil y de que no valgo nada., que soy un no sé... Lo que no me gusta es la "pose de pensador" así que todo me dio mucha vergüenza y me deprimí...

Dejé todo como estaba y traté de seguir con mis cosas.

¿Y sabés porqué volvemos a charlar ?

Por que estás ahí.

Porque sos real para mí. Sos demasiado real y siento que "estás ahí"... del otro lado del muro... detrás de las coordenadas de tiempo y de espacio que nos separan.

Y sí: siento que "sos muy real" y que me pedís que siga con "nuestro proyecto".

Me decís "*Martin... ¡Nos vamos a ayudar entre los dos!* "

-328-

¿Te acordás cuando te propuse que hagamos de cuenta que sos mi médico y que entré a tu consultorio y me acosté sobre tu diván para hablarte?

Bueno… ahora te propongo que los dos juguemos a que me viniste a buscar a mi casa. Como me desanimé y dejé el tratamiento y dejé todo hecho un bollo en mi ropero… bueno, un día me extrañaste y viniste a golpearme la puerta para que sigamos con lo que habíamos empezado.

Me tocaste el timbre y dijiste:

-Estoy acá porque todo lo que me habías contado me sirvió mucho para conocerme a mi mismo… Y quiero que sigamos con tu tratamiento…

-329-

Pasá.

Vivo en un ph antiguo que compré hace muchos años con el dinero de una herencia. Subí con cuidado la escalera. ¿Está un poco oscuro no? Pero no soy descuidado… la hice pintar hace poco para que se vea mejor. Sentite cómodo.

¿Te parece un poco viejo y feo? Para mí tiene su encanto. Lo bueno que tiene es que no hay expensas y los impuestos son muy bajos. Y eso es necesario para una persona sin ingresos fijos como tu paciente. Es un poco oscuro… pero me ocupé de arreglarlo con mis "toques" de decoración.

Vení, acá está la puerta. ¿Te gustan los muebles? ¿Viste la planta esa que tengo en el living? ¿Qué te parece? En la primavera saca unas flores que llenan todo de perfume. La gente de "Arte y Decoración" de las productoras me ayudó mucho a conseguir buenos muebles a precio especial… muebles de diseñadores muy respetados. Los elegí con cuidado porque me gustan mucho las revistas de decoración.

Estás haciendo la pregunta: "¿Qué son las piedras esas?" Te contesto: durante algunos años fui mochilero.

Me recorrí a dedo todo el sur de la Argentina y algunas provincias del Norte… y en cada provincia elegí un lugar de al costado de una ruta vacía… una ruta que me tuvo varado durante horas o durante días y recogí una piedrita que tenga la fuerza de ese momento, de esa historia. Y ahí las tengo y cada vez que las veo… aparecen recuerdos, recuerdos de historias, recuerdos de rutas vacías y campos llenos de pasto interminables.

Lo sé… lo sé… ¡Te estoy contando hazañas! ¡Es una vil excusa! Lo que dicen los mochileros es que es muy difícil que una persona que no vivió esas experiencias comprenda todo lo que significa, o que se imagine lo que es estar al costado de una ruta de un lugar muy lejano y perdido solo, con un viento tan fuerte que te empuja en el pavimento, y esperando que pase un auto o que pase un camión. No se imaginan lo que es el vértigo: a lo mejor no pasa ningún auto, estás solo junto a un cascarudo que camina por el pavimento de la ruta. No se imaginan lo que es hablar con los camioneros durante largas rutas vacías y silenciosas. Cuando llegas de vuelta, la gente entonces te mira como si todo eso fuera el ruido que hace la lluvia al caer o no tuviera importancia.

Bueno… no escapo a la media, soy un contador de hazañas como todo el mundo. Como ves al costado de la mesa del living, me compré muchas revistas y libros de decoración así que espero que te guste mi casa porque hay mucho esfuerzo detrás de todo esto.

Ahí tenés tu sillón para que te sientas lo más relajado que puedas. Es el sillón azul.

¿Querés un vaso de coca? Te cuento que siempre escribo en la terraza donde se pueden ver los autos pasar.

No sabés todo lo contento que estoy de verte acá… no te imaginás todo lo que me das… la fuerza que me estás dando.

Muchas gracias por estar acá. Tengo pocos invitados y siempre son bienvenidos, pero ninguna sorpresa es tan linda como la que hoy me diste. ¿Hace un poco de frío no te parece?

¡Estoy tan entusiasmado hoy de tenerte acá! Es que la tardecita de los otoños me trae mucho frío en estas paredes frías.

¿Escuchás el ruido de los autos?

Aguardá un ratito que me voy a la cocina...

¿Querés un té o un café?

-331-

Mirá... en esta carpetita que tengo acá escribí el año pasado unos apuntes sobre el único tema que nos faltaba para completar todo sobre el gran Mapa de la Autoestima.

Y es algo fundamental de lo que te quiero hablar ahora: "La Humillación".

-332-

Cuando terminemos con esto, ya todo el esquema del Mapa de la Autoestima lo tendremos terminado... y a lo mejor vas a poder aprender a caminar por estos pasadizos del alma.

No te va a solucionar la vida... no te va a permitir que alcances de forma inmediata las grandes hazañas que acaricias en tus sueños... y que te apoyo.. te apoyo porque yo quiero que las alcances... me encantaría que las alcances. No te va a convertir en una persona muy exitosa de la noche a la mañana. Pero te aseguro que, si realizas el esfuerzo necesario en las tareas de observación que te recomiendo con tanta insistencia, va a quedar dentro tuyo para siempre y que en muchas ocasiones te va a resultar práctico, te va a dar un punto de vista que otros no tienen. Además si, como tu paciente, sentís curiosidad por estos temas con esa curiosidad que tienen los chicos de once años, es muy posible que puedas hacer tus propias elaboraciones y tus propios aportes para hacerlo más completo.

Yo creo que una vez que te lo aprendés nunca más te lo olvidás.

(Estoy tan contento de que estés acá)

Hace unos meses sufrí "La Humillación" en carne propia en mi trabajo. Y todavía hoy me impacta su duro golpe.

Te cuento.

Un día me llama un hombre que no conocía y se presenta como el jefe de locaciones de una productora. Me da su nombre y su apellido y los datos de la productora. Esta productora es muy importante pero yo nunca antes había trabajado con ellos así que me pareció buenísima la noticia. Me dice que le habían hablado de mí y que estaban buscando cierto tipo de casas para una publicidad de shampoo.

Como siempre, acudo a mi banco de imágenes y le paso por mail una terna de casas que más o menos cumplían con lo que él estaba buscando. Me llama al ratito y me dice que una le interesó mucho al director del comercial, que si no podíamos ir "mañana mismo" a verla. Yo lo llamo al dueño de la casa, le pregunto que hora le queda bien y después lo llamo al jefe de locaciones y arreglamos a las 5 de la tarde para estar en la puerta de la casa.

Al día siguiente yo estoy ahí puntual esperando que vengan los de la productora. Como pasa el rato y no aparecen le toco el timbre al dueño de la casa y éste me hace pasar a tomar un café.
Pasa una tensa media hora y me llama por celular el jefe de locaciones y me dice que "tuvo un problema con el director" y que se retrasaron. Me pide disculpas y me dice que no va a poder pasar a ver la casa hoy, salvo que arreglemos a las 7 de la tarde. Faltaba casi una hora y media. Le pedí muchas disculpas a mi cliente y, bueno, mi cliente aceptó así que nos quedamos los dos esperando a que llegue la hora señalada.

La gente de la productora me estaba desairando a los ojos de mi cliente.

Me quedé entonces en la galería de la casa con este hombre. Más que una casa, es una gran casona de estilo francés y desde ahí se veía el jardín que es muy lindo y una pileta con curvas pronunciadas a una usanza barroca que no se ve por estos tiempos modernos. Es una casa muy cara, de mucho valor, muy especial.

Imaginate que una persona que vive en una gran casa es de por sí difícil de tratar. No es alguien acostumbrado a las asperezas de la vida, sino que es alguien mimado por la fortuna, alguien al cual no le interesa demasiado alquilar su casa… aunque sí le vienen bien unos dineros. No es un empleado humillado que tiene un jefe que lo maltrata todos los días… es alguien que vive en otro tipo de vida.

Son gente difícil… en un momento trabajé también en la cocina de algunos hoteles cinco estrellas y te lo afirmo, es gente complicada…. al menor descuido se enfurecen, tienen poca paciencia y poca tolerancia al "error". Son Egos mimados por el lujo que se irritan demasiado por cualquier cosa, son gente muy consentida.

Era una situación incómoda y no sabía de qué hablar para que estemos más contentos. Además este hombre bostezaba delante de mí y se le cerraban los ojos del sueño. Me ofreció unas galletitas y se quejó con un poco de razón de que culpa mía se había perdido la siesta. Estuvimos una hora en donde yo, como un perro, le trataba de sacar temas de conversación para caerle simpático y él, mientras tanto, apenas me respondía con pocas palabras y me trasmitía su aburrimiento y su desprecio.

¡Era mi cliente y yo estaba quedando pésimo!

Se hicieron las 7 y media de la tarde y ni el jefe de locaciones ni el director aparecieron. Entonces mi cliente se disculpó y se fue hacia su parrilla a preparar el carbón y la leña para el asado de la noche. Yo me quedé sentado en la silla de la mesa bastante nervioso. Ahí nomás escucho la musiquita de mi celular y me llama el jefe de locaciones y me dice que lo disculpe… que se le caía la cara de vergüenza… pero que el director del comercial se sentía mal y no quería seguir viendo casas ese día así que hoy no iban a poder venir. Le dije que se venga él solo para no hacerme quedar mal y me dijo que era imposible.

Ahora imaginate la situación. Yo estaba aún con el celular en la mano parado en el jardín. Y tenía que ir a decirle al dueño que me habían dejado plantado nomás, que no solamente nos habían hecho esperar una hora sino que además ahora a los señores se les ocurría no venir. ¡Me moría de la vergüenza! No podía ir decirle eso... no podía... Entonces dije *"hay que hacerlo lo más rápido posible"* y caminé hasta la parrilla y le conté lo que había pasado. El sonrió con decepción y me saludó y se quedó haciendo el fuego.

-336-

Fijate el efecto de "La Humillación".

Me basurearon delante de un cliente, me hicieron quedar como un estúpido, me hicieron perder el tiempo y me hicieron sentir lo poco que valgo.
Es una anti-hazaña porque me atacó mi "orgullo" y mi "prestigio social" y porque a mí no me gusta que me pase.
Pero, a diferencia de otras anti-hazañas, se dio entre dos personas. El hombre de la productora (que me desconsideró tanto que me trató así de mal) y también yo mismo que recibí ese golpe. O sea que es una "anti-hazaña social", se da siempre entre dos o más personas... el humillador y el humillado.

La Humillación entonces es la "anti-hazaña social".

-337-

En todas las épocas de la historia de la humanidad, existió siempre la humillación y existieron siempre un tipo de personas que les encanta humillar. Sin embargo, ahora el canal preferido es el dinero así que la dura verdad es que te conviene conseguirlo porque sino vas a estar siempre expuesto a que te humillen los que lo tienen.

-338-

Los dos ámbitos preferidos de la humillación son :

a) el trabajo,
b) la familia.

El instrumento preferido de la humillación en nuestros días es el dinero... como todos necesitamos el dinero a veces tenemos que arrastrarnos para ganarnos el pan. Y nos tenemos que aguantar cosas horribles de parte de los que lo tienen. El dinero corre por toda la sociedad humillando de cabeza en cabeza.

El gerente es humillado por el presidente y el empleado es humillado por el gerente... y después el empleado llega a su casa y como tiene el dinero y es el sustento del hogar... lo usa para humillar a sus hijos y a su mujer y así se descarga de todo lo mal que se siente.

En los matrimonios cuando uno gana más que el otro, es muy común que el que tiene más dinero presione por llevar a la familia a un nivel de vida que hace que no se sientan los ingresos del otro. Entonces el otro se tiene que poner por debajo suyo y de esta forma el que tiene el dinero obtiene "el control" y humilla al otro... lo humilla todos los días... lo humilla por deporte... lo humilla para sentirse superior.

Cuando tenés alguien con poder arriba tuyo que te humilla siempre (sea un familiar o un jefe o un cliente o lo que sea) lo más común es que tu verdugo alterne sus humillaciones con buenos tratos ...y así no te parezca tan grave. Con el paso de los años esto de recibir humillaciones crónicas te empieza a dejar la mirada más vencida, el tono de voz más dudoso, la espalda más encorvada, la sonrisa menos común, el entusiasmo más famélico... te va matando por adentro...

Ahora te quiero hablar un poco sobre los "Asesinos de Autoestima".

Este perfil de persona busca con desesperación el poder y, cuando lo tiene, lo usa para humillar al que tiene la desgracia de estar debajo suyo.

El Asesino de Autoestimas es muy simpático a veces, y es muy común que obtenga cierto prestigio social y sea bien visto.

Nuestra sociedad no contempla los asuntos espirituales y se fija nada más que en lo material. Por eso, el Asesino de Autoestimas queda libre... mientras que al asesino de personas se lo condena y se lo mete preso. ¿Pero de qué te sirve vivir sino tenés nada de Autoestima y perdiste el entusiasmo por el día a día?

Si te levantás temprano y te subís a un colectivo que va para una zona céntrica es buena idea prestarles atención a los pasajeros que están sentados. Te vas a dar cuenta enseguida de que hay algunos que están muertos por adentro: tienen la espalda encorvada, tienen la mirada vacía, tienen la ropa desprolija, tienen el alma sin sueños ni esperanzas.

Son los que llegan a su trabajo y tienen de jefe a un típico asesino de Autoestimas que utiliza el poder que tiene sobre ellos para destruirlos por adentro, para quebrarlos. Con el paso de los años ellos pierden la capacidad de tomar decisiones, la capacidad de imaginar destinos mejores, y se van dejando arrastrar por una corriente de rutinas que los lleva como si estuvieran muertos.

Me gustaría pintarte un retrato de lo que es el típico asesino de Autoestimas pero lo más importante es que ama "el poder". Necesita rodearse de símbolos que exhiban su poder como lujos caros y cosas de ese estilo y su vida entera la apuesta para tener cada vez más poder, más poder, más poder.

Cuando tiene el poder lo utiliza para humillar... lo que en verdad le gusta no es el poder sino humillar... hacerle ver a la gente que es más tonta que él, sentirse más vivo a costa de conseguir demostrarte que sos un estúpido.

Son excelentes manipuladores y muchas veces están llenos de resentimiento.

Vienen de familias difíciles donde los humillaron mucho de chicos y ellos necesitan humillar a todo el que tienen enfrente porque un día en su vida descubrieron que en el mundo existe el poder y con el poder se puede basurear a la gente, se la puede humillar y ellos disfrutan mucho de eso.

Pero, aunque te parezca raro, la mayoría de las veces el asesino de Autoestimas está convencido de que es una excelente persona.

Como es un fanático de las hazañas, él necesita convencerse de que es bueno en todo, y por eso cree que también tiene un buen corazón y se auto-justifica de sus maldades con todo tipo de excusas interiores. Hay algunos que ya llegan al extremo y son violadores y son asesinos seriales y tienen una doble vida... pero la gran mayoría de ellos pasa sus días con el respeto de la gente y con la creencia interna de que son "buenos".

Ellos tienen también "entrenamiento emocional" y saben manipular tus sentimientos para que hagas todo lo que ellos quieren y manipulando tus emociones y tus vergüenzas tienen una gran capacidad para seducirte con sus argumentos y hacerte creer que es cierto lo que dicen. Suelen ser típicos "consejeros" y en cada consejo que te dan te sugieren que hagas todo lo que ellos hicieron. Y en realidad te aconsejan para elogiarse a ellos mismos, para tirarse flores, para aplaudir sus propias decisiones y para que los admires.

Te hacen sentir inútil, te hace sentir inferior, te sacan la confianza, te hacen sentir mala persona, te destruyen por adentro y encima consiguen que los respetes. Son muy inteligentes y creen que son muchísimo más inteligentes de lo que en verdad son.

Muchas veces sufren una locura de auto-admiración que les lleva a creer que son mejor de lo que en realidad son.

La característica más importante que tiene la personalidad de una persona es su "hazaña primordial"

De tu personal y propio Mapa de la Autoestima (ya vamos a hablar de la formación de la personalidad) y sobre todo de su especial "posición" adentro de éste, nace lo que te estoy llamando como "hazaña primordial de la vida".

Y en los asesinos de Autoestimas se trata de humillar. A ellos les encanta humillar.

La hazaña primordial del Asesino de Autoestimas es… humillar. Necesitan enemigos, y sino los tienen entonces los inventan. Cuando se encuentran un enemigo, lo humillan y lo humillan y es mejor si tienen excusas éticas para justificar esta manera de proceder.

-343-

Un ejemplo muy exagerado y extremo son los violadores.

Son personas que disfrutan cuando basurean a su víctima, cuando le dejan esa anti-hazaña tan dolorosa grabada en su biografía y la convierten en una "mujer violada". Seguro que pensás que es algo "sexual", pero yo creo que no, se trata de humillar, de basurear, de intentar reducir la dignidad de una persona y disfrutar con eso. Con cada nueva violación el violador se siente más orgulloso de si mismo y son personas que tienen una gran seguridad y un fuerte desprecio por el resto de la gente.

Hay muchos violadores que después se convierten en asesinos seriales. A estos locos les gusta dejar una marca personal de sus crímenes porque así todo el mundo reconoce la autoría de ellos. Lo que los estudiosos te dicen del tema es que este tipo de personajes se creen muy inteligentes, son muy hábiles para manipular a todo el mundo… y experimentan un profundo desprecio por el resto de la gente.

-344-

La violencia también es una forma de poder y estos criminales usan ese poder para basurear.
Te apuntan con un arma y te obligan a hacer algo que no te gusta… y después dejan pistas a propósito, o sino dejan señales porque ellos lo viven como una especie de gloria.
La mejor "venganza" que sus víctimas pueden lograr es olvidar el tema y volver a quererse a si mismas y a sentir que nadie les quitó nada.
Igual dejando de lado el tema de la violencia y estos marginales que persigue la ley, hoy en día la principal

herramienta del poder es el dinero. Y por eso el dinero es el principal aliado para los amantes del deporte de humillar al resto.

La mayoría no llega para tanto como para violar o humillar de otra forma, pero tienen una vida más o menos normal en donde disfrutan muchísimo de su poder y lo buscan para ponerse por encima de sus semejantes, para hacerte ver lo imbécil y fracasado que sos. Reclaman para ellos el título de "excelentes personas" y se las rebuscan para humillar sin que eso sea mal visto por el resto. Como son muy seguros y muy hábiles para manipular las emociones y para convencer... muchas veces sus víctimas sienten por ellos un gran aprecio.

-345-

Pero es importante que nos detengamos en este tema de la "hazaña primordial de la vida" de una persona.

¿No te parece que es el rasgo más importante de la personalidad?

Quiero decir... ¿De qué te pavoneas ? ¿Con qué cosas sueña tu imaginación cuando te imaginás "las hazañas" ? ¿Te pavoneás de tu aspecto personal?

¿Te pavoneás de tus hijos? ¿Te pavoneás de tu esfuerzo? ¿Te pavoneás de tu bondad sin límite? ¿Te pavoneás de tus "vivezas"? ¿Te pavoneás de tu inteligencia? ¿Te pavoneás de tus records? ¿Te pavoneas de tu trabajo? ¿Te pavonéas de tu bondad? ¿Te pavoneas de tu rebeldía y de que estás en contra del mundo?

¿Te pavoneas de que sos "diferente"? ¿Te mandas la parte de que sos divertido? ¿Te pavoneas de que sos especial?

¿Cuáles son tus hazañas?

-346-

Y paralelo al tema este surge también el de la "anti-hazaña primordial de la vida" de una persona y también esto es algo muy fuerte. Te hablo de la "gran vergüenza personal" que tiene cada persona, su punto débil, su inseguridad más grande, lo que más le duele de su propia historia.

Es un detonante muy pesado del propio carácter porque muchos dedican su vida a esconder esta gran vergüenza que tienen... o a tratar de ser algo distinto de lo que ya son. Son los que presumen justo de lo que carecen... porque les da demasiada vergüenza carecer de eso. Son los que se imaginan que los desprecias por algo... y por eso se excusan de eso y se defienden solos.

-347-

Más tarde vamos a hablar de la "formación de la personalidad" pero quería que le prestes a esto mucha atención.

Cada persona tiene una herida, una gran vergüenza, algo tapado por las mentiras y los disfraces de perfección que todos nos ponemos, algo muy profundo, muy oscuro. Cada cual tiene su propio cadáver escondido en el ropero menos pensado. Y esto es muy decisivo porque muchas de las cosas que hace uno están empujadas por esta secreta y escondida vergüenza interior, son maneras de escapar de lo que uno es.

Más adelante vamos a volver con este tema porque es importante para hablar un sobre tu especial manera de sentir la vanidad... ¡no nos adelantemos!

Cuando avancemos de lleno al corazón de tu personalidad estoy seguro de que lo vamos a tratar mejor. Por ahora basta con decirte que los Asesinos de Autoestimas son personas que disfrutan humillando al resto, y su principal hazaña es por supuesto "la humillación" de sus víctimas y para lograrla buscan el poder con desesperación. Esto no quiere decir que todas las personas que les gusta el poder les guste humillar... no te quise decir eso. Y, al contrario, alguien que fue muy pero muy humillado, lo más probable es que quiera tener muchísimo poder justamente para ponerse a salvo de este tipo de personajes que son de temer.

-348-

¿Cuál es la anti-hazaña primordial de tu vida?

¿Cuál es la gran vergüenza que intentas esconder de la mirada de los demás? ¿Cuál es tu gran herida en torno a la cual edificaste una personalidad que trata de taparla o de esconderla?

¿Qué cadáver en el ropero puedo encontrarle a mi médico?

Para darte una ayuda, es bueno que –como ya dijimos en otra parte- tener en cuenta que la gente usa el nombre de tu principal anti-hazaña para calificarte y meterte en un grupo.

Por ejemplo, a las chicas que tienen sobre peso no se las llama por su nombre sino que directamente se las identifica como "gordas". A los hombres que tienen la anti-hazaña de tener una edad avanzada también directamente se los llama "viejos".

Ves que la gente superficial es muy común que te evalúe en términos de status social y que, por ende, te cambie tu nombre por el de la principal anti-hazaña que debilita tu prestigio. Esto puede ser de gran ayuda para identificar a la gran herida, a la gran vergüenza, a la gran deshonra que llevas escondida en el ropero para que nadie la vea.

¿De qué cosas presumís justamente porque crees que te faltan?

¿Qué cosas tuyas o qué cosas de tu vida la gente puede tener en cuenta para despreciarte?

¿Cuáles es tu anti-hazaña primordial? ¿Cuál es tu gran herida?

¿Por qué cosas crees que la gente superficial puede no respetarte o no quererte o no aceptarte? ¿Por qué cosas crees que no vas a ingresar a circuitos donde siempre te van a discriminar los que tienen eso mismo que te falta?

¿Cuál es tu gran vergüenza? ¿Cuál es tu gran herida?

En el caso de la suave locura del amor... para volver al tema de la admiración romántica, que creo que es la Admiración más fuerte de todas que te puede llegar a hacer vibrar.... (es mi tema favorito desde hace muchos años)... muchas veces sucede que la hazaña primordial de la vida del enamorado consiste en los sentimientos de amor recíproco de la otra persona, y la anti-hazaña primordial de la vida del enamorado consiste en el rechazo de la otra persona.

En esto... ¡que pongan el grito en el cielo! Los que saben mucho, los pensadores, los que racionalizan las relaciones de pareja, los que escriben libros... se escandalizan ante la "dependencia emocional" o ante estas locuras que llevan a creer que la persona que amas es "única" y está por encima del resto de la humanidad, es "especial" y no cambiarías un minuto con ella por un minuto con nadie.

Dicen que esto está mal... estos aguafiestas. ¿Acaso no ven a la Admiración en toda la historia del hombre, en todas las tribus, en todas las civilizaciones... bajo la forma de héroes o de de dioses o de mitos? Es parte de nosotros soñar y creer en nuestras fantasías... y a un enamorado no le podemos pedir que sea indiferente al desprecio de quien tanto ama... no le podemos pedir que cuando la vea no le tiemble todo el cuerpo... no le podemos pedir que le saque la corona de reina que sus sentimientos ya le pusieron.

Pero los estados de ánimo son cambiantes. Son como estaciones... puede ser una sucesión de "hazañas primordiales de la vida" en distintas etapas. Creo que una pareja de muchos años de estar juntos puede –en algún momento, en algún viaje, en alguna situación- resucitar entre ambos esta suave locura, y que el hombre en ese instante sienta... sienta que su mujer es única y que no podría reemplazar un minuto con ella por un minuto con nadie... sienta que su mayor gloria en el mundo puede ser resucitar en ella un sentimiento de admiración, un leve sentimiento de admiración... y tenga miedo, tenga miedo de que ella lo mire un poco distinto. Esto puede suceder en una semana, en un día, en un minuto, y luego desvanecerse en el tiempo, como una foto que queda atrás en la sucesión de imágenes de una película, pero lo importante es que puede pasar... puede pasar.

Tengo mucha admiración por las parejas que se mantienen en el tiempo... tengo mucha admiración por los matrimonios que duran. Nunca tuve una relación formal por más de tres años. Y decía que esto de la "hazaña primordial de la vida" no es estático... puede ser en el caso de algunas personas, pero en otras puede ser una sucesión que cambia todo el tiempo y entre las estaciones de esa sucesión pueden estar los sentimientos de alguien, pueden estar los sentimientos de su pareja.

-351-

Es como dice la canción excelente de Enrique Iglesias "*Si pudiera ser tu heroe*" ... describe la importancia que tiene para nosotros aprender a despertar esta Admiración. Creo que con esa canción y la película Don Juan de Marco... ya tenemos nuestros favoritos aquellos que estamos fascinados e intrigados por la energía de la Admiración.

"*Si supieras la locura que llevo... que me hiere y que me mata por dentro*" dice la letra y después repite el estribillo "*Si pudiera ser tu héroe... si pudiera ser tu dios*"....

Asi nos sentimos muchas veces los hombres. Basta de "que me quieran como realmente soy"... basta de cosas mediocres y opacas.... Yo quiero que te vuelvas loca por mí... yo quiero que me admires, yo quiero ser tu héroe... yo quiero ser tu dios....

¿Me voy a conformar con menos que eso? ¡Ni lo sueñes! Hasta ahí no paro...

-352-

Muchas veces se habla de "personalidades débiles" y de "personalidades fuertes" pero es una cuestión de poder. Y de las humillaciones que se hacen con el poder.

El que por necesidad se pone debajo del poder del otro queda obligado a soportar las humillaciones. El poder es el instrumento por excelencia para humillar o denigrar.

Se ve en los matrimonios donde uno aporta el sustento del hogar y el otro sufre la dependencia económica. O se ve también en las oficinas de trabajo, o en las relaciones de padres a hijos o en los grupos mafiosos o en las patotas.

El que tiene el poder puede utilizarlo para humillar. Y el que sufre las humillaciones poco a poco va soportando más cosas y se va formando una personalidad débil, anulada. Una personalidad sin entusiasmo, una personalidad muerta, una personalidad suplicante. Otras veces puede pasar que el que tiene el poder no lo use para humillar. O, también, puede suceder que el que sufre la lluvia crónica de humillaciones tenga una Autoestima Fuerte y logre sobrevivir a ese embate constante, a ese perpetuo desgaste.

-353-

¿Y en tu vida qué lugar ocupa la humillación?

¿Estás en un "lugar en el mundo" en donde te sentís protegido de "las humillaciones crónicas" o, al contrario, estás muy expuesto a todo eso?

¿Quién te humilla? ¿Por qué te dejás humillar? ¿Quién tiene poder sobre tu persona? ¿Usa el poder para humillarte?

¿Estás en un lugar del mundo en dónde sufrís fuerte el golpe de la humillación? ¿Qué tan fuerte es tu Autoestima a las humillaciones?

¿Qué tan fuerte creés que es tu prestigio social a las humillaciones? ¿Creés que alguna vez alguien te perdió el respeto por culpa de las humillaciones de otro?

¿Tu personalidad ha quedado domesticada por las humillaciones? ¿Te sacaron el entusiasmo? ¿Cómo podes hacer para resucitar tu Autoestima y volver a creer en tus proyectos, en tus sueños, en tus ideas?

-354-

Con los vínculos de dependencia económica, los que tienen el poder utilizan la humillación para chuparle la sangre a la Autoestima de quienes tienen bajo sus órdenes. Lo vemos en el uso del lenguaje.

Si un empresario dice: "*Yo le doy trabajo a mil personas*" ya nos damos cuenta de que les está faltando el respeto a esas personas. Nos damos cuenta de que usa su poder económico para humillar a esas personas y hacerles creer que él es más respetable y admirable. Una chupada de sangre que una Autoestima le hace a la otra con el uso del poder… de la necesidad económica que tienen estas personas de un sueldo y de someterse a sus órdenes.

Lo correcto sería decir: "*Generé una oportunidad comercial que le permitió a 1000 personas ganarse un trabajo con su esfuerzo, con su estudio y con sus méritos*". En lugar de decir "yo te doy trabajo"… lo correcto es decir "*te ganaste un trabajo con tu capacidad, tu esfuerzo, y tus resultados*".

Pero todos los días vemos empresarios hablando en estos términos paternalistas e inapropiados que nos demuestran la utilización que hacen de su poder económico para humillar a sus empleados. El resultado es que muchas veces les matan la Autoestima. Algunos empleados, con el paso de los años, asumen el mensaje y entonces nace en ellos la convicción de que son mendigos de trabajo, mendigos suplicantes e inútiles que deberían estar agradecidos de la generosidad, de la inteligencia y del altruismo de su jefe que les "da" un trabajo.

La humillación es fundamental en toda sociedad.

De ahí nace la necesidad imperiosa que tenemos todos los hombres de tener "poder"… porque sólo con el poder quedamos a salvo de ser humillados… cuanto más poder acumulás más protegido vas a encontrarte del poder ajeno y -por eso- más difícil es que te humillen.

Las personas que fueron más humilladas durante su vida son las que tienen más necesidad de acumular "poder". Es una sed incontrolable de adquirir más y más "poder" para estar cada vez más lejos de las dolorosas humillaciones… la ves en personas muy lastimadas por las humillaciones que recibieron de chicos… la ves en muchas personas de infancia difícil. Muchas veces los padres compiten con sus hijos y los humillan por envidia y los humillan tanto que los anulan.

En todas las épocas de la historia de la humanidad, existió siempre la humillación y existieron siempre un tipo de personas que les encanta humillar.

Sin embargo, ahora el canal preferido es el dinero así que es el instrumento de la humillación cotidiana por excelencia. Muchas veces se da en las oficinas de trabajo donde la lucha por la supervivencia genera climas muy hostiles, muy negativos, de mucha competencia, y donde, a veces, un jefe asesino de autoestimas puede encontrar una fuente de realización personal en demostrarles a sus subordinados lo inútiles que son.

Mucho cuidado con esta gente: hay que ponerse a salvo con reflexión mental y bloqueos… si la vida nos puso en un lugar donde los tenemos que tratar a diario y no les podemos escapar.

-356-

Hay que aprender a conocer la humillación, hay que aprender a detectarla (a veces se viste de ropajes muy sutiles) para poder dejar a salvo nuestra Autoestima y que nadie nos robe el entusiasmo, la confianza en nosotros, que nadie nos anule nuestra personalidad, que nadie nos quite nuestro estilo. Y si un día descubrimos que nos anularon, que nos destruyeron, que nos sacaron las ganas de vivir, las ganas de crear, las ganas de expresar nuestra especial forma de ser, las ganas de tener proyectos… a no resignarse y a ponerse a trabajar para resucitar nuestra Autoestima… que la vida no terminó.

-357-

¿Qué tal te sentís hoy? ¿Hace un poco de frío no te parece?

Aguardame que voy a ir a cerrar la ventana. En el verano me parece que vamos a ir a charlar a la terraza, es mucho más alegre. A lo mejor llevo unas sillas y una mesa allí así los dos podemos hablar tranquilos.

¿Viste la mini biblioteca que tengo allá?

Si te fijás tengo varios libritos de auto-ayuda, sobre todo me gustan los que les enseñan a las mujeres trucos para levantarse hombres. Los estuve leyendo y tengo algunas críticas pero si querés ojéalos. Compré bastantes, algunos los tiré porque me daban vergüenza por sus títulos...Me gustan. Te aconsejo que los leas porque te van a dar muchas cosas, y algunos tienen un optimismo buenísimo... es muy sano leer cosas optimistas, a mí me hace mucho bien

Hay una disciplina llamada "Programación Neuro Lingüística" que defiende la importancia de las palabras, de los pensamientos positivos que tenemos, de las cosas que nos decimos, de las frases optimistas... para desencadenar emociones e impulsos que nos ayudan a alcanzar nuestras metas. Por eso estos libros que irradian tanta energía y optimismo... son útiles.

-358-

¿Qué tal andan tus cosas? ¿Cómo está tu vida? ¿Cómo está tu familia?

¿Cómo están tus proyectos?

Tengo una gran noticia: ¿Estás preparado?

....Ahora vamos a penetrar en algo importantísimo y delicado: tu personalidad, la formación de tu estilo, tu manera de ser....

¡Vamos que nos vamos a ayudar entre los dos!

-359-

A lo mejor en algún momento ves que la abstracción de estos temas se eleva y que esto te exige un esfuerzo adicional... pero te aseguro que vale la pena.

Ahora, cuando nos internemos en tu personalidad (y en la mía, por supuesto) vamos a trazar algunos rasgos más precisos sobre la Admiración... esa suave locura que nos interesa tanto...Ya a esta altura tenemos la formación suficiente en el estudio del Mapa de la Autoestima como para animarnos a dar un paso más adelante, a la búsqueda del conocimiento. A la búsqueda de la verdad como esos chicos de once o doce años, esos chicos que se hacen preguntas y quieren saber como funciona el mundo... te felicito porque sé que no perdiste esa curiosidad y esa ilusión y por eso te diste la oportunidad de llegar hasta esta parte.

¡Advertencia! Vamos a profundizar un poco más, un poco más en las diferencias entre la admiración y la envidia como método para conocer los motores de la atracción emocional y de la seducción entre las personas. Eso significa que puede ser un poco más difícil y que va a requerir una concentración mayor, pero ya estamos llegando al final y estoy seguro de que nos vamos a ayudar entre los dos... un poco más de fuerza.

Estudiemos, con el Mapa de la Autoestima en la mano, tu personalidad...

-360-

Como siempre... comencemos por el tema preferido: "la Admiración".

Algo que dice mucho sobre "tu personalidad" y tus valores es... tu admiración.

Conociendo quienes son las personas que hoy admirás y que hazañas tienen... puedo adivinar muchísimo de la posición en que te sentís ubicado con respecto al Mapa de la Autoestima .

Pero no hablamos de la "falsa admiración" o "admiración en pose" que tienen los que te dicen que admiran a la madre Teresa de Calcuta para que les digas "que bueno que eres". Te hablo de la admiración real y te das cuenta de que hay "admiración real" porque el admirador "intenta" parecerse a su ídolo, lo imita y sueña con tener su aceptación.

¿ Nunca te preguntaste por qué tenes tantas ganas de que te acepte alguien?

¿Nunca sospechaste que esa persona puede no sentir lo mismo hacia tu persona?

¿No pensaste que pueden ser las hazañas del prestigioso la diferencia... y tu intento de "caerle bien" o de "gustarle" un espectáculo triste y vacío?

-361-

Vamos a decirlo con todas las letras: "tus ídolos"… son un factor clave de tu personalidad.

-362-

¿A quienes admirás? ¿Qué hazañas tienen?

¿Qué cosas en común hay entre tu lugar en el Mapa de la Autoestima y tus ídolos?

¿A quienes te gustaría parecerte? ¿A quienes les prestas más atención?

¿Quiénes te atraen?

¿De qué hazañas ellos presumen?

-363-

Un peso mucho más decisivo que tus actuales ídolos lo tuvieron las personas que tenías de "ídolos" durante los primeros tiempos de tu llegada al mundo… tus primeros ídolos… las primeras personas que admiraste… la admiración es una energía muy poderosa.

¿Y de quienes te estoy hablando? Y sí… de tus padres.

Hasta por los menos los diez o los quince años. tus padres fueron tus ídolos, tus héroes. Y no había cosa que no hagas que no sea para imitarlos a ellos o para conseguir su aceptación y su aplauso.

-364-

A lo mejor ahora no parece tan claro, pero en una época de tu vida tus padres fueron "tus ídolos máximos".

Pero… ¿Qué es lo más importante que puede tener una persona para que la respetes… la admires?

¡Adivinaste! Tus padres tenían a tus ojos de chico... hazañas.

Ellos eran altos y fuertes, ellos sabían cruzar la calle solos, ellos manejaban televisores y autos, ellos hablaban rápido y entendían el mundo, ellos hablaban con otros seres altos y fuertes, leían y escribían, podían levantar una silla con la mano, podían correr rápido, podían patear una pelota lejísimos, te podían alzar en el aire....

-365-

A esas edades todo eso te parecía imposible y maravilloso.

Los contemplabas con "admiración", los veías como tus ídolos, tus héroes.

Y esto no podía ser de otra manera porque ellos exhibían a tus ojos monstruosos triunfos. Los mirabas con asombro y te parecían muy prestigiosos.

Frente a ellos tenías las conductas típicas de todo "admirador":

Por un lado los "imitabas" porque cuanto más te parecías a ellos, más orgulloso te podías sentir de eso. Y, por otro lado, buscabas su "aprobación" y su "estima"... y te convertiste poco a poco en un necesitado crónico de esa aprobación.

Te decías *"soy un grande porque hago esto igual que papá"* o te decías *"soy un fenómeno porque mamá me quiere"*.

Además hablabas siempre de ellos, como todo admirador te encantaba contarle a tus amigos las grandes cosas que habían hecho ellos... te encantaba contar las hazañas de ellos, sobredimensionarlas, sacarles brillo, y exagerarlas.

-366-

...Pero un día descubriste que eran personas normales.... personas de carne y hueso.

Las hazañas de ellos empezaron a perder "brillo" y "magia" porque ya no te llamaban la atención.

No los veías tan "altos"… porque ahora tenías la altura de ellos. No lo veías tan fuertes… ahora podías levantar una silla con la mano y podías correr igual de rápido. No te parecía tan sorprendente que hablen con palabras raras y extrañas … ahora podías también hablar igual de rápido que ellos. Ya no te asombraba que manejen un auto… también podías hacerlo, no te conmovía que puedan patear una pelota lejísimos, ahora también podías patear igual de lejos…

Y ese fue un momento muy especial para tu vida.

Fue un tiempo en el que te "diste cuenta" de que ellos no merecían ser "tus héroes" porque no eran otra cosa que personas normales como todos. Y, por unos años, viviste en una especie de gran "revolución" donde tus hazañas predilectas eran aquellas que te servían para mostrarte que ya no los imitabas y que, además, podías prescindir de su estima. Si ellos amenazaban con dejarte de aprobar si tenías una conducta, entonces necesitabas hacer justamente eso para demostrar y demostrarte que habías dejado la etapa anterior y que entonces ya no querías más su aprecio.

Entonces te nació por primera vez en tu historia algo que podemos llamar la "Actitud Política".

La Actitud Política es el intento de cambiar el Mapa de la Autoestima y construir un nuevo Mapa de la Autoestima que tenga valores más generosos con lo que uno mismo ya es.

Por ejemplo un médico que te dice *"Los médicos son lo más útil que tiene la humanidad"* está en una Actitud Política porque trata de darle valor a una hazaña que él mismo tiene ("ser médico"). Una mujer que te dice *"Las mujeres son más inteligentes que los hombres"* también cae en una Actitud Política porque trata de hacer propaganda para que nazca un Mapa de la Autoestima en donde las mujeres sean más valoradas… y ella es una mujer.

Un hombre que se siente fracasado y dice *"los triunfadores son todos ladrones"* también cae en Actitud Política porque quiere quitarle valor a lo que él no es… quiere un nuevo Mapa de la Autoestima donde se valore menos a los triunfadores.

Una persona que salió de una enfermedad terrible a fuerza de voluntad que te dice *"Lo más importante que tiene una persona es su voluntad"* también cae en la Actitud Política porque le quiere dar valor a su propio rasgo.

-368-

Muchas veces elegimos un rasgo nuestro y le damos valor. Si somos petizos nos descubrimos hablando a favor de los petizos, si somos inquietos un día decimos que es muy importante moverse, si somos pobres otro día estamos diciendo que únicamente los pobres son honestos.

Es lo que estoy llamado la "Actitud Política".

-369-

¿Cuáles son ahora tus Actitudes Políticas más comunes?

¿Qué presencia tiene la Actitud Política en tu especial manera de vivir la Vanidad?

¿A qué rasgos tuyos les das propaganda? ¿Tu género sexual? ¿Tu color de piel? ¿Tu nacionalidad? ¿Tu profesión? ¿Tu manera de ser? ¿Tus estudios? ¿Tu nacionalidad? ¿Tus orígenes? ¿Tu filosofía de vida?

¿Qué rasgos que no tenés les quitás valor?

-370-

Una de las Actitudes Políticas más comunes de nuestra sociedad de hoy es "el feminismo".

Bueno, a lo mejor me estoy metiendo en política… no te hablo de cuestiones políticas ni de derechos de la mujer… te hablo de una corriente de pensamiento que trata de darle valor a las mujeres... mejor dicho a los seres humanos que tienen el rasgo de "ser mujer".

Esta es la manera correcta de hablar: personas que tienen la característica de "ser mujer" en lugar de "las mujeres"... personas que tienen la característica de tener avanzada edad en lugar de "los viejos"... personas que tienen la característica de ser de determinado color de piel en lugar "los blancos". Pero trae mucha incomodidad expresiva... ¿No te parece?

-371-

Hay características que mueven la posición en el Mapa de la Autoestima y hacen que algunas hazañas y anti-hazañas tengan un diferente peso, hay características que atraen la estima o el desprecio en algunos ambientes.

Por todas partes, hay una Actitud Política que trata de cambiar el Mapa de la Autoestima y construir un nuevo Mapa de la Autoestima que reconozca más a las mujeres. Por todas partes escuchamos que vivimos en una "sociedad machista"... y esa es una manera de decir que nuestros valores son "machistas"... que nuestro Mapa de la Autoestima es "machista".

Uno de los argumentos preferidos de esta Actitud Política generalizada es lo mal que siempre anduvo el mundo...administrado por "los hombres". Los hombres son más violentos, los hombres traen más accidentes de tránsito, los hombres son los que deciden las guerras, los hombres son más corruptos y más ambiciosos, los hombres tienen menos sensibilidad... se dice por ahí.

Hay otras Actitudes Políticas en defensa de otros valores. Ahora aparecen esos desfiles de modelos donde las que son demasiado flacas tienen prohibida la entrada, como una manera de quitarle valor a la hazaña de la delgadez excesiva.

Estos desfiles son apoyados por todas las personas que se sienten presionadas y necesitan cambiar el Mapa de la Autoestima y hacer uno menos exigente en cuanto a la balanza. Hay Actitudes Políticas en defensa de ciertas razas o colores de piel o extractos sociales porque denuncian que nuestro Mapa de la Autoestima es racista y quieren cambiarle la categoría de hazaña que tiene el contar con esas características raciales o de origen o de religión.

Hay millones de Actitudes Políticas por todas partes, desde la más ingenua del chico que dice que los chicos son más despiertos que los adultos o del hombre de mayor edad que dice que los tiempos pasados eran mejores... a otras más complicadas.

-372-

Pero, como te decía, la Actitud Política te nació en esa época tan especial... cuando desterraste a tus padres del panteón de tus héroes. Fueron momentos muy duros porque empezaste a construir tu propia Vanidad, tu propio lugar en el Mapa de la Autoestima, tu propia manera de ser alguien admirable, y te trataste de rebelar a todo lo que te habían impuesto ellos.

-373-

Igual estos cambios se dieron distinto frente al padre que era de "tu mismo sexo" que frente a quien era de un "sexo opuesto".

¿Y por qué? Porque uno "compite" con la persona que es del mismo sexo.

Uno juega los mismos partidos con la persona que es de su mismo sexo. El "género sexual" cambia la posición en el Mapa de la Autoestima. Y, por lo tanto, era más fácil que sientas "envidia y competencia" por as hazañas de "tu padre" (si sos hombre) que por las hazañas de "tu madre" que en ambio no las preferís tanto para construir tu orgullo y tu status.

-374-

En esa época se empezó a formar tu personalidad.

Y fue cuando, por primera vez, quisiste lograr las hazañas que más orgullo y prestigio te podían dar y comprobaste que eran distintas según tu género sexual.
Si eras un hombre te podía dar más prestigio y orgullo que levantes un pedazo de leña con la mano. Si eras una mujer que

trates a tu muñeca como una madre "mejor" que tu madre. Si eras un hombre te podía llegar a dar una rabia espantosa ver que tu padre levantaba un tronco entero, si eras una mujer eso no te disminuía y, al contrario, te servía para admirarlo más, para idolatrarlo más.

-375-

Alto acá… alto acá… alto acá…

Como mi médico sabe, en psicología hablan de la atracción romántica que se da entre el hijo y la madre y también entre la hija y el padre. Esta atracción dicen que puede ser tan fuerte que persiste luego en la vida adulta y trae consecuencias en las otras relaciones de pareja que se establecen más tarde. Mujeres que se pasan toda la vida enamoradas de su padre, hablando de las hazañas de su padre, contando recuerdos de su padre. Hombres que buscan mujeres parecidas a su madre… Hombres que buscan a su madre en todas las mujeres.

Pero… esto para nosotros es muy importante, porque vamos a ver que entre el respeto que le generan las hazañas de su padre a un hijo y el respeto que le generan las de su madre… hay una gran diferencia. Mientras que las del padre estas hazañas le provocan admiración y envidia… las de la madre le provocan solo admiración lo que lo lleva a idealizarla, a idolatrarla y por ahí estamos más cerca de estudiar con más profundidad las raíces de las pasiones románticas… de la Admiración romántica.

Cuando la conclusión de "esto es valioso" que nosotros nos queremos destinar a nosotros mismos, nos vemos obligados a dársela a otro… entonces sufrimos en el Ego… y ese dolor es la Envidia.

Los que han estudiado la Envidia con mayor profundidad, advierten que esta se desencadena con más fuerza entre los integrantes de una misma profesión. Quiere decir: cuando necesitamos la mismas hazañas para sostener nuestro orgullo que otras personas, tenemos más tendencia a envidiar a estas personas. Competimos. Por ejemplo, un abogado tendrá más tendencia a envidiar la excelente manera en que otro abogado se desempeñó en un juicio que finalmente ganó…que lo que lo puede envidiar un dentista. Otro ejemplo: un músico será más envidioso con la excelente canción que compuso un músico que la envidia que puede tener por esta canción un profesor de dibujo.

Así envidiamos a los que se llevan hacia ellos la conclusión de "esto es valioso" que nuestro ego quiere que nos las destinemos a nosotros mismos. Por eso, según cuales sean las hazañas que nosotros usamos para sostener nuestro orgullo y nuestro prestigio… tendremos más tendencia a envidiar a unos o a otros. Y, de acuerdo a nuestros conceptos, decimos que las hazañas que nos importan dependen de nuestra especial posición en el Mapa de la Autoestima… y de ahí que esto tiene una importancia decisiva al momento de determinar a quienes vamos a envidiar.

Decimos que el género sexual es una de las cosas que más modifican nuestra posición en el Mapa de la Autoestima. ¿Y cuales son las cosas que mueven nuestro lugar? Todas aquellas que determinan que una hazaña sea más importante o menos importante para nosotros. Dicho de forma más sencilla: hay cosas que te dan orgullo y status si sos hombre, y hay otras cosas distintas que te dan orgullo y status si sos mujer.

Las mujeres son competitivas con las otras mujeres. Y los hombres son más competitivos con los otros hombres.

Ahora volvamos a nuestro tema: en una edad determinada el chico se da cuenta de cuales son las hazañas que tiene que lograr para sentir orgullo y para tener status social… y estas son distintas según si es hombre o si es mujer. Por ende, si es hombre va a competir siempre con el padre ya que las mismas hazañas que le dan orgullo al padre son las que le dan orgullo a el. Si el padre levanta con la mano una silla… entonces él lo va a respetar por eso, pero en su fuero interno va a querer levantar dos sillas o tres sillas… de ahí que le profese una secreta envidia, y con la envidia la tendencia a subestimar su figura.

En cambio, con el progenitor del sexo contrario las cosas serán distintas. Al tener otras hazañas diferentes, el hijo no lo imita ni tampoco puede competir por estas hazañas. Al no envidiarlo, la admiración que siente hacia su progenitor de sexo contrario puede potenciarse a si misma en una suave locura que lo lleva a idolatrarlo… a idealizarlo… y esta idealización –que no es sexual- que viene acompañada con el sentimiento de extrañar, de recordar, etc... esta idealización puede ser parecida a la atracción romántica, a la locura de la Admiración romántica que tanto nos interesa.

Pero en este plano estamos hilando muy grueso, ya que no solamente es el género sexual lo que modifica nuestra posición en el Mapa de la Autoestima sino que hay muchas cosas más (el género sexual, la edad, la profesión, las frustraciones, etc. etc.) y por eso si indagamos con mas precisión en el Mapa de la Autoestima podremos trazar una figura más nítida de los contornos de este tipo de Admiración.

-376-

Yo sé que estamos subiendo demasiados escalones en nuestros niveles de abstracción. De ahí que estas ideas sean difíciles de incorporar, pero son muy importantes... ya que, como vimos, la base de la atracción romántica es la Admiración.

Por eso... en principio, y siempre con excepciones que más tarde estudiaremos, competimos con quien sostiene su orgullo y su prestigio sobre las mismas hazañas que nosotros, y admiramos a quienes tienen hazañas que son las propias de un rol distinto al nuestro... el chico admira a la madre y envidia a su padre.... Por ende, el chico puede desarrollar una idealización mucho más fuerte con la madre... Pero para ver esto y conectarlo con nuestra realidad y comprenderlo, es importante realizar un intenso trabajo de observación.

Hay que mirar alrededor nuestro. Hay que observar. Mirar a quien tenemos enfrente con mucha atención: ¿De qué se manda la parte esa persona? ¿Cuáles son sus hazañas? ¿De qué cosas presume?

Es importantísimo para entender el Mapa de la Autoestima complementar la incorporación teórica de estos conceptos, con la observación práctica de nuestro interior y de la realidad que nos rodea. Un lugar excelente son los viajes en ascensor. Es increíble pero con hacer alguna pregunta sobre la hora, hablar del clima o de un partido de fútbol... alcanza para que la persona que tenemos enfrente muchas veces se despache con una catarata de hazañas, si te ven joven te tiran cuarenta y siete hazañas de su vida a pesar de que no te conocen y de que es una simple charla de ascensor.

Decía que hay que estar atento a estas cosas… hay que observar la realidad para terminar de comprender el Mapa de la Autoestima.

-377-

Una de las hazañas favoritas de los padres y de las madres es la de ser "el mejor padre del mundo" o "la mejor madre del mundo".

En realidad usan a sus hijos como un instrumento que les sirve para llenar sus vidas. Tienen una vida vacía y con exagerados gestos de sobre-protección ellos encuentran un motivo para sentir orgullo y status social.

Estas personas hablan todo el tiempo y sin que les preguntes sobre sus hijos, hablan de todo lo que hacen por sus hijos, hablan de todo lo que se sacrifican por sus hijos, hablan de todo el esfuerzo que ellos realizan para sacarlos adelante, hablan de todo lo que los quieren, hablan de todo lo que los defienden.

A resultado de tanta sobre-protección, el hijo se queda sin Autoestima. Se convence de que es un perejil que todo lo que tiene y todo lo que logro en su vida, es gracias a su excelente madre o a su gran padre. En la práctica, estos personas que tienen a la "hazaña de los mejores padres" como hazaña principal de sus vidas… lo que hacen es anular la personalidad de sus hijos y pisotear su Autoestima.

En cambio, los padres que de verdad quieren a sus hijos no los usan para jactarse o para presumir… sino que trabajan en silencio para darles una Autoestima Fuerte que será la que más tarde los ayude a salir adelante en la vida. Los padres que de verdad quieren a sus hijos, les hacen sentir a ellos que tienen méritos propios, que tienen una vida propia, que tienen hazañas propias… y no que son unos perejiles eternos deudores que todo se lo deben a sus excelentes padres.

Volvamos a tu caso… a la época en que tenías esa edad.

…A lo mejor te frustraste al intentar realizar la hazaña que era la que se esperaba por tu género sexual. Y eso a lo mejor te llevó a buscar las hazañas de tu sexo opuesto y fuiste tratando de buscar tu orgullo y tu prestigio en esas otras hazañas… y comenzaste a cambiar. Y ya desde entonces te empezaste a poner "raro"…empezaste a imitar formas de hablar y de vestirse de tu sexo opuesto… empezaste a preocupar a tus padres por tu rareza.. empezaste a admirar con admiración romántica a los de tu mismo sexo… empezaste a ser más raro… pero no nos metamos en el tema de "los distintos" que no salimos más.

La cuestión es que en ese momento nació tu propio Mapa de la Autoestima que fue la primera guía que te hiciste para aprender a ser alguien "valioso" en este mundo que recién estabas conociendo. Tu Mapa de la Autoestima era parecido al de tus padres pero tenía algunas diferencias, porque por la Vanidad siempre nos mentimos un poco.

Te influyen tres mapas de la Autoestima.

1* El "Mapa de la Autoestima de la sociedad y de la época" (los valores, las hazañas fundamentales, como por ejemplo la hazaña del éxito económico)

2* El "Mapa de la Autoestima de tus padres" (tergiversado por su propia posición dentro de ese M.A, revaloradas las hazañas que los padres tienen y subestimadas las anti-hazañas)

3* El "Mapa de la Autoestima tuyo propio".

Te escucho que decís: ¿Pero no son el mismo?

Y te insisto: no, porque cada persona cuando se trata de Autoestima siempre se "miente un poco" para poder sentirse mejor.

Cuando yo recibo el impacto del gran Mapa de la Autoestima de mi época, y veo que no tengo ciertas hazañas que, según este, son fundamentales, tiendo a valorarlas menos para poder sentirme un poco mejor y para envidiar menos a quienes si las tienen.

Al mismo tiempo, tiendo a sobrevalorar un poco mis propias hazañas para poder estar un poco más orgulloso de lo que ya soy. De esta manera, cambio un poco el Mapa de la Autoestima y lo adapto a mi propia situación –me miento un poco–.

Pero no conforme con eso, después trato de influir a "mis hijos" para que también tengan un Mapa de la Autoestima que les permita valorarme más a mí, o despreciarme menos.

Si soy ladrón por ejemplo trato de convencerlos a mis hijos de que no es tan grave robar así no me desdeñan tanto. Los influyo durante toda su infancia con la esperanza de que me admiren o me respeten más de lo que me respetan o admiran las otras personas. Me encanta que me admiren y les inculco valores para transformarlos en eternos admiradores míos. Todo el tiempo me la paso defendiendo mis propios atributos, y quitándole brillo a los dones de las otras personas y les inculco a mis hijos un Mapa de la Autoestima distinto y cambiado por las piruetas de mi Vanidad.

Después cuando ellos crecen tienen entonces dos M.A. superpuestos: el de la sociedad y de la época, y el mío personal que yo mismo les inculqué Y sobre estos dos M.A. ellos construyen el propio, a su vez para mentirse un poco y sentirse mejor, que depende de sus propias hazañas y anti-hazañas principales. Entonces ya ves que los tres m.a. superpuestos influyen sobre tu persona y sobre cómo aprecias tus propios méritos y cómo sentís tus propias vergüenzas.

Te invito a que te hagas unas preguntas.

Las primeras son las ya clásicas:

¿Cuáles son tus hazañas? ¿Cuáles son tus fantasías de hazañas? ¿Con qué cosas sueña tu imaginación cuando buscás que todos te respeten un poco más?

¿Cuáles son tus anti-hazañas?

¿Cuáles son tus vergüenzas personales?

Ahora podrías intentar contestar estas preguntas con respecto a tus padres:

¿Cuáles son o cuáles fueron las principales hazañas de ellos? ¿De qué méritos ellos se jactan o se jactaban con más frecuencia?

¿Cuáles fueron sus grandes glorias soñadas?

Y después podrías preguntarte... ¿Qué cosas de ellos crees que les quitaban status? ¿Qué cosas creés que les causaban vergüenza o que les permitían estar menos orgullosos de si mismos?

Es importante que trates de identificar los tres "M.A." superpuestos con que medís el valor de tus propias hazañas y anti-hazañas. Tené en cuenta que las personas que están a tu alrededor las van a medir con sus propios M.A y sólo van a tener en común el M.A. de la sociedad y de la época, el M.A. digamos "del medio externo".

Como te darás cuenta, la falta de mutua comprensión es lo más común del mundo. O sea que si no te sentís comprendido no te preocupes: eso nos pasa a todos.

Ahora hacé un retrato del Mapa de la Autoestima personal de cada uno de tus padres.

Como todos somos hijos del medio seguramente ellos no tenían un M.A. muy distinto al gran M.A. social de nuestra época y de nuestro tiempo... pero sí había en ellos algunas cosas especiales y sería muy bueno si tratás de buscarlas.

Es un ejercicio de exploración que te va a servir mucho para "conocerte" porque ellos dos te influyeron mucho.

Lo que tenés que hacer para construir el retrato del "M.A." personal de una persona... es ponerle atención sobre todo a sus pavoneadas... tratá de acordarte de qué cosas hablaba cada uno de tus padres cuando se querían "mandar la parte".

Entre las hazañas más importantes del "m. de la a." de mi madre estaba la de ser "trabajadora", ser "rebelde", y decir frases ingeniosas.

Siempre que podía se pavoneaba de todo lo que consiguió con su esfuerzo, de todo lo que ella se esforzó por nosotros, de todas las cosas que ella se pudo comprar y pudo lograr.

Se pavoneaba mucho de eso, señalaba las paredes de nuestra casa y decía que eso era todo por el esfuerzo de ella, que ella se las ganó trabajando. Se pavoneaba también de que salió temprano de la casa de sus padres y pronto, con su trabajo, se empezó a forjar su propio destino, se pavoneaba de que ella – supuestamente- nunca fue apoyada por su familia y, sin embargo, pudo ponerles la tapa a sus familiares, y forjarse un destino.

Ella criticaba muchísimo a los ladrones o a los vivos que se aprovechan del resto y se ganan la plata sin trabajar. Para ella robar era una de las peores anti-hazañas y despreciaba muchísimo a cualquiera que haya robado, aunque sea un pan. Ella también criticaba mucho a los hombres que no trabajan, a sus ojos no trabajar es una terrible anti-hazaña para un hombre. A las mujeres que no trabajan ella también las criticaba, pero no con tanto desprecio como el que sentía por los hombres que no trabajan.

Criticaba a los curas, criticaba a la Iglesia y se burlaba de la educación que ella había recibido en un colegio de monjas. Se pavoneaba mucho de su propia rebeldía, o de una especie de rebeldía que trataba de ostentar.

Tenía mucha tendencia a rechazar los códigos de los ambientes donde nos movíamos y a criticar a todo el mundo.

Criticaba muchas cosas de mucha gente con una ideología de izquierda, y criticaba a mucha gente que no pensaba igual que ella. Criticaba mucho a la familia de mi padre porque decía que nunca habían trabajado.

Me parece que "ser linda" no era para ella una hazaña importante. Siempre fue una mujer muy linda pero nunca se esforzó en resaltar eso… nunca gastó demasiado en ropa… nunca se preocupó demasiado por "ser más linda"…no le preocupó demasiado resaltar esa hazaña así que me parece que no la valoraba tanto.

Ella soñaba con que yo me convierta en un "gerente de una multinacional", para ella trabajar en una "multinacional" es la hazaña fundamental. Para ella, el mundo se divide entre "los fracasados" que no trabajan en una multinacional y están excluidos, y "los triunfadores" que tienen la hazaña de ser gerentes, hablar idiomas, y viajar por el globo de acuerdo a las distintas misiones de la multinacional. Me ayudaba mucho con el colegio porque me iba mal y siempre iba a hablar con las maestras para que me aprueben y les decía que yo era inteligente y todas esas cosas.

A lo mejor después te cuento un poco más…

Mi padre se pavoneaba mucho de sus prácticas religiosas y de lo bueno que él era, de su aspecto físico porque iba mucho al gimnasio y le gustaba mucho la ropa, y la familia.

El admiraba mucho el éxito social, admiraba a las personas que son "simpáticas y divertidas".

Para él la gran hazaña siempre fue ser alguien "divertido". El se vestía con colores exóticos, y decía muchos chistes. Me parece que él era un creyente del "magnetismo personal". Creo que él veía en algunas personas el don de atraer a los demás a su alrededor, él admiraba mucho a "los simpáticos", las personas que tienen el don de hacerse querer o de ser muy buscadas por "la gente".

Era miembro de un grupo religioso muy importante y muy cerrado. Y todas las semanas se juntaba con ellos a charlar y a rezar.

Y también era socio de un club muy importante, un club de mucho prestigio. No fumaba ni tomaba alcohol, no le gustaba mucho la carne, creo que en un momento fue vegetariano y se pavoneaba mucho de sus buenas dietas, de su comida sana. Se pavoneaba también de su gusto por la decoración, por los muebles, por los colores de las casas, por ese tipo de cosas.

Se pavoneaba también de nosotros porque nos vendía muchísimo. Estaba muy orgulloso de sus hijos y se preocupaba mucho por nosotros, se pavoneaba también de ser una buena persona. En su grupo religioso había mucho respeto por las hazañas económicas, por la hazaña del éxito, por la hazaña de la clase social, por todas esas cosas. Y en su círculo no se hablaba nunca de cosas "aburridas" porque ser "aburrido" era una de las anti-hazañas más temidas y más demoledoras.

Ahora viene la tarea para el hogar: buscate una birome y un papel y escribí una redacción acerca de cómo era el Mapa de la Autoestima de cada uno de tus padres.

Ya sé que te lo pedí antes y que te da pereza... pero es muy importante porque ellos por un largo período de tu vida fueron "tus ídolos". Y, por ende, seguro que tuvieron un impacto muy fuerte sobre tu propia personalidad.

Es muy fácil: tenés que tratar de acordarte de que tipo de cosas se jactaban, de qué hablaban cuando se querían mandar la parte, qué tipo de méritos tenían las personas que ellos admiraban…qué tipo de vergüenzas de ellos trataban de esconder, qué tipo de vergüenzas tenían las personas que ellos despreciaban…y todas esas cosas.

Algunos padres se jactan mucho de su trabajo y de todo lo que se sacrifican por su familia, de que se matan trabajando, algunos se jactan de su estudio y de todas las buenas notas que sacaron y de sus títulos universitarios, algunos hasta tienen varios estudios universitarios... algunos de su carrera... otros se jactan de sus "vivezas"...otros de sus deportes...otros de sus ideas y de sus negocios.... otros de los triunfos de sus hijos... otros de sus vínculos sociales... otros de su inteligencia... y les dan distintos ejemplos a sus hijos.

¿De qué se jactaban cada uno de tus padres ... de qué se pavoneaban, de qué presumían? ¿Qué temas sacaban cuando ellos se querían mandar la parte?

Dime de que presumes... y te diré como eres.

-388-

Muchas personas presumen justamente sobre lo que no tienen... pero no importa porque si presumen de algo es que lo consideran una hazaña y eso habla de su Mapa de la Autoestima.
Lo que ahora quiero que intentes es recordar cómo era el especial Mapa de la Autoestima que tenían tus padres... porque te influyó muchísimo.
Te hablo en pasado de ellos porque la idea es tratar de recordar de qué cosas se pavoneaban ellos en las épocas de tu infancia, cuando eran tus ídolos.

-389-

¿Cuándo sentiste que no cumplías con las expectativas que te cargaron?

¿Cuándo sentiste que no pudiste alcanzar las hazañas que ellos te mostraron como imprescindibles para que te premien con su amor y reconocimiento?

¿Te humillaban? ¿Cuándo te humillaban? ¿Cuándo te hicieron sentir que eras indigno de ellos? ¿Te alentaban?

¿Cuándo te pareció que los conformaste más y que los asombraste con tu valor? ¿Te encajaron un "plan de vida" repleto de hazañas que después te resultó difícil cumplir? ¿Te presionaron mucho con expectativas exageradas para que alcances un destino que los llene de orgullo y de prestigio social?

¿Te desalentaron con algún sueño, con alguna ilusión?

También me gustaría saber que tan bueno era "el diálogo" que tenías con ellos.

¿Te escuchaban? ¿De qué hablaban? ¿Se interesaban por tu vida?

¿Qué tipo de cosas le tenías que contar para que ellos te premien con su aplauso, su amor, su cariño, su admiración?

Cuando ellos hablaban sobre tu vida con sus amigos… ¿Se pavoneaban de algún mérito tuyo? ¿De qué cosas tuyas se pavoneaban?

-390-

En esas edades uno ve a sus padres como dioses porque ellos tienen hazañas que parecen inalcanzables (ser altos y fuertes, manejar autos, manejar el mundo, hablar con otros seres altos y fuertes, etc.)

Me interesa que te acuerdes si en algún momento sentiste la impotencia de no poder alcanzar esas mismas hazañas que debías lograr para que te den su aplauso. Me interesa que tratés de acordarte de eso…

-391-

Las cosas que menciona una persona cuando se quiere mandar la parte… son elementos muy decisivos de su personalidad.

Allí te podrás dar cuenta de cuanto te puede respetar esa persona y qué motivos tiene para valorarte o -al contrario- de cuanto te puede llegar a despreciar.

-392-

Vas a darte cuenta de que no todos presumen de las mismas cosas. Y que, por los mismos motivos, no todos admiran a las mismas personas.

A veces una persona puede ser despreciada por uno y admirada por otro. Pero, sin embargo, hay algunas cuantas hazañas que son las más comunes en cada grupo y lo mismo se puede decir de ciertas anti-hazañas.

-393-

¿De qué hazañas se pavonea con más frecuencia la gente que te rodea?

¿El éxito? ¿Los logros de su trabajo? ¿Los amigos que tienen llenos de prestigio o de hazañas? ¿Lo inteligentes que son?

¿Lo mucho que estudiaron? ¿De qué se manda la parte la gente? ¿De todas las andanzas que tienen?

¿De qué se pavonean? ¿Cómo es el Mapa de la Autoestima Social que te rodea?

-394-

Tus padres te influyeron mucho porque te dieron un sistema de valores para medir el valor de todas las personas, incluso tu propia persona.
Ellos también tenían el suyo. Y de ahí que ellos admiraban y despreciaban a personas que no son necesariamente las mismas que admira y desprecia el común de la gente.

Es muy típico que tengan pequeñas distorsiones y, como las heredaste por su ejemplo, por su educación y por su influencia, es muy común que tengas una regla para medir el valor de las personas (en términos de prestigio social, respeto, orgullo, admiración, etc.) que no sea exactamente igual a la de las personas que te rodean.

Y para conocer como es, es imprescindible que trates de recordar de que cosas se mandaban la parte cada uno de ellos cada vez que ellos tenían ganas de mandarse la parte.

¿Cuáles eran las hazañas que ellos tenían? ¿Cuáles eran las hazañas que ellos trataban de mostrar que tenían pero que no las tenían en realidad?

¿Cuáles eran las anti-hazañas que ellos tenían y que se animaban a mostrarlas? ¿Cuáles eran las anti-hazañas que ellos tenían y que trataban de esconder?

-395-

Sería muy bueno que los periodistas cuando le hacen un reportaje a algún político o alguna celebridad hagan estas mismas preguntas.

¿De qué se jactaban tus padres cuando se querían mandar la parte? ¿Qué cosas tenías que lograr de chico para que ellos te aplaudan?

Lo malo es que me imagino que todos mentirían. *"Mis padres me dieron valores"*. O dirían *"Mis padres me enseñaron a respetar a los débiles"*. O todas esas mentiras que la gente dice porque sospecha que si los padres que tuvieron fueron un "ejemplo" o fueron "próceres", entonces con eso tienen ellos mismos un mérito para ser más reconocidos y valorados.

-396-

Por eso te pido que dejes toda tentación de "auto-engaño" y sigas en tu camino de "auto-sinceridad". Te pido que hagas memoria y que hagas una cuidadosa reflexión.

Te insisto: olvida por favor los auto-engaños y la necesidad de defenderlos o de lucirlos… la sinceridad es lo más importante que te pido.

¿De qué cosas se jactaban cuando se querían mandar la parte? ¿Qué vergüenzas tenían? ¿Qué imagen de ellos les hubiera gustado que tengas?

¿En qué tipo de super-héroe se querían convertir cuando fantaseaban con ser más respetados y más prestigiosos?

¿Qué sueños tenían?

¿Cuáles eran sus hazañas?

Cuando llega ese período de "la revolución"... uno forma su propia personalidad y se rebela de sus padres para tener alas propias... y entonces por fin entiende que son personas normales y esas hazañas que uno antes les admiraba... ya pierden valor y uno siente la necesidad interna de sacarse de encima esa idolatría que por tantos años les profesó.

El padre no entiende que le pasa a su hijo. No entiende como ya no puede ser "su amigo" y no puede comprender cómo le lleva la contra en todo.

Dice: *¿Qué fue lo que hice para que se aleje tanto de mí?*

Y lo que debe comprender... es que su hijo necesita construir su personalidad y para hacerlo lo primero que trata de hacer es sacarse de encima la tremenda admiración que antes le tenía.

Y rebelarse es su manera de luchar contra esa admiración.

Es el momento en que necesitás... dejar de verlos como ídolos y para eso tratás de contradecirlos en todo. Te buscas nuevos ídolos y salís por la vida a admirar a algún profesional de la admiración que "trabaja de ídolo"... o sino tratas de ser tu propio ídolo.

Y en ese momento nace la "Actitud Política". Te decía que es las ganas de cambiar el gran Mapa de la Autoestima y hacer uno no que sea más a la medida de lo que "uno ya es".

Por ejemplo, esas propagandas que defienden el derecho de las mujeres a no ser "hiper - flacas" apuestan a la Actitud Política de la gente que sale a tratar de apoyar eso para que cambie el Mapa de la Autoestima y nazca uno nuevo donde esas miles de personas -que no se ven tan flacas- sean más respetadas y prestigiosas.

A lo mejor la Actitud Política de las masas hizo nacer "la ética", hizo nacer muchas religiones, dio origen a "la moral".

A lo mejor la Actitud Política fue lo que originó muchas leyendas como que "los ricos son ladrones" o que "las lindas son tontas", y está detrás del fervor que despertaron en los pueblos algunos "héroes" y profetas.

A lo mejor en la Actitud Política está la clave de por qué algunos personajes públicos llenos de hazañas despiertan tibia envidia… y hay otros que en cambio desatan la admiración masiva… a lo mejor los que los admiran gritan por ellos porque sienten que si sus ídolos son más respetados nacerá un nuevo Mapa de la Autoestima donde los propios seguidores serán por fin un poco más prestigiosos y aceptados.

Te dejo la inquietud…

-399-

Me intriga el protagonismo que tiene la Actitud Política en los movimientos de masas y en algunas ideologías.

¿No será que el poder del resentimiento es lo que está detrás de muchas fuerzas sociales y poderosas? ¿No será la envidia, la envidia que le tengo a mi vecino que logró méritos que yo no pude, lo que me lleva a seguir alguna ideología, algún líder, algún promotor que me dice que mi vecino tiene la culpa de los males de la humanidad?

Ya habíamos visto que la envidia tiene una curiosa capacidad: vuelve loco a quien la siente. Si sos atento y auto-sincero, vas a ver que las pequeñas envidias pasajeras de todos los días se disfrazan a si mismas de pretextos más elegantes y se ven como pequeñas bronquitas inexplicables hacia personas que no hicieron nada malo.

Ahora, el potencial de todas esas envidias juntas, el potencial que tienen cuando se unen a un gran movimiento de masas, para provocar una locura colectiva de resentimiento y odio hacia un sector pequeño… puede ser muy fuerte.

Creo que a las personas famosas y llenas de hazañas en general no se las envidia, se las admira. Pero algunas ideologías políticas tienen el mérito de capitalizar la envidia tapada, secreta y poderosa que podemos profesar sin darnos cuenta hacia nuestro vecino o hacia nuestro compañero de oficina. Y se visten estas ideologías como un rosario de argumentos intelectuales que buscan desprestigiar a quien en verdad envidiamos, y nosotros caemos en la locura y creemos en esos argumentos sin ver que la envidia disfrazada es lo que está detrás de nuestros prejuicios, nuestro fanatismo, o de nuestro odio. Y lo mejor es el rol de quien sabe usar todo esto a su favor y logra convertirlo en toneladas de admiración hacia su propia figura y se convierte en una especie de leyenda dentro de una sociedad enloquecida que ya no lo ve como lo que "verdaderamente es" (a lo mejor un simple resentido, a lo mejor un hábil manipulador de nuestros resentimientos) sino como algo mejor... tal vez un ser superior al resto de los simples mortales.

-400-

Muchas ideologías tienen la forma de una gran Actitud Política: hagamos que esto que hoy es respetado, admirado y prestigioso (y que nosotros no tenemos y tiene nuestro vecino arrogante) sea despreciado, sea vilipendiado y sea visto como el artífice de todos los males del mundo... y de esta manera lograremos un poco más de respeto hacia nosotros mismos que estamos muy resentidos y que nos sentimos muy mal.

-401-

¿Qué sentís del Mapa de la Autoestima Social de tu gente y de tu época?

¿Cuáles son las grandes hazañas que la gente respeta y admira? ¿Cuáles son las grandes ideologías que tratan de quitarle prestigio a esas hazañas?

¿Quiénes tratan de usar el resentimiento de las masas para construir su propia autoridad entre la gente?

¿Cuáles son las ideologías del resentimiento y de la envidia?

¿Qué te parecen esas ideologías?

-402-

Pero volvamos a la formación de tu personalidad que nos fuimos de tema.

Veníamos conversando sobre el momento en que dejaste de admirar a tus padres... el momento en que descubriste que las hazañas que ellos tenían no eran una cosa del otro mundo como antes creías y que incluso estaban a tu alcance.

Como te decía... en ese momento de tu vida creaste tu propio Mapa de la Autoestima.

Destronaste a tus antiguos ídolos, y te buscaste unos nuevos y te hiciste tu propio sistema de valores que determinó a partir de entonces a quien ibas a despreciar... a quien ibas a respetar... y en qué cosa te tenías que convertir para merecer tu propio aplauso.

Las hazañas de ellos ya no te parecían impresionantes.... No te llamaba la atención que sean tan altos... ahora habías crecido en altura. No te sorprendía que puedan patear lejos una pelota, ahora también eso lo podías hacer. No te admiraba que se vistan con su propio estilo y colores, ahora te empezaste a comprar tu propia ropa... fue un momento muy duro porque para desprenderte de toda la Admiración que les tenías los empezaste a tratar excesivamente mal.

-403-

¿Qué tal lo viviste? ¿Sufriste mucho o la pasabas bien?

¿Cuáles eran tus hazañas favoritas en esa época? ¿Tuviste ídolos? ¿Quiénes eran?

¿Qué hazañas tenían tus nuevos ídolos?

-404-

Tu paciente por ejemplo por esa época se hacía mucho "el fuerte" y vivía lleno de secretas inseguridades. Admiraba a algunos músicos y soñaba con ser músico él algún día... Soñaba siempre con escenarios, soñaba con canciones, soñaba con andar por la vida vestido de rebelde, soñaba con ser un Artista.

¡Que bueno ser músico! Arriba de un escenario y miles de personas escuchando... repitiendo las letras. Componiendo canciones que después son recordadas. Esas si que son hazañas, uno entiende la admiración masiva que despiertan los músicos.

Con las clases de guitarra todo parecía más posible.

Nunca lo podría admitir -ni loco- si me lo preguntabas... pero imitaba mucho a todas las personas de mi edad. Sin embargo... imitaba mucho más a los "prestigiosos"... a los que tenían las hazañas que mi estrenado y nuevo Mapa de la Autoestima me recomendaba... y trataba de ser "distinto" a los que tenían las antihazañas y que por eso yo despreciaba mucho... trataba de ser distinto a todos los que me parecían un quemo.

Jamás te lo podría admitir pero vivía "en pose". Si me lo preguntabas...seguro que te lo negaba a muerte pero era mi realidad. Y, además, otra cosa que me acuerdo es que idealizaba mucho a un par de mujeres... todo el día vivía suspirando por ellas, me castigaba con canciones románticas, lloraba mucho, tenía fantasías suicidas... me sentía un inútil... me agrandaba.

Bueno... bueno... bueno, te estoy cansando. No sabés que cerca que estuve de tirarte un rosario de hazañas (me estaba por hacer el mujeriego, el lindo, el ganador...etc.) pero... ¿Para qué quiero tanto pavonearme y que me aceptes si sos mi médico no te parece?

Sigamos...

En ese momento de tu vida, entonces, te fabricaste tu propio Mapa de la Autoestima.

Y lo hiciste tomando tres ingredientes. Por un lado, el que ya tenías de antes que es el que te impusieron tus antiguos ídolos... tus padres. Por otro lado, el que forma parte de "tu sociedad y tu época" que percibiste en la gente que te rodeaba, tus hermanos, la televisión, los libros, las revistas, las publicidades, el cine, lo que viste en la calle, tus amigos, tus maestros... y todas esas cosas.

Y el tercer ingrediente es tu Actitud Política que lo mejoró un poco, lo talló un poco... para que sean más valoradas tu personales hazañas y menos despreciadas tus propias anti-hazañas.

Todo el mundo se miente un poquito a si mismo cuando se trata de temas de Autoestima.

-406-

Fíjate que, sobre todo en este tipo de modificaciones que le hiciste a tu Mapa de la Autoestima Personal, seguro que influyó la forma en que te relacionaste con las hazañas que tus padres te habían pedido desde siempre para darte su aplauso.

Si tu relación fue "buena" y pudiste alcanzar con éxito esas mismas proezas es muy posible que no cambie mucho tu Mapa de la Autoestima con respecto al Mapa de la Autoestima de tus padres... si tu relación fue "mala" y te heriste mucho, te frustraste mucho... acá es más fácil que hayas necesitado rebelarte más y por eso hayas abrazado valores muy distintos a los de ellos.

¿Qué tan distinto fue el Mapa de la Autoestima tuyo personal que te hiciste en esa edad del Mapa de la Autoestima de tus padres? ¿Fue muy diferente? ¿Fue casi igual?

¿Qué tan diferente fue tu propia posición adentro de ese Mapa de la Autoestima con respecto a la posición de tus padres?

-407-

Deberíamos profundizar un poco más en ese Mapa de la Autoestima Social con que uno se topa apenas deja de idolatrar a sus padres y que siempre estará... y que de él depende el reparto general del prestigio social en la sociedad.

El Mapa de la Autoestima Social es el registro general que nace de la suma de nuestros Mapa de la Autoestima y que reparte el prestigio en la sociedad de acuerdo a las hazañas de cada uno.

Eso que le llamamos "los valores"

-408-

¿Qué hazañas debés lograr para tener prestigio social en tu grupo, en tu sociedad, en tu gente?

¿Ser buena persona? ¿Ser lindo? ¿Ser joven? ¿Ser trabajador?

¿Qué anti-hazañas pueden llenar de estigma a una persona en tu grupo? ¿Ser de cierta condición social? ¿Ser fracasado? ¿Ser mala persona? ¿Ser "aburrido"? ¿Ser "viejo"?

-409-

Me gusta mucho "la sociología".

La materia principal de estudio de los sociólogos debería ser justamente este "Mapa de la Autoestima Social" que tanto influye en tres frentes: primero es el que empuja a la gente a buscar sus hazañas y así mueve a las masas, segundo, determina a quien el grueso de la gente va a admirar y a quien va a despreciar... tercero le da a los expertos en publicidad las pautas que tienen que tener en cuenta para manipular a las masas (para manipularte a vos y para manipularme a mí).

Además, frente al Mapa de la Autoestima Social, la reacción de las personas no es totalmente pacífica y mansa. Está lleno de grupos que se le rebelan y tratan de cambiarlo todo el tiempo para lograr un nuevo "Mapa de la Autoestima Social" en donde ellos sean más reconocidos y prestigiosos.

Es la Actitud Política y nace en esa edad en donde el chico deja de idolatrar a sus padres y necesita empezar a cuestionar un poco los valores que le imponen y trata de "promocionar" nuevos valores que le sean más amistosos.

Por ejemplo la "marcha del orgullo gay" es un montón de gente que pelea por una nueva sociedad con "nuevos valores" en donde ser gay no sea más una anti-hazaña... no sea más un motivo de desprestigio y vergüenza

-410-

¿Cómo te parece que es el "Mapa de la Autoestima Social" de tu sociedad y de tus días?

¿En qué hazañas creés que se funda el respeto que le tienen tus conocidos y amigos a los ídolos de tu circuito de gente?

¿Qué anti-hazaña creés que puede destruir el prestigio social de alguien totalmente hasta convertirlo en un paria o un leproso social ?

-411-

Están de moda "los perdedores". Pero no "los perdedores" comunes que te cruzás en tu vida, que no tienen un centavo, que andan en las sombras del mundo y que nadie les da bolilla... Te hablo de los "perdedores héroes" que son fracasados envasados adentro de una vida de éxito, dinero y mucha fama.

-412-

¿Me estoy contradiciendo? Mirá... Este "Mapa de la Autoestima Social" te pide que seas sobre todo "exitoso" para ser alguien respetado.

Te pide que te vistas prolijo, que trabajes duro, que estudies fuerte y saques excelentes notas, que seas medido, que seas inteligente, que tengas un sueldo alto... y si entrás a la universidad sentís la competencia por las notas, en las entrevistas de los trabajos te piden idiomas, te piden promedios excelentes, te piden masters, te piden disciplina, te piden una trayectoria responsable...

Como todo no lo podés lograr tenés una Actitud Política tendiente a aplaudir a "los perdedores"... una manera de luchar contra este Mapa de la Autoestima Social de tanta competencia y culto al número uno que tenemos.

-413-

Entonces el mercado te fabrica este tipo de profesionales de la admiración que son perdedores envasados en una vida de éxito y fama, grandes hazañas y dinero.

Te seducen con este tipo de futbolistas alcohólicos y drogadictos… estos actores borrachos y mal peinados… estos músicos medio barbudos y sucios… estos payasos que se enferman siempre y dan la imagen del perdedor perfecto a propósito… estos personajes anarquistas o de izquierda que en realidad viven en una mansión y ves las fotos de su mansión en las tapas de todas las revistas….

Entonces los admirás… los admirás porque necesitás luchar contra los valores de un "Mapa de la Autoestima Social" exitista que ves como asfixiante y que no te deja desatarte el nudo de la corbata… y los admirás sobre todo porque (en el fondo) tienen las hazañas, más allá de toda su rebeldía y de su vida "rota" y de su publicitada irresponsabilidad.

-414-

El "Mapa de la Autoestima Social" de los pueblos es el gran responsable de su destino.

Las distintas religiones con sus diferentes "profetas" alentaron el culto y el desprecio a diferentes hazañas y anti-hazañas.

Los distintos "próceres" dotados de distintas cualidades fueron un ejemplo distinto de status para sus pueblos… ejemplos distintos que influyeron mucho en el "Mapa de la Autoestima Social" porque después a esos próceres los elogiaron en sus clases de historia sus maestras y maestros, los colocaron en sus avenidas y pusieron sus estatuas en las plazas, y los pusieron también en sus manuales escolares y en sus monedas y en sus billetes.

-415-

No tengo las herramientas para darte "la investigación sólida" que cualquier descripción profunda de nuestro "Mapa de la Autoestima Social" exige.

Pero te invito a que trates de conocerlo, de buscarlo, de interrogarlo.

-416-

Es muy difícil pretender conocer el "Mapa de la Autoestima Social" de un país o de un pueblo porque es muy variante y cambia con cada familia, con cada clase social, con cada grupo de amigos. Por supuesto que entonces no pretendo darte la verdad absoluta.

Pero te invito a que lo charlemos… ¿Qué defectos tiene nuestro "Mapa de la Autoestima Social" que nos hacen mal como país y no nos dejan crecer?

¿Estás de acuerdo con que tenemos una relación muy rara con el dinero? ¿Estás de acuerdo en que valoramos demasiado al "pícaro" o al "piola" y que eso no nos deja crecer?

¿Estás de acuerdo en que violar la ley no es para nosotros una gran "anti-hazaña" y que eso no nos deja crecer?

Tal vez nosotros somos más tolerantes y permisivos con la persona que viola la ley y, en determinadas situaciones, hasta la entendemos y le damos nuestro aplauso.

¿No te parece que esta falta de estima por la ley es también un defecto de nuestro "Mapa de la Autoestima Social"?

¿Estás de acuerdo en que el "Mapa de la Autoestima Social" de un pueblo es muy decisivo y que puede determinar su éxito o su ocaso?

Otro rasgo que me parece sobresaliente es el papel importantísimo que cumple la hazaña del éxito, pero sospecho que esto es en todos los pueblos y no es algo particular del nuestro. Yo en lo personal admiro más al luchador que tuvo millones de dificultades antes de encontrar la fortuna que al que se le dio todo en bandeja… por un talento natural o porque alguien lo ayudó. A lo mejor los argentinos tenemos una relación muy rara con el éxito, como si nos diera culpa, como si el exitoso fuera un ladrón, cuando nos preguntan "¿Cómo estás?"

contestamos "…tirando" o "luchando"… como si fuera un quemo responder "¡muy bien!".

-417-

¿Qué hazañas importantes crees que tienen que estar en el "Mapa de la Autoestima Social" de un pueblo o de un país para que triunfe?

¿La admiración por el esfuerzo? ¿La admiración por los soñadores audaces que creen en sus sueños? ¿La admiración por la persona que se hace a si misma?

¿Que anti-hazañas son importantes? ¿El desprecio implacable por la antihazaña de violar la ley? ¿El desprecio por la anti-hazaña del robo?

¿Cómo lo ves al Mapa de la Autoestima Social de tu país, de tu barrio, de tu gente?

¿Estás de acuerdo conmigo en que el Mapa de la Autoestima Social (el registro que indica qué cosas dan honor y qué cosas no) de un pueblo es el gran artífice de su esplendor o de su ocaso?

-418-

Tu "Mapa de la Autoestima personal" (tus valores) se nutre todos los días del "Mapa de la Autoestima Social" (los valores de tu sociedad) y recibió un fuerte alimento durante tu infancia y juventud de parte del "Mapa de la Autoestima personal" de cada uno de tus padres y de otras personas que te influyeron como tal vez tus maestros o tus hermanos.

Y los tres son muy parecidos… las diferencias nacen en que -cuando se trata de Vanidad- todos nos mentimos un poquito.

-419-

Seguramente en un momento a quien tenía sexo opuesto al tuyo (o de tus padres) lo "admiraste" mucho más y eso te llevó a idealizarlo.

Y al que tenía el mismo sexo lo "envidiaste" y eso te hizo chocar más.

Esto por la razón de que el "género sexual" mueve tu posición en el Mapa de la Autoestima y por eso enseguida te diste cuenta de que debías alcanzar las mismas hazañas que quien tenía tu mismo sexo para estar orgulloso y ser respetado... y eso te llevó a "compararte" más y a "competir" más.

-420-

El "Mapa de la Autoestima personal" de cada uno de tus padres es la primera gran diferencia emocional que tenés con las personas que te rodean... como tu pareja por ejemplo.

Por eso tu paciente loco te pide con tanta insistencia que te hagas un retrato aproximado de cómo era... aunque sea recordando más o menos de qué cosas ellos se mandaban la parte... de qué cosas presumían.... de qué cosas se pavoneaban cuando ellos eran tus ídolos.

Pero hay algo mucho más importante a tener en cuenta: tu frustración. ¿Qué tan bien te llevaste con el Mapa de la Autoestima de tus padres? ¿Qué cosas debías lograr para tener su aplauso... y no las pudiste lograr?

¿Qué tanto te podría admirar una persona que tenga el mismo "Mapa de la Autoestima personal" que tenían tus padres?

La importancia de "tu frustración" es decisiva. ¿Pudiste alcanzar las hazañas o fracasaste en el intento? Porque una herida de esta clase en esa época... sumada a la desaprobación de tus padres... a lo mejor te dejó golpeado para siempre... Y a lo mejor te dejó como secuela una enfermedad de la Autoestima.

-421-

Imaginate que estamos en un pueblito de surfistas de la costa del pacífico.

Un día alquilamos dos tablas y vamos caminando hasta la playa con las tablas al costado. Cuando llegamos a la playa... entonces vemos en el mar a profesionales del surf, no digo profesionales digo bestias, marcianos... gente que hace la vertical mientras surfea, locos de las olas que hacen la vuelta carnero y se paran, que saltan, que hacen de todo.

Entonces te digo: ¿Vas al agua? Y decís: "No dejá... mejor me quedo mirando". Es que antes que hacer tu humilde deporte en frente de estos monstruos, te intimadas y te quedas en la arena mirándolos.

Creo que la imagen es buena para entender como estamos en una sociedad de espectadores: todos tenemos miedo de vivir.

Caminamos hasta la playa con la tabla en la mano, pero cuando llega la hora de "crecer" y "vivir" nos quedamos mirando.

Nuestro "Mapa de la Autoestima Social" empezó a cambiar. Y todos nos desorientamos... ya nadie sabe qué es hoy en día un hombre prestigioso y qué es hoy en día una mujer prestigiosa.
Antes era lógico... una mujer prestigiosa era una mujer "linda"... "coqueta" y "elegante"... y un hombre prestigioso era un hombre "con poder", "con inteligencia".

Pero con el cambio de nuestros valores, de los géneros sexuales, de todo...se hizo una ensalada.... Entramos en una licuadora de valores. Y hoy los mismos hombres empiezan a buscar a "la belleza" como una hazaña importante.

Hoy si... tenés muchos hombres que se pavonean y se mandan la parte de que "son bellos".

Son los "hombre objeto" que tienen como misión principal de la vida "ser lindos", "ser elegantes", "ser divertidos", "gustar". Y con la inauguración de la "hazaña de la belleza" dentro de la zona del Mapa de la Autoestima que habitamos "los hombres"... una nueva generación de hombres nos está dejando desorientados a todos.

Con todos estos cambios desaparece el amor en las parejas, desaparece la admiración... y hoy todos queremos ser lindos, queremos ser exitosos, queremos ser buenos padres, queremos ser jóvenes, queremos ser prestigiosos... sin importar el género sexual... todos competimos por las mismas hazañas y la señora envida entro en las parejas y destruyó la admiración.

Al respecto, leí algunas cosas interesantes en uno de los libros de auto-ayuda para mujeres que me compré. Este tipo de libros escritos por mujeres y para mujeres, son excelentes para aquellos que estamos tan interesados en las mujeres porque nos abren la puerta de los miedos que ellas tienen, de los anhelos que ellas tienen cuando se relacionan con nosotros, y de los errores que según otras mujeres ellas cometen al momento de atraparnos.

Este libro que te cuento se titula *"Los hombres las prefieren cabronas"* y tira algunos consejos que me parece muy buenos.

"Fingí que no podes abrir la tapa de la mermelada y pedile a él que te ayude", o sino *"Si hay un ruido en la puerta, decile que tenes miedo y pedile que vaya a ver que pasa"* o sino *"Cuando vean una película de terror, cerrá los ojos y pedile que te diga cuando ya pasó la parte fea... o pedile que abrace"*

Este tipo de consejos me hicieron reír mucho, pero al mismo tiempo son consejos que caen en esta época de roles ambiguos de hombre y mujer donde no se sabe a ciencia cierta cuales son las hazañas masculinas y cuales son las hazañas masculinas. En estos tiempos donde los integrantes de una pareja compiten por los mismos triunfos y se envidian en lugar de admirarse. A lo mejor trucos sencillos como los señalados pueden ayudar a despertar los sentimientos de la Admiración.

Nos tiene desconcertados esta Nueva Mujer, que tiene independencia económica, que es inteligente, que es profesional, que tiene carácter, que tiene poder en la sociedad... ¿Qué hacemos con alguien así? ¿Cómo la admiramos? ¿Cómo vamos a creer que una persona que tiene todas estas cosas nos puede admirar a nosotros?

Estas cosas, reflejo de los cambios en el Mapa de la Autoestima, invitan a buscar mecanismos o consejos para dejar a salvaguarda los sentimientos fuertes de la Admiración.

-424-

La hazaña de gustar es importantísima. Todos necesitamos saber que gustamos, que podemos gustar, que hay alguien en el mundo que se fijo en nosotros y siente atracción.

Ustedes parejas nuestras tienen que regalarnos ese desafío, ese miedo, esa batalla... y ese premio. Si se acabó el partido y la relación entró en una calma donde todos los días es lo mismo y no hay más riesgos, no hay más cambios... empezamos a fijarnos en otra, empezamos a tratar de ver si le "gustamos" a otra, ya queremos una nueva hazaña.

Y hay algunos de nosotros que tienen a la hazaña de gustar como su hazaña primordial, son los seductores incurables, toda la Autoestima está sostenida sobre eso, no hay más desafío ni deporte que gustar, que conquistar, que seducir... y el que es así no cambia ...es inútil que lo traten de cambiar. Y se lo reconoce por su conversación: todo el tiempo va a presumir de lo mucho que "gusta", de las muchas mujeres que conquistó, de todas las que pasaron por su ojo... Mientras que otros hombres presumen de otras cosas.

Hay mujeres que también están en la misma. Pero son histéricas: necesitan saber que gustan y una vez que lo comprueban, pierden el interés. Y después están las otras, las que tienen otra hazaña, la hazaña de "enamorarse". A ellas les encanta ser seducidas, les encanta dejarse conquistar, y van llorando por los rincones por su corazón atormentado. Creo que una persona que sabe que gusta, que sabe que provoca atracción, ternura y deseo... tiene con eso un elemento muy importante para su Autoestima y una fuente de fuerzas que ayuda muchísimo a luchar por las metas, por los sueños, por el destino.

-425-

¿Cuáles creés que son las hazañas fundamentales de nuestro "Mapa de la Autoestima Social"?

¿Estás de acuerdo conmigo en que hubo un cambio con respecto a la importancia del género sexual... y hoy está todo más difuso?

¿Son distintas las cosas que le dan status y orgullo a una mujer en nuestros días?

¿Es diferente la jerarquía de hazañas que construye el prestigio social de un hombre hoy en día? ¿Cuáles crees que son las derrotas más importantes, las derrotas que más pueden dañar tu prestigio social en nuestros días?

¿Te parece que la ética y los valores siguen ocupando un lugar importante en nuestro "Mapa de la Autoestima Social"? ¿Te parece que ser malo, ser mala persona, ser mal bicho quita prestigio social en nuestros días o ya todo es igual y nada es mejor... como dice el tango?

¿En que te parece que cambio el "Mapa de la Autoestima Social" con respecto al "hombre y la mujer"?

¿Estás de acuerdo en que está cambiando todo el tiempo y a toda velocidad, y que eso nos tiene desconcertados a todos y hoy ya nadie sabe qué es una mujer y qué es un hombre?

Ustedes las mujeres que lograron las hazañas clásicas de las mujeres... ser lindas, ser elegantes, ser buenas madres, tienen que saber que con eso igual no alcanza, los tiempos están más difíciles.

Ustedes las mujeres inteligentes, las mujeres deportistas, las mujeres exitosas, las mujeres estudiosas, las mujeres con poder... tienen que demostrarnos que nos pueden admirar.

Si no... nunca van a poder seducirnos, la gente perfecta no puede seducir a nadie.

¿Cómo vamos a querer a una persona que nunca nos va a admirar?

¿Cuáles son las hazañas de tu pareja?

¿Por qué hazañas la respetas? ¿De qué hazañas se manda la parte tu pareja? ¿Qué hazañas te envidia? ¿Qué hazañas tuyas te admira?

¿Presumís de los logros de tu pareja? ¿Presumís de que tiene hazañas? ¿Presumís de que es linda? ¿Presumís que es joven? ¿Presumís de su clase social?

¿De qué hazañas de tu pareja te gusta mandarte la parte?

¿Qué hazañas de tu pareja te sirven para mejorar tu propio orgullo y tu propio status social?

¿Hay mucha competencia entre ustedes? ¿De qué cosas tuyas se manda la parte cuando se manda la parte?

¿Qué hazañas tuyas te las quiere minimizar o quitarles méritos? ¿Qué hazañas te envidia? ¿Qué hazañas tuyas crees que le duelen?

¿Por qué hazañas ustedes dos compiten?

¿Te humilla? ¿Te exige que realices hazañas impresionantes para poder mandarse la parte de tus logros? ¿Se queja de tus anti-hazañas porque le dan vergüenza?

Con escuchar con atención el tipo de hazañas que utiliza una mujer para presumir, podemos saber a que perfil de hombre se le acerca.

Hay muchas que hablan de "química" o de "piel", pero se trata de hazañas.

El amor es una de las formas de la admiración y la seducción está allí. Las más astutas saben disfrazarse de premios y me hacen creer que si me rechazan es por mis errores y si me quieren es por mis buenas jugadas.

Ellas no juegan al amor como un jugador de poker, ellas juegan como si fueran las cartas de poker. Me hacen creer que yo soy el único jugador. Y si el partido lo pierdo es por culpa mía y si lo gano es por mi estrategia.

Son ilusionistas que saben hipnotizar mi Ego. Y mi Ego hipnotizado solamente está pendiente de ellas, solamente trama fantasías con ellas. Y saben como tocarme mi Vanidad para que crea que en mis manos está mi éxito y mi fracaso. Saben colocar adentro de mi alma el "auto-reproche" y con maestría saben convencerme de que tengo la culpa de todo cuando me abandonan.

Ahí está su entrenamiento emocional en el gran juego del amor. Pero para desarmarlas también es cuestión de hacerlas hablar, tratar de conocer de que tipo de cosas ellas se pavonean, conocer su Vanidad.

Podemos trazar los diferentes perfiles de la personalidad de las mujeres de nuestro tiempo de acuerdo al tipo de hazaña primordial que tienen.

Primero nos podemos fijar si son "maduras" o "inmaduras" . Para eso hay que ver si ellas se pavonean de hazañas que tienen relación con su edad o se pavonean de hazañas que andaban bien con edades muy anteriores.

Una mujer de cierta edad que se pavonea de que fuma porros y es rebelde, que se pavonea de que le gusta la música de algún grupo de músicos rebeldes, que se pavonea de que tiene un novio "malo" porque usa un tatuaje… está un poco loca porque siente orgullo de hazañas que a lo mejor le podían dar prestigio en otras edades, pero que ahora no la ayudan. Un hombre todo roto, todo arruinado, con su tatuaje, su pelo despeinado, su idea de ir contra el sistema… le puede servir como novio.

Ese novio a ella le sirve para demostrar todo lo "mala" que ella es, como también le sirve la ropa que usa, la dejadez que tiene, las cosas que te cuenta, la música que escucha.

Después tenemos también su relación con su atractivo sexual. Hay algunas que con su ropa ostentan mucho su sensualidad y con eso te están mostrando que se jactan de provocar esos impulsos en los hombres (¡Me pasé la vida estudiándolas con devoción!) Se matan en el gimnasio y se gastan un presupuesto en ropa. Y hay otras que se tapan todas, se visten clásicas, se visten con colores pastel, y niegan su poder para atraer a los hombres desde lo sexual. Puede pasar que las primeras, de tanto que tratan de vestirse con ropas ajustadas, con unas curvas increíbles, de tanto que llaman la atención.... crean que no tiene otra cosa con qué gustar, crean que no tienen una personalidad interesante, crean que no pueden seducir de otra manera. Y las segundas, en el otro extremo, niegan tanto su poder sexual porque creen que en realidad no lo tienen. Se sienten feas y por eso no se esfuerzan por gustar porque creen que no podrían gustar de todas formas.

-430-

Hay mucha presión por el vínculo fácil, superficial, en los medios, en todas partes. Está la idea de que eso es lo feliz, la espuma, lo tibio, lo rápido, el éxito fácil en la relación con el sexo opuesto.

Y parece que tanto para hombres como para mujeres no tener relaciones cortas es una anti-hazaña... pasan por santurrones o por monjas. En todas partes está el culto a las relaciones de una noche... entonces todas las mujeres sienten la presión para decir "si"... algunas para mostrarle a sus amigas y a ellas mismas que tienen levante, que pueden seducir... y otras para mostrar con sus elecciones el tipo de personalidad que a ellas les gusta mostrar.

Te invito a que lo pienses, que te fijes en algunos otros patrones de los sentimientos de atracción en las relaciones cortas.

-431-

¿Qué hazañas tuyas te influyen en las relaciones cortas?

¿Qué factores crees que toman parte en los sentimientos de atracción en estas situaciones?

¿Te parece que da prestigio social hoy tener muchas relaciones cortas?

¿Te parece que la gente desprecia a los que prefieren luchar por una sola relación más seria y más larga?

¿Sentís que es una hazaña tener una relación corta? ¿Te pavoneas de tus conquistas en relaciones cortas? ¿No lo ves como una especie de deporte?

¿Nadie se cansó escuchándote hablar de todo tu éxito en miles de relaciones cortas? ¿Estás seguro de que no hay nadie cansado de escucharte hablar de tus éxitos en relaciones cortas?

¿Te mandas la parte de tu éxito rápido y contás el número de tus conquistas?

¿Te pavoneas de las hazañas que tienen tus parejas de relaciones de cortas? ¿Te mandas la parte de todo lo especial que sos por los hombres que elegís para premiarlos con relaciones cortas?

¿Te gusta sentir que tu cuerpo es un "premio" que se lo das a los hombres que pasan las pruebas que decidís colocarles en tu juego?

¿Cuáles son tus hazañas?

-432-

Muchas veces –a lo largo de mi vida- me hice la misma pregunta: ¿Qué tienen los mujeriegos?

¿Por qué ellos tienen tanto ligue? Ahora tengo una fácil respuesta: tienen hazañas que les dan status social, y eso los hace atractivos a los ojos de ellas que también buscan aumentar su status social. Pero es una respuesta fácil, no es cierta.

La cuestión es más profunda. No puedo responderla con esa salida tan fácil. Y por ende sigo tan intrigado como siempre: ¿Qué es lo que les ven a ellos?

No te voy a negar que –alguna vez- me pasó de estar muy pero muy enamorado de una mujer… que no me dio ni bolilla y para peor se enganchó con otro. Y descubrí lo injusta que es la vida al comprobar que ese otro, feo como pocos, no solamente no la correspondía sin que, además, tenía miles de mujeres a su alrededor, disponibles, tan sedientas de su atención como mi despectiva princesa.

¡Yo que sé! De tanto que hablo con todo el mundo de estas cosas, escuché por ahí una teoría que me parece bastante buena: la seducción es marketing.

Los seductores expertos son, al mismo tiempo, conocedores del marketing. Y esto sucede porque el arte de seducir a una persona, es parecido al arte de seducir a un comprador.

-433-

Una vez una mujer me estaba hablando de los hombres mujeriegos.

Vale recordar que a veces las mujeres admiran a un falso ganador que les vende que es Casanovas y ellas les creen todos sus cuentos, pero también están los verdaderos ganadores, los que no paran de levantar. A uno le da envidia pero hay que admitir que existen los auténticos mujeriegos. Hombres que le preguntan la hora a una mujer en un colectivo, y al poco tiempo ya tienen el teléfono.

La cuestión que aquella tarde una mujer muy linda y muy elegante y muy inteligente… me estaba hablando de los mujeriegos. Me decía que eran seres maléficos, seres del mal, y que eran "inmaduros".
Entonces yo después de que la escuché hablar un rato le pregunté:
-¿Y cómo hacen los mujeriegos?

A ella le parecían un horror, pero yo en cambio los envidiaba. Y tardó en darse cuenta de que yo quería saber la fórmula. ¿Cómo hacen para ganar los que levantan a lo bestia? ¿Cuál es el secreto que tienen? Yo quería saber la respuesta de los labios de la opinión de una mujer. Y ella me dijo:

-Ellos saben lo que las mujeres quieren.

Y me dejó mudo con la respuesta. Después me dijo que para ella estos mujeriegos empedernidos en el fondo son homosexuales frustrados. El don que tienen los homosexuales para levantarse mujeres nace de que ellos, justamente, las entienden. Ellos también se enamoran de hombres, ellos saben lo que tienen los hombres que los seducen… y por ende pueden estudiar la demanda como observadores privilegiados, y después disfrazarse de aquello que a ellos mismos les atrae.

Cuanto más homosexual y enamoradizo de los hombres es un hombre, más puede estudiar sus propios sentimientos de atracción hacia los hombres, estudiar los motores que están detrás de esos sentimientos, tomar apuntes, y después utilizar su conocimiento privilegiado para levantarse a las mujeres. Y en el fondo, estos mujeriegos terribles que no paran de ganar (y que nos pusieron los cuernos a todos los giles que se nos cae la baba por ellas) la verdad es que odian a las mujeres, las ven como su competencia y les tienen un odio tapado, un odio ciego, porque ellas pueden darse los gustos que ellos no se animan a darse.

¿Cómo hacen las mujeres que levantan mucho? ¿Cómo hace los mujeriegos?

¿Qué es lo que tiene la gente seductora? ¿Cuál es el secreto que tienen?

¿Te parece que el tema de las hazañas y de las anti-hazañas también está metido en este asunto?

¿Qué crees que tienen de especial? ¿Nunca sentiste esa fuerza especial llamada "atracción" por una persona y no sabes mucho qué cosa fue lo que la desencadenó dentro de tu ánimo?

¿Sos una persona de resultados o te interesa más tu propia belleza y tu elegancia?

¿Te mandas la parte de las cosas que lograste o de lo que le vas a poder contar a tus nietos? ¿Te mandas la parte de ser rebelde?

¿Cuáles son tus hazañas?

¿Son resultados o son actos de elegancia? ¿De qué te pavoneas? ¿Hay resultados concretos en tus hazañas?

¿O te mandas la parte de tu estilo de vida, de tu forma de ser, de tu historia, de tus recuerdos?

¿Tus hazañas son logros y metas o son actos y aventuras elegantes y lindos para contar?

-436-

Explorando la relación que uno tiene con las hazañas, uno puede ir conociendo su personalidad, y su manera de encarar la vida.

Uno puede ir conociendo sus vergüenzas, sus dolores, sus frustraciones, y también sus esperanzas, sus sueños, uno puede ir barriendo, de a poco, las compuertas del pesimismo para destrabar todo el optimismo y toda la alegría que todos tenemos adentro nuestro.

-437-

No es de un día para el otro. Si nos vamos dando cuenta, poco a poco, de cuales son las cosas que hacemos para respetarnos más y para ser respetados, si nos vamos dando cuenta por donde nos tironea la Vanidad, podemos buscar la sencillez y ser un poco más felices.

-438-

La elegancia también es un estilo de vida.

La ropa y la historia y las decisiones que uno toma en su vida, junto con su personalidad... todo eso forma el dibujo de la elegancia. Y de esa elegancia a lo mejor nos pavoneamos, con esa elegancia a lo mejor tratamos de tener prestigio social.

Las grandes super estrellas del cine ahora tienen una relación muy especial con el mundo de la moda. Y de los personajes que las estrellas interpretan, de sus hazañas o anti-hazañas de su vida privada, de su fama... depende que las contraten para lucir un vestido de un diseñador famoso o del otro.

Ahora las estrellas despiertan tanta admiración que hablan todo el día de ellas en los programas de chismes, que hablan las páginas de Internet, que hay revistas enteras dedicadas a comentar su forma de vestirse.

Todo esto que está en la vidriera de los medios y de las grandes alturas de la
Economía de la Vanidad... es reflejo de nuestra vida cotidiana donde somos esclavos de nuestro estilo.
Tanta admiración por la elegancia de los otros... tanta admiración por ellos... que al final nos exigimos demasiado y perdemos el gusto por nosotros mismos.

Ya lo habíamos conversado en otro momento: si no estamos atentos, esta sociedad nos aplasta la Autoestima. Nos destruye, nos mata, nos saca el entusiasmo.

¿Cómo describirías tu manera especial de seducir?

¿Cómo te enseñó la vida a despertar la admiración en las personas que amas?

¿Qué papel juegan tus hazañas? ¿Qué papel juegan tus anti-hazañas?

¿Qué tanto aprendiste del juego de la Vanidad y de las misteriosas tormentas y remolinos de la admiración que se forman en el alma? ¿Buscas la protección... buscas darle al otro la oportunidad de sentirse protector?

¿Usas la fuerza, usas la contención... para darle un consuelo a sus vergüenzas, a sus dolores, a sus más grandes miedos?

¿Qué aprendiste en todos estos años con el sexo opuesto de esta energía tan misteriosa llamada admiración y atracción?

-440-

Antes de que los roles se cambien y de que todo se mezcle, los hombres teníamos a "los resultados" como hazaña y las mujeres en cambio construían su personalidad alrededor de la gran hazaña de la belleza.
No era importante que una mujer logre cosas en la vida, lo único importante era que su vida sea en si misma una historia linda, una historia "elegante".
Ahora que las mujeres entraron a espacios nuevos y que todo cambió, aparecen hombres que viven su vida alrededor de la belleza. No importa que tu vida sea un desastre, no importa que seas una mala persona, no importa que no hayas logrado nada... mientras que tengas en la mano un buen racimo de anécdotas para contarle a tus nietos.
Tu paciente muchas veces cayó en estas tonterías o en la Vanidad de la víctima, la Vanidad de los rebeldes sin causa, todas estas cosas que te destruyen la vida.

-441-

¿Te ejercitaste en la práctica de conocer un poco tus Vanidades?

¿Aprendiste a detectar tus admiraciones cotidianas? ¿Cuántas veces sentís admiración por día? ¿Cómo están tus hazañas?

¿Te sentís bien? ¿Cómo estas vestido hoy? ¿Qué vergüenzas te duelen? ¿Por qué cosas te parece que te respetan?

¿Por qué cosas te parece que te aceptan?

¿Qué proyectos te tientan? ¿Cuál es tu especial manera de vivir tu Vanidad?

¿De qué cosas te mandás la parte cuando te mandás la parte?

¿Te definirías como una persona segura de si misma?

¿Dónde están tus hazañas?

-442-

¿De qué se mandaban la parte tus primeros ídolos? ¿De qué se pavoneaban?

¿Qué cosas debías lograr para tener su respeto? ¿Qué sueños tenían con tu vida?

¿Con qué planes te presionaron para sentirse orgullosos de tus logros? ¿Ellos respetaban a las personas exitosas o las tildaban de inmorales o de oportunistas?

¿A quienes ellos despreciaban? ¿A quienes ellos tenían como ejemplo a imitar? ¿Se mandaban la parte de ser rebeldes? ¿Se pavoneaban de ser inteligentes?

¿Cuáles eran sus hazañas?

-443-

En la familia se forjan los valores. Los valores fuertes son los que nos pueden ayudar a desarrollar una personalidad. Son los que nos puede ayudar a luchar por nuestros proyectos para salir adelante en la vida. Es la gran reserva emocional que tenemos para darle a las cosas el valor que se merecen y para no dejar que un soplido de viento nos tumbe.

La vida familiar, los afectos, las conversaciones en la familia, creo que son nuestro gran refugio.

-444-

Nos fuimos de tema.

¿Cumplió mi médico con todas las tareas para el hogar que le encargué?

Repasemos... primero de todo debe tener dos redacciones: una sobre el "Mapa de la Autoestima Personal" de su padre y una sobre el "Mapa de la Autoestima Personal" de su madre.

Allí con hechos concretos y recuerdos de su infancia debe quedar bien en claro de qué cosas se mandaban la parte cada uno de sus padres cuando tenía ganas de presumir o de pavonearse.

Después tiene que tener ya lista una tercera redacción que hable sobre la formación de su personalidad. Allí se debe desarrollar con muchos detalles acerca de que cosas él se mandaba la parte en esas difíciles épocas…y también qué heridas arrastró de su época anterior.

¿Hubo alguna hazaña que le pidieron sus padres que no pudo alcanzar? ¿En qué se distanciaba él mismo del héroe que sus padres le exigieron que sea?

Debe explayarse largamente, poniendo atención sobre todo en el tema de sus grandes vergüenzas y de sus grandes glorias. Es importante también que identifique la "hazaña primordial" que guiaba sus actos y sus sueños por esos tiempos y que evalúe si se correspondía con la edad que estaba viviendo.

Después de estas tres redacciones (que mi médico las tiene que tener prolijas y guardadas en su escritorio)… llega el tercer ejercicio que le voy a pedir.

Mi médico debe escribir un retrato del "Mapa de la Autoestima Social" que lo rodea, debe explayarse sobre las peculiaridades del "Mapa de la Autoestima Social" de su clase económica, de su ambiente, de sus grupos de amigos, de su época y del mundo, debe desarrollar un tratado sobre las relaciones de pareja hoy en día…. sobre los roles del hombre y la mujer en su cultura, en su ambiente. Debe tratar de ser crítico y señalar las cosas buenas y las cosas malas que tiene el "Mapa de la Autoestima Social" de su medio.

… Encontré este diario de casualidad en un ropero y volví a él para proponerte una clasificación de los "Estados de la Autoestima".

¡Buenos días!... nos encontramos de nuevo.

Te podría decir que, aunque te suene un poco raro y brusco, te tuve olvidado todos estos meses.
El diario lo descubrí todo roto y desordenado y a pesar de eso me gustó y cuando lo leí me pareció que tenía sentido (por lo

menos las partes que leí). Me pareció muy bueno aunque le hace falta un índice así que en los próximos días voy a tratar de armar uno para poder elegir los distintos temas que tocamos.

Estos son los Tres Estados de la Autoestima.

-446-

-A- La Autoestima Derrumbada.

Es la persona que no se respeta a si misma, que se desprecia.
Sufre mucho por el intenso desprecio que se tiene y puede llegar a perder las ganas de todo, las ganas de vivir, las ganas de levantarse por las mañanas de la cama, las ganas de arreglarse, de bañarse, de divertirse, de disfrutar una película, una canción, las ganas de todo.

Muchas veces se define a si mismo por una anti-hazaña... como si fuera un agujero negro que lo absorbe. Como si la anti-hazaña tuviera tanta fuerza e importancia que se convierte en su propia identidad.

Así como la anti-hazaña tiene peso en el prestigio social y por eso los superficiales nos llaman por el nombre de nuestra anti-hazaña principal (y nos dicen "un fracasado" o "un viejo" o "una gorda", según cual sea la anti-hazaña).... así, de la misma manera, tiene su efecto en una Autoestima... y puede llegar a derrumbarla.

Entonces un tipo muy frecuente de Autoestima Derrumbada lo tienen aquellos que han sido absorbidos por una anti-hazaña. Delante de sus propios ojos, es su anti-hazaña la que los define y por eso quedan sin Autoestima.

Quienes tienen este tipo de Autoestima Derrumbada... a menudo incurren en manipulaciones para que otros los consuelen. La mujer que tiene la Autoestima Derrumbada por la anti-hazaña de no cumplir con los códigos de belleza aceptados dice "soy fea".... para que nosotros le digamos "no... sos linda" y de esa forma escuchar el consuelo que la alivia del profundo dolor que tiene por su anti-hazaña.

También quien se encuentra en este estado, a veces se arrastra para conseguir hazañas que pone por encima de si mismo. Puede ser por ejemplo una persona que para ser aceptada por cierto grupito de gentes que admira o respeta, haga cualquier cantidad de cosas del estilo de rebajarse y adular a los mismos que lo desprecian o lo ignoran.

Un ejemplo de esto sería también un hombre que lo dejó la pareja y que se arrastra para volver con esa mujer que lo abandonó. Se desprecia a si mismo y su idea de volver con su pareja está por encima del respeto que se tiene y entonces se humilla todo el tiempo con sus intentos de recuperar el amor de la mujer que lo dejó.

El que está así vive adentro de un pozo oscuro y sufre mucho por esta situación y siente un gran desánimo y un gran desprecio hacia su persona. Es una víctima fácil de las manipulaciones… es fácil de manejar con elogios y con críticas… y depende mucho de la aceptación de las demás personas.

No puede enojarse ni defenderse de las ofensas ni inmutarse por las humillaciones porque su desprecio hacia si mismo es tan intenso que -en cierta manera- cree que merece que lo humillen.

Intenta salir del pozo buscando impresionantes triunfos con planes fantasiosos que están más allá de sus fuerzas. Intenta conseguir la aceptación de las personas prestigiosas, interpreta con tal de obtener el aplauso de las personas llenas de hazañas que admira, se arrastra, se desespera por esa aceptación. Cree que si los prestigiosos lo aceptan o lo respetan, por fin tendrá un motivo de para dejar la Autoestima Derrumbada y respetarse un poco más a si mismo.

Sacrifica su propia personalidad y su propio estilo para agradar a los demás, o a una persona en particular que admira…pide perdón más veces de lo necesario, pide perdón todo el tiempo por miedo a ser desaprobado.

Puede ser un hombre que para conformar a su pareja cambia su estilo de ropa, cambia sus amigos, cambia sus hábitos, cambia su trabajo, cambia sus estudios, cambia su personalidad, de acuerdo a lo que ella le dice que es mejor, o a lo que él supone que a ella le va a gustar.

Siente una atracción irresistible hacia los consejeros, manipuladores, y tiranos que toman decisiones fuertes y que manejan la vida de los demás. Quiere que alguien le maneje la vida, le quite la libertad, le diga lo que tiene que hacer con su vida, lo trate como a un chico, lo rete, lo lleve como un dueño lleva a su perro con la correa.

Muchas veces tienen una gran hazaña en su horizonte: se promete a si mismo que se premiara con su propia aceptación y respeto una vez que alcance esa meta.

Pero en todos los casos no se trata de una meta alcanzable, práctica, concreta. Se trata de cosas exageradas o grandiosas, cosas fuera de lo común, cosas impresionantes que están más allá de sus propias fuerzas. Es un triunfo tan importante que a sus ojos va a compensar todas sus vergüenzas y todas sus derrotas que las ve enormes, porque el que tiene la Autoestima Derrumbada ve a sus derrotas enormes y a sus victorias pequeñas.

Se lo ve dejado, mal vestido, triste, encorvado, sin metas prácticas, abandonado a las fuerzas del mundo. No tiene ganas de nada, pierde la capacidad para disfrutar de las cosas lindas de la vida, todo lo ve negro, no puede tener proyectos, no puede preocuparse por mejorar, y todo le da lo mismo. Es como un vegetal que deja pasar la vida, y cuando despierta de su letargo es por fantasías de gloria o planes grandiosos que al final ni siquiera intentar llevar a la práctica, o da el primer paso por concretarlos pero después se desanima y deja todo a medio terminar.

-B- La Autoestima Vulnerable.

Es un hombre que se respeta pero que su "auto-respeto" es demasiado vulnerable a las hazañas y a las anti-hazañas.

Muchas veces es demasiado vulnerable al desprecio de una determinada persona, o es adicto a la aprobación de esa persona… entonces se produce una dependencia total… se necesita la aprobación de esa persona como la hazaña primordial.

Una de las formas más típicas de la "Autoestima Vulnerable" es lo que llamo "Autoestima Sostenida".

¿Y de qué se sostiene?

De hazañas por supuesto, o mejor dicho de una "falsa imagen".

Esta "falsa imagen" se sostiene sobre hazañas que todo el tiempo tratará de exhibir y de mostrar para que todo el mundo las vea.

Este tipo de individuos muchas veces no pueden pedir perdón, no pueden dar el brazo a torcer en una discusión, no pueden admitir que estaban equivocados…

No pueden afrontar cara a cara el "dato real" de que cometieron un error y por eso todo el tiempo incurren en suaves locuras para no ver sus propios errores. Cuando vemos que alguien no puede reconocer que se equivocó a pesar de que eso salta a la vista, descubrimos con eso la vulnerabilidad de su Autoestima a su propio error.

Además los que tienen la "Autoestima Sostenida" viven con un inmenso miedo a las temidas anti-hazañas, todos les tenemos miedo pero ellos les tienen un miedo patológico.

Así, por ejemplo, el fanfarrón millonario que se vanagloria sin cesar de su éxito empresarial y de la fortuna que pudo amasar, todas las noches transpira por el miedo que le provoca perder todo eso que lo hace sentir tan orgulloso de si mismo.

Pero más allá del fanfarrón millonario, en realidad el fanfarrón siempre es el fanfarrón: una persona que sostiene su Autoestima sobre alguna gran hazaña que pretende o que cree tener, o que la sostiene sobre una falsa imagen de superioridad.

A veces es evidente que estuvo mal o que fracasó en algo, pero él no lo puede ver porque si lo ve corre el riesgo de que se destruya su propia imagen y su auto-respeto.

En algunos casos encontramos Autoestima Sostenida en personas que han logrado enormes hazañas. Son personas que se auto-admiran por las grandes hazañas que tienen, y que, por el mismo motivo, desprecian en secreto a casi toda la gente.

Se puede dar el caso del famoso… y el fanático. El fanático le pide un autógrafo por sus hazañas…. lo admira. Mientras tanto, el famoso también se admira a si mismo por sus hazañas, al tiempo que lo desprecia al fanático… lo desprecia con tanta fuerza como fuerte es la admiración que el fanático le profesa.

Quien tiene la Autoestima Sostenida… en muchos casos también es capaz de desatar sentimientos de admiración.

Siente muchísima envidia por quienes ponen en riesgo a su superioridad. Una persona así está todo el tiempo contando sus hazañas y esconde desesperadamente las anti-hazañas de su vida porque no las puede admitir.

Cuando las anti-hazañas llegan tan fuertes que no las pueda negar o no puede mirar para otro lado, entonces cae directamente al estado de Autoestima Derrumbada pero esta caída es muy dolorosa y se siente como caer de un décimo piso.

Muchas veces se genera auto-admiración, y esto produce un distanciamiento con la realidad… una locura. No puede ver sus propios defectos y cuando las temidas anti-hazañas llegan… entonces las niega.

Otra de las cosas que vemos en la Autoestima Sostenida es lo que llamo el inmenso miedo a la anti-hazaña de la "mala decisión", el miedo de equivocarse, el miedo de fracasar. Hablo del pánico extremo que puede tener un individuo al tomar una decisión cualquiera y que esa decisión lo lleve un día a mirarse a un espejo y decir *"todo esto que me pasó fue por culpa mía porque yo me equivoqué"*.

Es que el miedo a la "mala decisión" no es solamente patrimonio de las Autoestimas Sostenidas (los fanfarrones que la sostienen sobre sus hazañas de las que hablan sin cesar) sino también de todos los tipos de las Autoestimas Vulnerables. Así, cuando alguien de este tipo toma una mala decisión, lo más corriente es que trate de echarle la culpa a todos los que lo rodean para no asumir la responsabilidad de su propio fracaso.

Hablamos por ejemplo de hombres que le echan la culpa a sus mujeres del estado de sus vidas.

Pero el pánico inmenso a la "mala decisión" no es patrimonio exclusivo de las "Autoestimas Sostenidas" sino de todos los tipos de las "Autoestimas Vulnerables".

La diferencia estriba en que quienes tienen la Autoestima Sostenida jamás lo podrían admitir porque le tienen horror al "error propio".

¿De que otros tipos de Autoestima Vulnerable hablo? De otras formas de la dependencia extrema de una Autoestima a las hazañas.
Un buen ejemplo podría ser la timidez o el miedo invencible al ridículo o al fracaso social.
La timidez es una enfermedad de la Autoestima porque es consecuencia del miedo a la anti-hazaña de fracasar socialmente, de ser rechazado, de hacer el ridículo, de cometer un error social.
Hay estudiantes que no se animan a presentarse a un examen a pesar de que se prepararon durante mucho tiempo para rendirlo con éxito y sufren muchísimo por la terrible angustia que les provoca el riesgo de ser aplazados. Algunas universidades -en ciertos países terriblemente competitivos- tienen redes para que los que se suicidan después de un aplazo no lastimen a los otros al caer.
Así ves que distintas Autoestimas son vulnerables a distintas anti-hazañas pero comparten el rasgo en común de la extrema vulnerabilidad.

Quien tiene la Autoestima Vulnerable (sea o no un caso de Autoestima Sostenida) es una persona que tiene respeto por si misma, pero que vive la vida como un campo minado en donde se deben realizar esfuerzos inhumanos y piruetas extravagantes por esquivar a las anti-hazañas.

Es una persona que corre a toda velocidad detrás de las hazañas y cuando las alcanza las ostenta, las ostenta con tanto ímpetu que provoca el rechazo.

-C- La Autoestima Fuerte.

Digo "fuerte" porque su "fortaleza" está en su capacidad de prescindir de las hazañas y de resistir el golpe de las anti-hazañas.

Claro que esta "fortaleza" nunca es total porque todos escuchamos a nuestra propia vida para respetarnos a nosotros mismos. Así como no es absoluta puede mejorarse siempre un poco más y todos los días una Autoestima se puede ir volviendo más y más fuerte.

La fortaleza de una Autoestima se reconoce en algunos gestos como asumir una anti-hazaña pesada y no esconderla, enfrentar el riesgo de cometer ciertas anti-hazañas como un error, despreciar alguna hazaña importante por los propios valores o ideales, dar el brazo a torcer y pedir perdón, reírse de uno mismo.

Quien tiene la Autoestima Fuerte puede pedir perdón de forma sincera. El único que pide perdón de forma sincera es el que no lo hace para agradar al otro ni lo hace por miedo a ser desaprobado… sino porque realmente cree que se equivocó. A diferencia de los casos de Autoestima Derrumbado que piden perdón por cualquier pavada, que piden perdón por respirar… en muy pocas ocasiones quien tiene una Autoestima Fuerte pide perdón y lo hace porque evalúa que se equivocó de forma grave.

La mayoría de las veces que alguien pide disculpas lo hace de forma hipócrita (para agradar) y por eso es rasgo propio de Autoestimas débiles o Derrumbadas… pero en el caso de la Autoestima Fuerte si se da que se pide perdón con sinceridad.

Una de las grandes virtudes de la persona que tiene la Autoestima Fuerte es que puede tomar decisiones… y asumir el riesgo de equivocarse. También el portador de esta Autoestima tiene una relación sana con su "Éxito" y puede esforzarse por lograr sus metas sin volverse loco y sin bajar los brazos.

Es agradable hablar con una persona así… son personas más buenas, más felices, más alegres, más seguras, más sencillas. No se pavonean de sus hazañas todo el tiempo y tienen el don de poder reírse de si mismos. Cuando están en pareja no son muy celosos porque si los decepcionan no lo sufren como si fuera la muerte y esa inmunidad los hace disfrutar más de la pareja.

Son capaces de escuchar al otro, de interesarse por la otra persona, y de permitir que los otros sean distintos. Son tolerantes con la diferencia y no se muestran demasiado sedientos de hazañas. (No hay nada más desagradable que una persona demasiado ávida de hazañas que todo el tiempo corre detrás de las hazañas y que todo el tiempo las ostenta).

Además la persona que tiene la Autoestima Fuerte tiene una relación más sincera y más sana con sus semejantes. Cuando se encuentra con un prestigioso que goza de las grandes hazañas no le pide un autógrafo ni se encandila… y es capaz de tener una opinión distinta a la suya y de defenderla. No tiene miedo de caer mal o de sufrir el desprecio de los demás y tiene la fuerza interior como para no dejarse influir por los manipuladores.

Acá podemos volver al caso del famoso y el fanático. Puede pasar que el famoso tenga una Autoestima Fuerte y por eso no la sostenga de sus hazañas, y cuando el fanático le pide un autógrafo por lo tanto no lo desprecie. Quien tiene la Autoestima Fuerte… aunque se encuentre en las cimas del mundo renuncia a sostener su opinión de si mismo en sus hazañas y, por ende, no cae en el desprecio de sus semejantes.

No usa a las personas de su sexo opuesto como fichitas de un torneo de Vanidad… y se involucra en relaciones más profundas y más enriquecedoras. Su capacidad de resistencia a las anti-hazañas y de desdén hacia las hazañas hacen que a veces pueda ir en contra de la corriente y seguir ideales que a los demás nos cuesta mucho más seguir. Tienen entereza. Tienen integridad.

Son muchísimo menos envidiosos, menos competitivos y no tienen tendencia a fabricarse ídolos, son personas de alma sencilla… alegres, simples… fáciles de tratar. Su fortaleza se siente en todas estas conductas, y como se ama lo que es Fuerte… son muchas veces capaces de despertar con más frecuencia los sentimientos de la Admiración.

Esto no quiere decir que estas personas también luchen por sus metas y también alcancen las hazañas… la fortaleza de su Autoestima estriba en la libertad que tienen para –a veces- dejar eso de lado y seguir sus propios pensamientos o ideales. Son capaces de perdonar, son capaces de admitir un error, son capaces de cambiar de opinión en una discusión, son capaces de ponerse en el lugar del otro y compenetrarse con las vergüenzas del otro.

Son personas contentas, simples, entusiastas, con buena onda y pueden mirar a quien es distinto … a quien tiene grandes anti-hazañas como si fuera un igual, como si fuera un hermano, son capaces de tirar los muros de la propia soberbia e imaginarse como se sentirían si tuvieran las anti-hazañas de su prójimo y de sentir como su prójimo se siente, de sentir como su prójimo mira el mundo.

La facultad de reírse de los propios errores les permite el difícil ejercicio de tomar decisiones y por eso asumen su responsabilidad en el estado de su vida y con perseverancia y voluntad la dirigen hacia sus mayores proyectos y sus mayores metas.

Una persona que tiene una "Autoestima Fuerte" no está deprimida, disfruta de su tiempo, no se pavonea de sus hazañas todo el tiempo, es capaz de correr con todas sus fuerzas aún en esas carreras en que sabe que puede salir último, es capaz de tomar decisiones aún asumiendo el riesgo de que sean equivocadas, es capaz de pedir perdón y de asumir sus propios errores, se viste bien, es muy seductora, y lucha por alcanzar sus metas.

Una Autoestima Fuerte genera una personalidad independiente, autónoma, se puede reír de si misma… puede admitir sus anti-hazañas con naturalidad, puede no ostentar sus hazañas. Se advierte hasta en la postura corporal, su seguridad… se advierte aún en sus gestos y su manera de hablar que no mendiga aprobación y que es indiferente a la opinión del resto.

Todas esas cosas logra la persona que tiene la Autoestima Fuerte y además es una persona que, sobre todo, disfruta más de la vida.

Creo que es muy difícil hoy lograr una Autoestima Fuerte porque estamos en un mundo de espejos deformados donde todos queremos ser lo que no somos, por todas estas cosas que en otras partes hablamos. Somos demasiado duros para juzgar los errores: los nuestros y los ajenos. Y lo que es bueno lo vemos pequeño y poco importante, en cambio lo que es malo lo hacemos gigante, lo exageramos hasta que nos nubla la vista y nos impide ver todo lo demás. Pero igual existe, existen las personas con la Autoestima Fuerte y son las mejores, las menos competitivas, las más alegres. De tanto en tanto nos encontramos con una de estas personas sencillas, simples, alegres, que tienen Autoestima Fuerte y que pueden conectarse mucho mejor con las vergüenzas personales nuestras y comprenderlas, y pueden conectarse con nuestras hazañas y festejarlas sin sentirles envidia. Son mucho más felices y contagian a su alrededor parte de esta felicidad porque están más contentas con sus logros y si son chicos no los desmerecen y si son grandes no los ostentan.

Igual, una cosa es la Autoestima Fuerte y otra la Autoestima Invencible. La Autoestima Fuerte puede ser real y se puede encontrar tanto en personas que lograron impresionantes hazañas y tienen mucho prestigio social, como en otras que tienen una vida más sencilla pero están igual bien plantadas y seguras. En cambio la Autoestima Invencible me parece que es un mito, una leyenda… porque todos podemos caer alguna vez en el pozo, todos estamos expuestos a que se derribe nuestra Autoestima. Y no es tan grave porque siempre se puede salir de esa situación igual, siempre se puede vencer el desánimo, y hasta incluso es posible sacarle provecho para llegar a nuevos horizontes.

martinrossp@hotmail.com

www.ingramcontent.com/pod-product-compliance
Lightning Source LLC
Chambersburg PA
CBHW071146160426
43196CB00011B/2026